天皇の歴史 1

神話から歴史へ

大津　透

講談社学術文庫

はじめに

「京都より奈良が好きだ」という人は、どれくらいいるだろう。私や周辺の古代史研究に関わっている人は、京都も奈良もしばしば訪れるのだが、奈良に愛着を持つ人が多い。古代史の中心は奈良時代であるからだろう。

奈良といっても、東大寺や興福寺など古代大寺院の残る平城京、あるいは飛鳥が人気なのだろうが、私は学生と一緒に旅行するときなど、時間があれば山の辺の道を歩くことが多い。天理市の石上神宮《いそのかみ》から桜井市の大神神社《おおみわ》へ至るハイキングコースには、途中大きな古寺もなく、そうめんやおだんごを除けばおしゃれな食事の店もないが、言いようのない魅力がある。

あまり開発が迫っていないので自然が残っていて、環濠《かんごう》集落などの民家と畑の間をぬけながら、北から順に西殿塚古墳（手白香《たしらか》皇女陵）、崇神《すじん》天皇陵（行燈山《あんどんやま》）、景行《けいこう》天皇陵（渋谷向山）という二〇〇メートル以上の前方後円墳とたくさんの散在する古墳を巡っていくが、これほど古墳が神々《こうごう》しく美しく見えるところも少ない。

「大和は　国のまほろば　たたなづく　青垣《あおかき》」と歌われた、奈良盆地東側の美しい青垣山を左側に見て、ため池の堤など少し高い所に登れば、眼下に大和国原を見渡すことができる。

二上山《ふたかみやま》に夕日が沈み奈良盆地が黄色く染まれば、古代にタイムスリップすることができよう。しかしこの道が神秘的な理由は、途中から前方左手に見えてくる三角錐形の三輪山《みわやま》の美しさ、神聖さにある。景行陵のあたりでコースを西南にはずれて、箸墓《はしはか》の周辺から三輪山を望むのが美しいが、このあたりは纒向《まきむく》といい、三輪山のふもとという意味のヤマトという国、古代王権の発祥の地である。

最初に山の辺の道を歩いたのは、中学生の夏の一人旅だったから、もう三〇年以上たつ。その間、ハイキングコースが整備された以外は、景観はあまり変わらないが、発掘調査は進んだ。一〇年ほど前に、黒塚《くろづか》古墳の発掘現場を見せてもらったときには、何十面もの三角縁《さんかくぶち》神獣《しんじゅう》鏡《きょう》が連なって出土したさまは圧倒的な迫力があった。これは崇神陵の陪冢《ばいちょう》とされるので、崇神陵の被葬者の力の大きさも想像される。

また昨年（二〇〇九）正倉院展のあと少し時間があったので、学生と纒向石塚・東田大塚古墳などの纒向古墳群をみて歩いた。そのときにブルーシートのかかる発掘現場がみえていたのだが、数日後に纒向遺跡の中枢の大型建物群が発見されたとの新聞の報道をみて、本当に驚いた。この地が大和王権の発祥の地であることが明らかになってきている。

本書では、この山の辺の道に生まれた王権、王や大王《おおきみ》がどのような統治を行ない、のちの律令制の天皇へと発展していったのかを、どのようにして、またどこまで確実なことがいえるのかに留意して、述べていきたい。それは「記紀」がどこまで信頼できて、利用できるかという問題であるが、近年は古代史の中でも古い時代（大化前代という）の研究は盛んではなく、戦後の歴史学をささえた大先輩たちの研究を参照することになったことを付記しておく。

しかし、本巻は「天皇の歴史」シリーズの冒頭にあたる。本論の叙述に入る前に、今この企画の立てられた前提について、戦前から戦後にかけて天皇制の研究がどのような流れで今日にいたっているのかを、若干の枚数をとって概観しておこう。

目次

神話から歴史へ

地図・図版作成
さくら工芸社

天皇の歴史 1

神話から歴史へ

序章　「天皇の歴史」のために

1　天皇研究の出発

日本史にとって最大のテーマ

なぜ天皇はつづいてきたか、天皇はどのような役割を果たしていたのか。最近はやや下火になったとはいえ皇位継承や女帝の問題など現代社会においても皇室への関心は高い。いうまでもなく天皇あるいは天皇制は、さまざまな学問分野からのアプローチが可能であるが、日本史にとっても最大のテーマである。

しかし近代国家が天皇を中心として成立し、今日まで天皇制がつづいたそのことのために、歴史学が正面きって、また冷静に天皇の役割を考察することは進まなかった側面がある。

ここではまず、シリーズ全体の始まりでもあり、戦前から戦後にかけて天皇制の研究がどのような流れで今日にいたっているのかを、古代史が中心となるが概観しておこう。

戦前から戦後への古代史研究

戦前の皇国史観では、天皇が主権者であり、天皇即国家であった。その天皇は神武《じんむ》天皇以来の万世一系であり、天皇の統治は永久不変であるとされた。神武天皇の即位は『日本書紀』の紀年に従い紀元前六六〇年とされ、日本の神話、『日本書紀』や『古事記』の伝承が史実とされた。したがって「記紀」に対する科学的な史料批判を加え、素材となった「帝紀《ていき》」「旧辞《きゅうじ》」の成立時期の解明から伝承の信憑性の検討を通じて、古い時代の天皇系譜や伝承は史実でないと論じた津田左右吉《つだそうきち》が発禁処分を受けたことに明らかなように、直接研究の対象にするのは困難があった。

第二次世界大戦敗戦後、皇国史観が崩壊し、ようやく天皇や天皇制を対象に研究することが可能になった。戦後すぐ一九四八年に中央アジア史・考古学を専攻する江上波夫《えがみなみお》が提唱した騎馬民族征服説をきっかけに、一九五〇年代、一九六〇年代に水野祐《みずのゆう》・上田正昭・直木孝次郎・井上光貞《いのうえみつさだ》・岡田精司《おかだせいじ》など諸氏により王朝交替論がさかんに提唱された。

すなわち、四世紀に崇神《すじん》天皇を中心とする「三輪王朝」あるいは「イリ王朝」が成立し、五世紀には仁徳《にんとく》天皇・応神《おうじん》天皇などを中心に「河内王朝」あるいは「ワケ王朝」が成立するというような王朝の交替が、論者により細部の異同はあるにしてもさかんに唱えられた。騎馬民族説はいうまでもなく、このような王朝の交替、非連続を強調する考え方には、今日では違和感があるのだが、こうした議論がさかんになったことは、戦後の日本古代史研究が戦前に強調されていた「万世一系」への批判・反発として始まったことを示しているのだろう。

しかし戦後さかんになったのは歴史学研究会などマルクス主義を中心におく歴史学であっ

た。そこでは来るべき革命をめざし、天皇制打倒を目的としていたから、打倒すべき天皇制が古代専制君主・専制国家であることは暗黙の前提であった。もちろんそれがアジア的な特殊なものかとか、古代専制国家の生産様式はどのような奴隷制かという理論的議論は深められたのだが、かえって天皇制のあり方を具体的に分析することは進まなかった。あるいは、歴史学とはこうあるべきだという姿勢が強かったともいえる。天皇制に対置される変革の主体としての人民を研究すべきで、彼らの成長や土地所有の進展などが研究とされ、そうでないものは歴史学でないというような風潮があったようである。

応神天皇陵とされる誉田御廟山古墳　河内王朝の有力者、応神天皇の陵墓とされた。大阪府羽曳野市誉田

たとえば一九六〇年代にベストセラーとなった中央公論社「日本の歴史」の第五巻、東京大学史料編纂所の土田《つちだ》直鎮《なおしげ》氏による『王朝の貴族』は、今日読んでも有益な、実証的な考察を基礎とした叙述であるが、人民の姿がなく、退廃堕落した天皇や貴族たちの政治のあり様を研究するのは歴史学のめざすものでないというような批判も多かった。新たな事実を解明したにもかかわらず、また一般読者には高く評価されたのに、学界では評価がなされなかった。

天皇は専制君主か

そうした風潮の中で、一九五〇年代に関晃《せきあきら》氏によって唱えられた畿内政権論は、天皇制のあり方を具体的に検討しようとする議論であった点で、重要な意味がある。

関氏は、古代国家あるいは律令国家は、畿内ブロックが全国を支配しているととらえ、大《たい》化改新《かのかいしん》はその実現であると考えた。また日本古代において社会の未発達の中で比較的短期間に統一国家が成立したのは、社会の内的成熟だけでなく海外情勢の影響があるとの見通しの中で、大化改新も、従来いわれるような天皇権力の回復強化をめざしたのでなく、海外からの脅威に対抗して中央勢力全体が国力を集中したと考えた。

さらに畿内勢力の内部においては、天皇権力はそれほど強力ではなく、それと対抗関係にある畿内豪族が伝統的に大きな権力を持ち、日本の古代国家は、君主制的形態をとる貴族制支配であるとした。律令国家の権力には、常に専制君主化をめざす皇権と、結束して全国を抑えようとする貴族・太政官《だいじょうかん》との二つの極があり、両者の合作によって国家権力の発揚をめざしたと論じている。

今日、関氏が律令国家を貴族制と表現したことについては批判もあるが、これは暗黙の前提とされていた天皇専制に対する批判としていわれた言葉である。これにより戦前の、あるいはその裏返しとしてのマルクス主義的な「天皇即国家」的な単純な天皇専制君主論は成立しがたくなり、天皇と豪族・貴族との関係の分析という形で、天皇権力の実態に迫る第一歩が踏み出されたことを評価しなくてはいけないだろう。

その後畿内勢力による全国支配という論点については、関氏の後継者である早川庄八《はやかわしようはち》氏が研究を進め、一九七〇年代後半以降に肉づけをしていった。

早川氏は、律令国家の最大の祭祀とされる祈年祭《きねんさい》をとり上げて、それが畿内の範囲の特定の神社を祭る年二回の月次祭《つきなみ》と同じ形であり、それを全国を対象に拡大して創設されたもので、旧来の畿内中心の地域的王権としての性格をほとんど変えていないことを論じた。また在地出身の有力者を地方官の郡司《ぐんじ》に任命するしかたをとり上げて、律令官僚制において試験は行なわれないのに、畿外の郡司の際にだけ口頭試験と筆記試験が行なわれ厳重な手続きをとったことを述べ、それは畿内政権が畿外の政治的諸集団を服属させる必要があり、郡司任命が畿内政権を代表する天皇が畿外の豪族と対峙するいわば「外交」の場であるからだとし、畿内による畿外の支配という大和朝廷以来の関係がつづいていたことを明らかにした。

中世天皇研究と網野善彦氏の研究

中世史については、戦前に奥野高広による皇室財政の研究があったのを除けば、戦後になっても天皇そのものに迫る研究は不毛だった。それはマルクス主義の影響のもと、荘園を対象とする社会経済史研究が圧倒的な中心であったためである。一九六〇年代に黒田俊雄氏が権門体制論を唱え、あるいは永原慶二《ながはらけいじ》氏の「職の体系」論など、中世国家の枠組みについての議論はさかんになされ、そこでは天皇と国家の関係についても触れられたとはいえ、天皇制のより高い次元の研究に到るべき実証的研究は進んでいなかった。一九六〇年代から一九七〇年代にかけては中世の天皇に即した研究はきわめて低調だったと網野善彦《あみのよしひこ》氏が述べている。領主制の解明が課題とされ、天皇について歴史家が議論することは、国民の関心を呼び起こすおそれがあり、寝た子を起こすなというような拒否反応があったようである。

一つの画期となったのは、網野善彦氏が一九七二年に「中世における天皇支配権の一考察」を発表し、従来の社会経済史や国制史とまったく異なる視点から供御人《くごにん》などの非農業民と天皇との結びつきを指摘したことである。それはのちに『日本中世の非農業民と天皇』としてまとめられ、中世天皇制研究の進展に大きな一歩を印した。

ところでそこには序章として「津田左右吉と石母田正《いしもだしょう》」という文章を収める。神話の信憑性を批判した津田は戦後になって唯物史観にもとづく国家理論を批判し、ニホンのことを考えるには、なんらの成見をも持たず、史料により、ニホン人の実際の生活によって、考えなければいけない、と述べる文章が挙がる。石母田はこの皇室擁護にまわった津田をきびしく批判したが、自身が津田の発言の二〇年後、国家理論を批判し、日本の古代または中世の国家史に即して検証して、正しくないならば、その理論の妥当性が破綻をきたす、と述べる石母田のよく似た文章を並べている。網野氏は、マルクス主義の限界と、皇室は一種の精神的権威であり文化的思想的側面を強調する津田の天皇論と向き合うことの重要性を示し、さらに研究史に触れて、非マルキストの豊田武氏・安田元久氏の天皇の権威が伝統的に維持され、民衆の天皇・公家文化への支持が支えたとする指摘を評価している。

明らかに唯物史観理論から訣別することにより、網野氏の所論、民衆側からの視線が成立したことを示している。ちなみに網野氏は一九七八年に『無縁・公界《くがい》・楽《らく》』を刊行し、より広い視野からの中世社会論を示し、日本史の枠を越えて山口昌男氏など文化人類学などでの王権論にも刺激を与え、相互の交流が進んだのである。

さらに網野善彦『異形《いぎょう》の王権』、黒田日出男《ひでお》『王の身体　王の肖像』が刊行され、後醍醐《ごだいご》天皇の分析など、絵画資料を用いながら王の「異形」や「身体」を考察している。西洋中世史の社会史ブームをうけて企画されたものであるが、文化人類学をとり込んだ西洋中世史・近世史の成果、たとえばマルク・ブロックの国王の神秘や奇跡をめぐる指摘、エルンスト・カントーロヴィチの王には物理的肉体と別に永続性のある次代の王に継承される身体が、つまり二つの身体があるとの指摘などをふまえて、「王権論」が日本中世史に導入されたといえる。

その後天皇を支えた公家社会の実証的な研究もようやく進展するが、その一つのきっかけは、一九八三年の佐藤進一『日本の中世国家』であろう。中世には京都の公家を中心とする王朝国家と中世国家の第二の型である鎌倉幕府の二つの国家が存在したとし、特定の氏族が官司の経営を世襲請負する「官司請負制《かんしうけおいせい》」を共通の特色とした。それを受けて公家政権の実態や院政・院評定制のあり方の解明、公武関係論などの議論が進んだといえよう。さらに室町時代以降についても天皇と武家政権との関係、政治のあり方が、富田正弘氏や、今谷明氏の一連の著作によって論じられていくのである。

王権論からの考察へ

近世史については、筆者は門外漢に近いが、戦前の皇国史観と国家神道が江戸時代の国学から直接流れ出ていることもあり、戦争を体験した世代の近世の天皇・朝廷研究への嫌悪感は、中世史以上だっただろう。

一九七〇年代になって幕藩制国家論という形で、近世の朝廷・天皇をどのように国家に位置づけるかが議論され、そこでは近世の天皇をそれまでのように無力なものとは考えない方向に向かった。しかしながら歴史学が階級対立・農民闘争などとは切り離して、近世の天皇のあり方や官位制度、さらに朝廷の機構を対象とする研究が本格的に始まったのは、一九八〇年代になって、あるいは九〇年代以降のことであるといえるだろう。たとえば、天皇について、十三世紀初頭の順徳《じゅんとく》天皇以降正式に天皇とよばれることは江戸時代までなく、一八四〇年、天保十一年の「光格《こうかく》天皇」に到って天皇号が復活するのだが、そのことの本格的な検討は一九九〇年になってようやく藤田《ふじた》覚《さとる》氏によってなされたのであった。

日本法制史の水林《みずばやし》彪《たけし》氏は、天皇制・王権論に対する近年の傾向として、「王権の力学」から「王権の詩学」への関心の移動を挙げている。かつての「王権の力学」では、王権は物理的強制力の体系としての国家権力機構の一部として考察され、したがって古代と近代が主要な関心事であった。しかし「王権の詩学」のもとでは、王権は、権力とこれに服従する人々を一個の幻想的な共同体へと編成する機能を果たすものとして観察され、近世にも関心がおよんだ。

「王権の詩学」の近年の議論には、社会関係の象徴化あるいは政治関係の身体的表現としての王権儀礼への着目・研究が新しい特徴としてみられるとまとめている。歴史学自体が、かつての階級闘争や抑圧支配にもとづく国家観・歴史観に対応して研究していたのが、国家観の変化にしたがい天皇制をささえる構造の具体的分析が進められるようになり、中世や近世についても一定の成果がえられるようになったといえる。

したがって古代・近代だけでなく、中世・近世も含めて天皇の日本史における役割を考えてみることが可能になったのは、ごく最近になってのことなのである。ここに初めてシリーズとして「天皇の歴史」全一〇巻が企画される所以がある。

2　天皇の役割を考える

古代天皇制と太政官

古代史にもどろう。戦後マルクス主義による歴史学運動を主導していた石母田正氏が、既存の理論の適用ではなく、日本の古代中世史の実態に即した議論の必要を訴え、ある意味での自己批判をしていたことは先に触れた。その石母田氏が、文化人類学の成果を学び首長制の理論をとりいれ、日本の古代国家においては、天皇対人民の関係は二次的な生産関係であり、律令国家において郡司として制度化される在地の首長と人民の関係が一次的な生産関係で基礎にあるとする、いわゆる在地首長制論を一九七一年に提唱した。まさに独自の理論を立て、古代史研究に大きな進展をもたらしたのである。

その『日本の古代国家』の中では、石母田氏は律令国家は東洋専制国家の一類型であると論じたものの、太政官は律令の規定の比較から中国に比べて大きな権力を持っていると考えた。この議論をふまえ、関氏の視点を受け継いで合議体としての太政官を研究したのが、早川庄八氏であった。

早川氏によれば、律令制下の天皇は、律令国家の統治権の総攬《そうらん》者としての側面と、支配階級全体の利害を代表する政治的首長としての側面をあわせ持つ。前者の側面は、中国律令法の皇帝の位置づけを全面的に継承しているので、天皇が法を超越した絶対的な正当性の根拠のようにみえる。しかしそれは日本の律令法が中国古代のそれを継受したためであり、それが律令制下の天皇の実相であるかどうかは別であると指摘する。

一方の政治的首長としての側面は、中国皇帝のあり方を継承することはなく、畿内有力氏族の代表者から構成される合議体である太政官こそが支配階級の利害を代表していて、それ以前のあり方を継承して大きな権力を持ったと論じたのである。

早川氏は、天皇と太政官合議制との間に緊張関係を考え、太政官により古代天皇制の権力が制約されているという視点から、天皇に迫ったのである。ただしこれは権力論であり、どちらが強いか弱いかという議論になりがちである。この点に対して吉田孝氏は、天皇と畿内豪族間との関係を単に並列的な権力の強弱の問題に還元すべきでなく、「天皇は畿内豪族政権のなかで、特定の役割を果たすために共立された首長であり、決して畿内豪族と並立すべき立場になかった」「七世紀の日本の天皇は、すでに特定の世襲カリスマを持った特殊な存在として、畿内豪族層の承認を得ていた」「日本の天皇は畿内豪族に共立された司祭者的首長としての性格を色濃く残している」として批判している。

天皇の持つ権力と権威、もちろん実際には単純に二つに分けられないだろうが、後者の権威の側面、天皇はどのような役割を担い、なぜ天皇であったのかが次に検討すべき課題になっているだろう。官僚制についても、ただ太政官だけでなく律令制下の五位以上の官人、畿内豪族との天皇の具体的関係が明らかにされなければならない。そこで、実際に朝廷で行なわれる儀式・儀礼に注目するのが、近年の動向である。

儀礼と密接に関係する天皇

日本史に関する書物で最近しばしば眼にするのが、「王権」という用語である。ほとんど定義せずになんとなく使われているが、使いやすい語である。たとえば中世や近世で、「天皇制」では、必ずしも権力を伴わないので落ち着かないが、「王権」では権力を失った天皇とともに、権力を持つ武家や幕府を視野に入れてとらえられる。たとえば東国の王権という言い方のように、どこに王権があるかとか、どのような王権かなど、古代から近代までの国家と権力・権威のあり方を通して考えることができる。

古代でも王権論が活発だといわれる。それは、天皇・皇太子・皇后さらに摂関など、王権を構成する要素のあり方、役割を分析することにより、政治権力の本質に迫る試みである。

とはいえ、それは単に権力・権威の分有論のようにもみえる。

「王権」は、A・M・ホカートの『王権』にみえるように文化人類学・象徴人類学の概念で、"kingship"の訳語である。ホカートは、ポリネシアや東南アジアをフィールドの中心とし、さらにインド・ヨーロッパ・エジプトにおよび、即位式の分析などを通じて、全地域にみえる神聖性を明らかにした。本来は、まだ国家が成立していない未開な社会を中心として、権力の発生や権威のあり方を分析する概念である。

そこで重要な分析方法となるのが即位式などの儀礼である。十九世紀のバリ島の政治を分析したクリフォード・ギアツの「劇場国家」論(『ヌガラ』)に代表されるように、国家の本質を、従来の階級支配でなく、儀礼・劇場に求める考えまである。前にふれた水林氏の「王権の詩学」論はこの延長に述べられているわけだが、たとえば江戸幕府については、法学系の政治思想史研究者である渡辺浩氏は、儀礼が将軍の御威光をいかに支えたかを論じ、近世において儀礼から王権に迫っている。

中世の国家論としては、石母田正氏が、一九七二年に広く中世武家法を概観した中で、戦国家法の特徴として「礼」に関する規定に注目した。自己の支配領域において「礼」の秩序を確立しようとした戦国大名は、同時にまた将軍家または天皇を頂点とした「礼」の秩序に編成され、両者は尊卑の原理によって統一されているとして、中世天皇制の問題を論じている。この論点は、石母田氏自身の病気によりその後深められることはなかったのが残念だが、『日本の古代国家』とならんで、自ら新たな理論を構築しようとする試みであった。

石母田氏は律令と礼の問題にもふれ、古代・中世を通じて礼や儀礼と密接に天皇の存在があることを指摘したのだろう。また石母田氏が提唱した首長制論は、いうまでもなく、文化人類学で唱えられている階級や国家の未熟な未開社会での支配関係であり、そこでは神話や宗教祭祀が大きな役割を占める。神話や宗教の視点から儀礼を分析して古代王権に迫ることが重要になるだろう。

古代史の儀礼研究

古代史の儀礼研究についていえば、実際には文化人類学の影響などとは無関係に、すでに実証的に進められていた。そのきっかけは、考古学による政治の中心である都城、平《へい》城宮《じょうきゅう》や飛鳥の発掘であり、その分析のために文献史学の側でも研究が進んだ。それを推進したのは京都大学の岸俊男氏であり、一九七〇年代に平城京の中心にある朝堂院《ちょうどういん》における政治のあり方を、平安時代の儀式書や『延喜式《えんぎしき》』等を用いて復原し、政治構造や政治のあり方に迫った。

さらに一九八〇年代には若手研究者によって儀礼研究が進められ、平城京から平安京に到る大極殿《だいごくでん》・朝堂院・内裏《だいり》、あるいは太政官など政治の場の変化を分析手法として、平安時代へいたる政治の質や天皇と官僚機構のあり方の変化が見通せるようになったのである。もちろんこうした背景には、貴族の日記（記録という）をもとにした摂関期の貴族政治についての実証的研究の進展があったことはいうまでもない。

復原された大極殿　平城遷都1300年を記念して2010年、平城宮跡に復原された第一次大極殿。平城遷都1300年記念事業協会提供

もうひとつ儀礼として、政務儀礼だけでなく、宗教儀礼、とくに天皇とのかかわりでは神祇《じんぎ》祭祀《さいし》がもっとも重要なものとして存在する。ただこの分野は、戦前以来の神道史へのアレルギーもあって、特殊な分野だとして歴史学から切り離されて別に扱われてきたというのが、実情だった。そうした中で先に挙げた早川氏が畿内政権を分析する方法として祈年祭をとり上げたことは画期的であり、近年では神祇祭祀を律令国家の一部として位置づける試みもなされている。

　王権儀礼の中核である皇位継承儀礼についても研究は少なかった。なんとなくそれは日本固有の習俗である大《だい》嘗祭《じょうさい》であるという思いこみがあって、神道史の扱う特殊分野であるという感じで、敬遠されていた。そうした状況に対して、一九八〇年代に東京大学の井上光貞氏が律令制研究の一環として即位式を分析し、践祚儀《せんそぎ》（譲位・崩御の即日に新帝に帝位のシンボルである剣璽《けんじ》を渡す儀礼）が九世紀初めに開始されたことを述べ、その意義を解明した。また岡田精司氏は大王就任儀礼の原形に迫り、それまでは中国からとり入れられた新しい儀礼と考えられていた即位式の方が、大嘗祭よりも古い伝統を持つことを明らかにした。これらが画期となり、即位式などの研究が進んでいった。

そうした中で、一九八八年秋の昭和天皇発病から翌年以降つづいた平成への代替わり儀礼を目のあたりにし、それを受けて即位儀礼や喪葬儀礼など天皇制関連儀礼の研究がきわめて活発になったのである。当時は中世史や近世史では学界としての研究蓄積が少なく、一般国民の関心にもかかわらずそれにうまく対応できず、反省すべき点があったことは認めるべきだろう。

天皇と宗教・学芸との関係研究へ

こうした状況をふまえて、即位儀礼を手がかりに律令の比較研究を研究手法として、天皇はどうして統治できるかを考えてみたのが、拙著『古代の天皇制』である。調庸《ちょうよう》制や饗宴などもとり上げ、その宗教的意味や神話的秩序を考えてみたものである。律令制の分析を中心にすえてその平安時代への展開が叙述の中心であり、本書とは少し時代が異なり直接関係しない部分もあるが、本書の基礎になっている。

なお拙著についてある国文学研究者から折口信夫《おりくちしのぶ》を古代歴史学に適用したものだとの批評をいただいたことがある。まったく意外なほめ言葉であり、実は折口を引用した部分はほとんどないのだが、もっと折口の古代学・民俗学に留意し活用せよという意味なのだろう。民俗学だけでなく、文化人類学的な視点、宗教や神話、儀礼などに注意して分析しなければ、いくら歴史学であるとはいっても王権論にはならないということだろう。

天皇に関する議論に、歴史家の発言があまり顧みられず、哲学者や思想家・文化人類学者が活発に発言するようになって久しい、と今谷明氏が述べたのは二〇年ほど前のことである。もちろん、歴史学は史実にもとづかなければ発言できないから、そんな勝手なことがいえるかと思うこともあるのだが、しかしそのころに比べれば中世・近世を中心にずいぶん研究が蓄積されたと思う。歴史学も発言に加わり、なによりも正しい事実とイメージを読者に伝える義務はあると考えている。

本シリーズでは、時代ごとの通史的な巻は、政治史的な叙述が中心になるので、それ以外に、神祇祭祀など宗教について独立巻をもうけた。古代・中世を中心に神祇・仏教とのかかわりを論じるだけでなく、近代についてもその特色を考えたい。『国体の本義』で「我が国は現御神《あきつみかみ》にましまず天皇の統治し給う神国である」と定義され、戦争の遂行に到り、天皇が神であるのは前提のようになっているが、実際にはそこに到るのは直線的な道ではなかった。

また前近代の天皇とそれをささえた公家社会を日本史では「朝廷」とよぶことが多いが、それは世界史的にいえば「宮廷」であろう。王権は文化的機能を持ち、宗教だけでなくもっと広い文化・文明への寄与が重要な要素であったことは、ヨーロッパを旅して、ヴェルサイユやシェーンブルンなどの王宮やそこに所蔵される膨大な古典絵画コレクションをみれば誰でも実感する。日本でも、江戸時代の天皇は「学問第一」と禁中並公家諸法度《きんちゅうならびにくげしょはっと》で明文規定されたことは周知のことであり、天皇の学芸をテーマとしてもう一冊もうけた。特に和歌は、十世紀の『古今集』以来の勅撰集の長い伝統があり、今日まで正月に宮中で歌会始が行なわれているように、天皇制と密接にかかわる日本の古典とよぶことができる。全一〇巻を合わせて多角的視点から天皇の日本史の中での役割が明らかになり、今日の日本の成り立ちを考える材料となればと思う。

3　天皇と「日本」の成立

天皇制の持続と本質

天皇制はなぜつづいたかという問いに、どのような方向から答えるべきか、どのような学問的アプローチをすべきかは難しい問題である。マックス・ウェーバーは、支配の正当性について三つの理念型を挙げている。①合法的支配、②伝統的支配、③カリスマ的支配である(『支配の社会学』)。これは理念型であり、現実にはそれが組み合わさっていると考えられるのだが、天皇の場合、まさに伝統的支配として維持されてきたのだろう。

なお丸山真男《まるやままさお》は権力の正統化について、ウェーバーの三類型のうち、①合法的支配は形式的法的次元の問題だから実質的な正統性を問題にする支配の正当性の類型に位置づけるのは不適当だとし、②伝統的支配のほか、自然法に根拠づけられる支配、神あるいは天による授権を基礎とする支配、統治のエキスパート・エリートによる支配(③はこれに含まれる)、人民による授権にもとづく支配という類型も挙げている。律令法の成立以降、天皇の支配は形式的に合法的支配ではあるが、実質上は伝統の名のもとにつづいているのだろう。

明治維新において、王政復古が宣言され、二官八省がおかれ、「神武創業の始めに基づき」といわれ、古代に復帰したという形式をとったことは、典型的な「伝統的支配」であろう。しかし現実には、新しい近代国家の君主が、最終的には大日本帝国憲法のもとに立憲君主制が作られたのである。伝統という名のもとに実際には大きく変革されていること――歴史学であれば当然のことであるが――に注意しなくてはならない。

天皇制の本質は何かという議論がある。石井良助氏が「不親政の伝統」を天皇の歴史の本質と説いたことが、今日まで多くの影響を持っている。その原版は『天皇――天皇統治の史的解明』であり（『天皇――天皇の生成および不親政の伝統』として改訂された）、これは出版当時（一九五〇年）、新たな日本国憲法によりそれまでの日本の国体が変革されたとする議論がさかんだったのに対して、天皇親政は日本史上国体の本質でないとして、進歩的知識人の立場から戦後の新体制を擁護したという意図を持つ議論である。戦前は当然であった天皇の親政・統治に対して述べられた議論なのである。

しかしながら、吉田孝氏が「天皇制（広義）は、時代を通じて一貫した性格を持っているのだろうか」と石井良助説に対して疑問を呈しているように（『歴史のなかの天皇』）、なにか時代を共通した本質があるという議論は、歴史学としては稔り豊かな成果をもたらさないような気がする。たとえば江戸時代の天皇と、現代の天皇のあり方を同質としてしまえば、歴史学としてはナンセンスであろう。やはりそれぞれの時代の中でどのような特色があり、天皇制が保たれていったかを考えることが大切な気がする。

水林彪氏の権威説

最近出版された水林彪『天皇制史論——本質・起源・展開』は、法制史・法社会学の立場から、記紀神話から江戸時代まで前近代の天皇制を見通した文字通りの力作である。

律令制成立以降、幕藩体制消滅までの一二〇〇年間を「前近代天皇制」として概念化できるとし、天皇は権力を持たない権威であり、天皇は国制の核として権力秩序を正当化していく。天皇制の時代を超えた存続の理由を「権力を持たない権威」であることに求めたのである。

石井良助氏の不親政論が政治レベルだったのを、支配の正当性のレベルに拡張したともいえる。これに対してはやはり先に述べたのと同じく、時代を超えた天皇制の本質を想定するという議論の前提に違和感がある（水林氏は序論冒頭でそのことを断っているのだが）。というより日本史のすべての時代の天皇に共通するなにかを求めれば、権威が残るのは当然の結論であり、最初から答えはみえているような感じもある。また具体的にどのような権威なのかという点、特に宗教的な意味について——本書で議論するのは法史学の次元であり、宗教問題の次元でないとして著者が意識して避けているのだが——やはり検討しなければ意味がないように思う。さらに古代についていえば、権力論だけで権威の問題の考慮がないと問題があるのと同様に、天皇が権威だけで権力を持たないとして両者を分離することは現実には無理で、「権力なき権威」という考えを持ち込むことが妥当だろうかという疑念がある。

「日本」という枠組みと古代天皇制

水林氏の著書では、『古事記』の分析を含む奈良時代にあたる第四章「律令天皇制」が全体の中心をなし、第五、六章は「律令天皇制的原型の展開と対抗」として幕藩制までが述べられる。律令制は、それまでの古い人的身分制的統合秩序を本質として保ちながら、制度的領域国家体制を形成し、それは見かけ上であるがその後の歴史にとって重要な意義を持つ。そこでの律令天皇制の成立において、最高権力は天皇でなく天皇の血族尊属（太上天皇）や姻族（藤原氏）に帰属し、天皇は最高権力者から「権力を持たない権威」へと性格を変化させたと述べる。このような性格を持つ律令天皇制が原型として前近代社会を通じて転換、展開するとされるのである。

ここでの分析の中心にあるのは『古事記』であり、そこから「天皇・藤原王朝概念」をよみとっている。古事記神話一元論のような叙述であり、神話と奈良時代の歴史を単純に対応させるところには無理も感じられる。とはいえ本書を読むと、律令天皇制の成立が前近代を通じて大きな意義を持ったこと、古代天皇の日本の歴史全体に対する意義の大きさが改めて感じられる。

まったく逆の立場から、古代国家や天皇の影響の大きさを糾弾、主張したのが、網野善彦氏が晩年主張した「日本論」である。日本が単一民族国家で均一な農業社会であり、百姓とは農民を指すというこれまでの日本史の常識が虚像であることを指摘し、列島の各地域に多様で豊かな社会と産業が発達し、国境を越えた交流が行なわれたことを明らかにし、「日本論」の再検討を訴え続けた。そしてこの虚像は、古代に、七世紀後半に律令国家の成立とともに天皇号・日本国号が定められたことにより作られたとする（『「日本」とは何か』）。

しかし、律令国家で日本国号が定まったとたんに均一な日本が生まれたわけではないし、天皇号成立以前には天皇はいないといういささか過激になされた主張も、それ以前にもスメラミコトの実体はあったはずだろうなどと反論ができよう。律令国家成立と同時に水田中心の均一な社会ができるはずはなく、古代史としてはそれがどのような過程でできていったかを問題にすべきである。とはいえ、網野氏がいうように古代国家の日本の歴史に刻んだ意義は大きいのだろう。『日本論の視座』終章冒頭で「日本列島の社会に、ほとんど『決定的』とも見えるほどの影響を与えたのは、七世紀後半から八世紀初頭にかけて、本州・四国・九州の大部分を支配下に置いた列島最初の国家、いわゆる律令国家の成立であった」と述べ、現在の日本社会に影響がおよんでいると、大きな評価を与えている。

古代史の立場から、中国を中心とする東アジア世界の中で「日本」の成立を考えたのが吉田孝氏であり、隋唐帝国の圧倒的影響下で辺境の未開な倭国がいかに文明化するかという視点で律令制を考えた。そこでは、八世紀初めの律令制は実現されるべき理想として青写真的性格を持ち、やがて社会の中に浸透していき、平安前期ころに安定したレジームができるとする。のちに「日本」と意識される枠組みと内部の均一性の形成を考えたもので、いわゆるする「ヤマトの古典的国制」が成立するということは、すでに「古典的国制」論である（『律令国家と古代の社会』）。すなわち、①天皇を国家の核として摂政関白・院・征夷大将軍などがその権力を代行、②五畿七道諸国からなる大八洲《おおやしま》を領域とする、③イエの制度、④ヤマト言葉（かな・漢字併用）、⑤宗教意識の基層としての神仏習合と『古今集』に代表される自然観・美意識などを指標とする「ヤマトの古典的国制」が成立するると述べている。

吉田氏は、民族の国制の枠組み、規範となったという意味で古典的といっているのだが、これは後の規範となった（権威の構造というべき）天皇制の成立を述べているともいえる。なお筆者自身は、十世紀後半から摂関政治期の藤原道長の時代において古典的国制が成立するのではないかと時期をもう少し遅らせて考えるべきだと述べたことがある（『道長と宮廷社会』）。古代国家の平安時代までの展開の中で、日本の天皇制の形は形成されていき、それが大きな意味を持ったと考えるべきなのだろう。

第一章　卑弥呼と倭の五王

1　卑弥呼と邪馬台国

王権の始まり

『古事記』『日本書紀』には、初代天皇として神武《じんむ》天皇（カムヤマトイハレヒコ）の伝承がのり、以後歴代天皇の伝承がのっているが、教科書には卑弥呼《ひみこ》、そして倭の五王が古代国家の始まりの部分に登場する。それはなぜだろうか。

『古事記』や『日本書紀』のもとになった史料は、津田左右吉《つだそうきち》が明らかにしたように、六世紀前半に「帝紀《ていき》」「旧辞《きゅうじ》」として文字にまとめられたものと考えられ、それ以前には文字による記録はなく、たとえば『日本書紀』が記す三世紀の伝承にしても数百年ののちに文字にされたもので、信頼性に乏しい。歴史学は、より信頼のおける史料にもとづいて史実を再構成するのが原則である。一番信頼がおけるのは同じ時代に記録された文章であり、文書や記録は存在しないので、ここでは金石文《きんせきぶん》とよばれる石碑や金属器に刻まれた銘文である。高句麗が建てた五世紀初頭の好太王《こうたいおう》碑文や、埼玉《さきたま》古墳群の稲荷山《いなりやま》古墳鉄剣銘（四七一年）がこの時代の歴史を描く第一次史料である。

とはいえきわめて断片的なものである。そこで次によるべきは、当時文字による記録を作成していた中国の史料である。歴代王朝ごとに次の（時にもっとのちの）王朝により国家事業として編纂された正史は、そうした文字の記録をもとにしているから、信憑性が高い。したがって『三国志』魏書東夷《とうい》伝倭《でんわ》人条《じんじょう》に記される「卑弥呼」、『宋書《そうしょ》』倭国伝にみえる「武王」など五王によって日本の歴史は始まる。

右のいわゆる「魏《ぎ》志《し》倭《わ》人伝《じんでん》」には、倭人はもと百余国だが「今使訳通ずる所三十国」とあり、末盧《まつら》国、伊都《いと》国、奴《な》国などを挙げ、「女王の都する所」邪馬台《やまたい》国が挙がる。同じ「魏志東夷伝」が記す、馬《ば》韓《かん》（五十余国）、辰韓《しんかん》（十二国）、弁韓《べんかん》（十二国）など朝鮮半島中・南部と同じように、いくつもの小国が群立する状況にあったことがわかる。

> その国、本《もと》また男子を以て王となし、住《とど》まること七、八十年。倭国乱れ、相攻伐すること年を歴《ふ》。乃《すなわ》ち共に一女子を立てて王となす。名づけて卑弥呼という。鬼道《きどう》を事とし、能《よ》く衆を惑はす。年已《すで》に長大にして、夫壻《ふせい》なし。男弟有りて、佐《たす》けて国を治む。王となりしより以来、見ること有る者少なし。婢千人を以て自ら侍らしむ。ただ男子一人有り、飲食を給し、辞を伝へて居処に出入す。

ここにみえる「その国」は、「倭国乱れ」と同じく、倭人全体をたばねる「倭国」である。最初男子を王にしたが治まらず、七、八十年乱れたので、一女子卑弥呼を「共立」したところ治まったという。共立する主体は列挙されている小国の首長であり、それによって実質的に倭国・倭王というまとまりがはじめて成立したのだろう。

さらに景初《けいしょ》二年（二三八）六月に「倭女王」が魏に使者を派遣し（『日本書紀』所引の魏志などにより景初三年の誤とするのが通説）、十二月に詔書により「親魏《しんぎ》倭《わ》王《おう》」に任じられたことにより、倭国の倭王として公認されたのである。これ以前には、『後漢書』倭伝、五七年（建武中元二年）に、

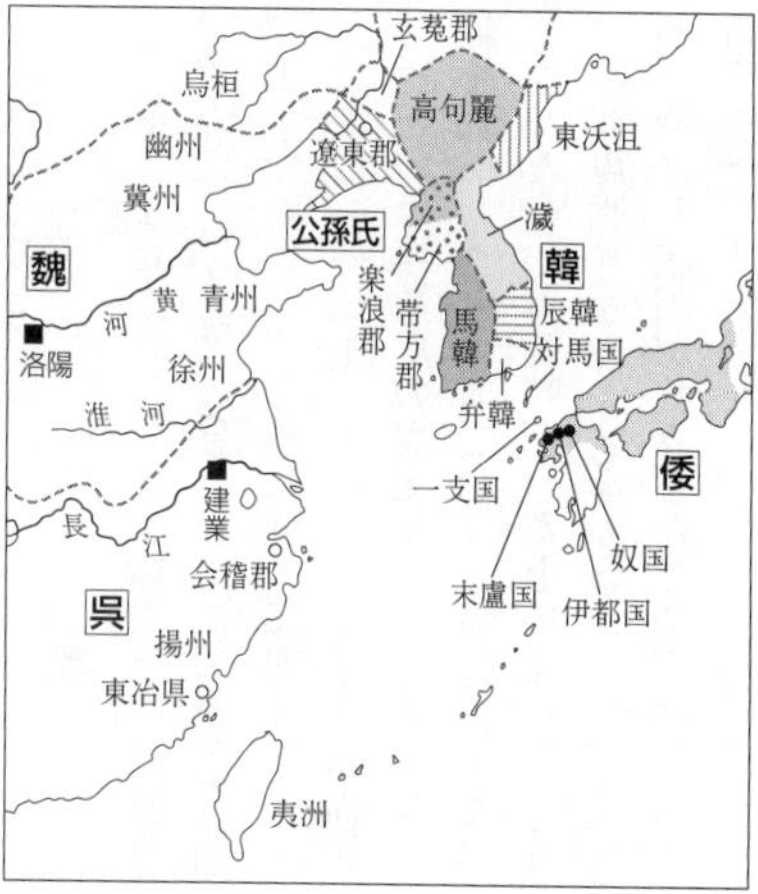

3世紀前半の東アジア

倭の奴国、貢ぎを奉りて朝賀す。使人自ら大夫と称す。倭国の極南界なり。光武《こうぶ》、賜ふに印綬を以てす。

とあり、ここでは倭の中の一国である奴国王が冊封《さくほう》されたのである（志賀島《しかのしま》から「漢委奴国王《かんのわのなのこくおう》」金印が出土している）。さらに、安帝の一〇七年（永初元）のこととして、

倭国王帥升《すいしょう》等、生口《せいこう》百六十人を献じ、

請見せんことを願ふ。

とある。なおこの部分は『翰苑《かんえん》』や『通典《つてん》』に「倭面上国」「倭面土国」とあるのが本来の『後漢書』の文章だとして、伊都国や末盧国をさすとの説もあるが、一応西嶋定生《にしじまさだお》氏が「倭国王」でいいとする論に従っておく。

ここに「倭国王」というまとまりが初めてみえるが、生口一六〇人が多いことと「帥升等」という複数形の表記から、仁藤敦史《にとうあつし》氏は、倭の諸国の支配層からの持ち寄りによって奴隷を献上したとする（帥升は伊都《いと》国王であった可能性を指摘する）。実質的に初代の倭国王になったのが卑弥呼だったといえるだろう。

なお卑弥呼が都する所が邪馬台国であるから、倭国＝邪馬台国という用例もあるだろうが、やはり諸国が共立したので、邪馬台国を中心とする邪馬台国連合と考える方が正しいだろう。

邪馬台国に関する二つの説

邪馬台国はどこにあったのか。いわゆる邪馬台国論争は、江戸時代以来つづいている古代史の長年の課題である。いわゆる九州説をとれば、倭国は九州を中心とする地域にすぎず、その外側に大和政権へつながる強力な畿内勢力があったことになるが、大和説をとれば当時倭国として少なくとも畿内から九州までの列島のかなりの地域の政治的まとまりが成立し、それが大和政権へと展開することになる。筆者の能力もあり邪馬台国論争に詳しく立ち入ることはできないが、最近の動向について簡単に紹介しておこう。

邪馬台国の位置は「魏志倭人伝」に記載があり、伊都国へ到った記事のあと、奴国・不弥《ふみ》国・投馬《とうま》国につづけて以下のように記す。

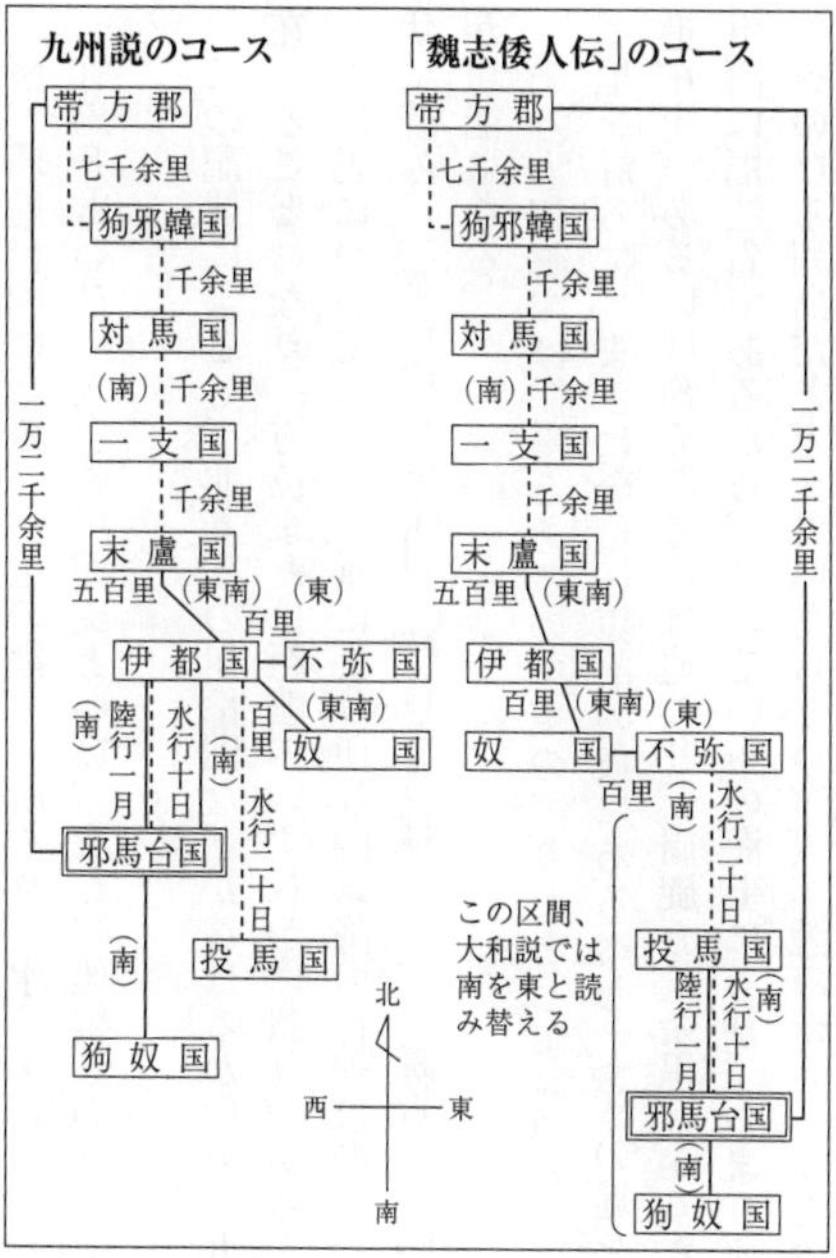

邪馬台国への行程

南、邪馬台国に至る、女王の都する所なり、水行十日、陸行一月。官に伊支馬有り、次を弥馬升といひ、次を弥馬獲支といひ、次を奴佳鞮といふ。七万余戸。

この記述によると、北九州の伊都国などからはるか南方、九州の南の海上に邪馬台国が存在することになり、方位または距離のいずれかに誤りがあると考えざるをえない。

九州説については、榎一雄《えのきかずお》により伊都国以降の行程は順に読むのではなく伊都国から放射状に読み、「水行ならば十日、陸行ならば一月」と読む説が唱えられ、九州内に収めることが可能になる。

一方大和説では、南とあるのを東の誤りだとして読みかえる。「倭人伝」のなかに「その道里を計るに、まさに会稽《かいけい》・東冶《とうや》の東にあるべし」「倭の地を参問するに、海中洲島の上に絶在す。あるいは絶えあるいは連なり、周旋五千余里ばかりなり」とあり、会稽は浙江《せっこう》省、東冶は福建省であるから、倭はその東の海上にあり、つまり北九州から南へ琉球・台湾あたりへのびる列島だと考えていたらしい。東へ読みかえることは一定の根拠がある。

三角縁神獣鏡の分有関係から考える

重要なのは、小林行雄氏による主に前期古墳から出土する三角縁神獣鏡《さんかくぶちしんじゅうきょう》の同笵鏡《どうはんきょう》の分有関係の研究である。考古学には素人であるが紹介しておく。これは縁部が三角形状に突起し神仙や獣の図様を持つ大形鏡で、「景初三年」などの魏年号を持つところから魏に朝貢して卑弥呼が賜与《しょ》された鏡と考えられる（のちに仿製《ほうせい》三角縁神獣鏡が作られる）。その同笵鏡（一個の鋳型から作られた複数面の鏡）の分有関係を調べると、椿井《つばい》大塚山古墳など畿内が中心で、九州から関東へ配られたことがわかり、卑弥呼は畿内にいたはずである。

なおこの三角縁神獣鏡は中国の魏で出土しないことから、日本製ではないかとの説がある。しかし鏡研究の専門家によれば、舶載鏡《はくさいきょう》（大陸から搬入した鏡）と仿製鏡（日本で真似て製作した鏡）には技術に差があり、認められないようである。

また中国の王仲殊《おうちゅうしゅ》氏が東渡した中国の三国・呉の工匠が日本で製作したとの新説を提唱した。これについても直木孝次郎氏が、三世紀に多くの工匠が渡来したなら、なぜ鏡以外のものを作らなかったのか、その後の大和朝廷の歴史になぜまったく痕跡がないのかなどと述べているように、疑問も残る。

もし仮に日本製だとしても、年号などから卑弥呼が魏から賜わった鏡として配られたことは明らかだから、中心が畿内にあることは動かないだろう。

小林氏は、古墳に三角縁神獣鏡が埋納されることについて、古墳時代の開始は四世紀初頭であるので、卑弥呼が各地の首長に配布したあと、五〇年以上大切に宝物として保管し、その後古墳に埋葬されたと考えた。

景初三年銘三角縁神獣鏡　島根県雲南市加茂町神原神社古墳出土。文化庁蔵

しかしこれに対して九州説では、邪馬台国あるいはそれを滅ぼした某国が、三角縁神獣鏡など邪馬台国の財宝をもって東遷して畿内に入り、大和政権を樹立し、古墳に鏡を埋めたと考えるのである。

王朝交替説も同様であるが、「記紀」が伝える日向《ひむか》の高千穂の峰に降臨したニニギの曾孫であるカムヤマトイハレヒコが東遷して大和に入って即位して神武天皇になったという「神武東征」が何らかの歴史の記憶の反映だとするのである。

繰り上がる弥生時代

考古学という学問は、層位や形式によって時間の前後を決めていくので、相対年代である。それが何年、何世紀のものであるかを言うのは、年代の書いてある遺物でも出土しない限り難しいという特色がある。弥生時代は紀元前四〜前三世紀にはじまり、前二世紀までが前期、前一世紀から紀元後一世紀の二〇〇年を中期、紀元後二〜三世紀の二〇〇年を後期とするのがだいたいの通説だった。

ところが近年弥生時代の年代がもっと古くなり、後期は紀元後一世紀から二世紀まであるいは二五〇年くらいまでと五〇〜一〇〇年繰り上がって考えられるようになった。

その根拠の一つは奈良文化財研究所で進められた年輪年代法の研究で、ヒノキやスギの年輪の生育の特徴から実年代がわかる。弥生中期末の池上《いけがみ》・曾根《そね》遺跡から出土した掘立柱《ほったてばしら》が、紀元前五〇年代に伐採されたことがわかった。

もう一つ参考になるのは国立歴史民俗博物館で進められている^{14}C、放射性炭素の含有率により、^{14}Cの半減期から実年代を計測する方法である。自然界では^{14}Cと^{12}Cの比率は定まっているが、炭素が生命を失った瞬間（木が伐採された時）から放射性炭素は分裂していくので実年代がわかるという方法である。二〇〇三年に福岡市などの資料から弥生時代の始まりは紀元前八〇〇年頃とし、従来より五〇〇年も遡るとした。また最近、古墳時代最初期の布留《ふる》0式古層は、紀元後一八〇〜二七〇年ぐらいに収まるとした。

この炭素年代法の結果については、誤差や他の修正要素もあり、考古学界でも、あまりに弥生時代が古くなりすぎるので、従う人はまだ多くなく、専門外の筆者には判断できない。ただ年輪年代法とあわせれば、弥生時代の年代は少し古くなることは確かなようである。

古墳時代も引き上げられる

古墳時代については、これまで三角縁神獣鏡の出土は近畿地方が多いとはいっても、奈良県の盆地南部の大和政権の中心部からの出土はなかった。発掘されないのだから当然だったが、一九九七年から九八年にかけて天理市黒塚古墳（崇神《すじん》天皇陵から西へ数百メートル）という山の辺の道の中規模の前方後円墳から、なんと三三面もの三角縁神獣鏡が発掘された。また今年（二〇一〇）になって桜井茶臼山古墳から鏡の破片が八一面分出土し、中に「正始《せいし》元年」銘の三角縁神獣鏡があると報道されている。このことは卑弥呼の邪馬台国がまさに奈良盆地南部のヤマトにあった可能性を強める。

黒塚古墳から出土した三角縁神獣鏡

この黒塚古墳の発掘が契機になったと思われるが、近年になってこうした三角縁神獣鏡の研究が進んできたのである。福永伸哉氏によれば、同じ三角縁神獣鏡といっても作られた年代幅は半世紀以上の開きがあり、形式上四段階に分類できる。そのうち第一段階のそれは景初三年や正始元年の年号が刻まれていて二四〇年前後と考えられ、第二段階のそれは二五〇年前後と考えられる。

そうした中で同じ三角縁神獣鏡の副葬といっても、第一、二段階の古い段階のそれしか持たない古墳と、比較的新しい段階のものをも含む古墳があることが明らかになり、したがってこの古い段階の古墳は二四〇年ないし二五〇年前後の三角縁神獣鏡しか持たないのだから造営年代は三世紀中葉すぎに遡る可能性が高いと論じた。つまり従来四世紀初頭ないし三世紀末とされていた古墳時代の始まりが三世紀中葉に引き上げられ、先に述べた弥生時代の新しい年代観とも合致するのである。

したがって卑弥呼の遺使、鏡の賜与と古墳への埋納は時間的に連続することになり、邪馬台国が東遷して大和に入ってから鏡の配布をしたとする九州説は成立しなくなったといえる。そして卑弥呼は二四七年頃没したので、最初の巨大前方後円墳である箸墓《はしはか》と年代がほぼ重なると考えられ、箸墓は初代の倭王卑弥呼の墓だという新聞報道がさかんになったのである。

ヒメ・ヒコの男女二重主権

卑弥呼はどのような王であるか。「鬼道《きどう》を事とし、能《よ》く衆を惑《まど》はす」と記述があり、すぐれた宗教的・呪術的能力を持ち、それにより多年乱れていた倭国は治まったのである。「鬼道」とは何か、明確にはわからないが、シャーマニズムだろうと考えられる。シャーマンとして神の意を伝えるのである。「ただ男子一人有り、飲食を給し、辞を伝へて居処に出入す」とあるのは、卑弥呼の託宣を人々に伝えたのだろう。「魏志東夷伝」には、夫余《ふよ》や高句麗の条に「天を祭る」という記述があるので、北方系の天の祭祀とは違うことがわかる。おそらく後述する神功《じんぐう》皇后の伝承が示すようなシャーマンのあり方が共通するのだろう。

重要なのは「男弟有りて、佐《たす》けて国を治む」とある、男弟の存在である。男と女がペアになって政治をしていたので、そうしたあり方は古代社会に広くみられ、ヒメ・ヒコ制といわれ、高群逸枝《たかむれいつえ》氏や洞富雄《ほらとみお》氏が分析している。前者は奈良時代まで続いたとみ、後者は母系的ヒメ・ヒコから五、六世紀に父系的政治社会に転換したと考えるという差があるが、日本史の側では、女帝・皇后の成立の点から小林敏男氏がとり上げているくらいで、あまり多くの言及はない。

　事例は洞氏が列挙しているが、神武紀の、菟狭《うさ》（宇佐）川のほとりに一柱騰宮《あしひとつあがりのみや》を造り神武天皇に饗《あえ》を奉った菟狭津彦《うさつひこ》・菟狭津媛《うさつひめ》の例、景行紀十八年には阿蘇国で天皇を迎えた二神、阿蘇都彦・阿蘇都媛の例、『播磨《はりま》国風土記』の吉備比売《きびひめ》とその兄吉備比古《きびひこ》など用例は多い。

　また景行紀十二年にみえる天皇の西征をきいて賢木《さかき》に剣・鏡・瓊《に》をかけて服属の意を示した神夏磯媛《かんなつそひめ》をはじめ、女性首長が特に九州に多くみえているが、これらも多くはヒメ・ヒコの男女二重主権だったと考えるべきだろう。

神功皇后と女帝の伝承

　さらに、直木孝次郎氏もいうように、兄妹ではなく夫妻であるが神功皇后もヒメ・ヒコ制の一例と考えるべきだろう。ただし仲哀《ちゅうあい》天皇は神功に乗りうつった神の神託を信じなかったために死んでしまうのである。『日本書紀』神功摂政前紀仲哀九年三月の伝承をみよう。

　皇后、吉日を選びて斎宮《いわいのみや》に入り、親《みずか》ら神主と為りたまふ。則ち武内宿禰《たけしうちのすくね》に命せて琴撫《ひ》かしめ、中臣烏賊津使主《なかとみのいかつのおみ》を喚《め》して、審神者《さには》としたまふ。因《よ》りて千繒高繒《ちはたたかはた》を以ちて琴頭尾《かみことしり》に置きて、請《ねぎもう》して曰《もう》さく、「先日に、天皇《すめらみこと》に教へたまひしは誰《いずれ》の神そ、願はくは其の名を知らむ」とまうす。七日七夜に逮《いた》りて、乃ち答へて曰《のたま》はく、「神風の伊勢国の、百伝《ももつた》ふ度《わた》逢県《らいのあがた》の拆鈴《さくすず》五十鈴宮に所居《ま》す神、名は撞賢木《つきさかき》厳之《いつの》御《み》魂《たま》天疎向津媛命《あまさかるむかつひめのみこと》」と。（中略）時に神語を得て教の随《まにま》に祭りたまふ。

おそらく「鬼道に事《つか》へた」シャーマン卑弥呼も右のようだったのだろう。そして俗の政治はヒコである「男弟」が担当する二重主権だったと考えられる。

ヒコの仲哀が神託を信じずに没したのをうけて、ヒメの神功は、「祟《たた》る所の神」を知ろうと、「罪を解《はら》へ過《あやまち》を改めて」斎宮を造らせた。右のように祈ると、伊勢五十鈴《いすず》宮の神をはじめ、淡《あわ》郡に居る神（稚日女尊《わかひるめのみこと》）、厳之《いつの》事代神《ことしろのかみ》、住吉三神が順に名をあらわす。これら祟り神を神祭りすることにより、熊襲《くまそ》さらに新羅《しらぎ》を伐つことに成功するという物語である。卑弥呼も卜占《ぼくせん》や神託により神意をきき、神々を祭ったのだろう。

崇神紀六年条には、国内に疾疫《しつえき》多く死者も出て、「百姓《おおみたから》流離《さすら》へぬ。或いは背叛《そむ》くもの有り。その勢、徳《うつくしび》を以て治めること難し。是《ここ》を以て、晨《つと》に興《お》き夕《ゆうべ》までに惕《おそ》りて、神祇《じんぎ》を請罪《のみまつ》る」とある。これは伊勢神宮・大和《おおやまと》神社の起源説話であるが、丸山真男もふれるように、徳による政治よりも神祇による呪術の方が効果があるという古代政治思想の存在を示している。

ヒメ・ヒコ制そのものとはいえないだろうが、七世紀の日本にあらわれた女帝にも共通する性格がよみとれるだろう。推古《すいこ》紀十五年（六〇七）二月戊子《ぼし》条に、推古天皇は、詔《みことのり》して曰はく、「朕《われ》聞く、曩者《むかし》、我が皇祖《みおや》の天皇等、世を宰《おさ》むること、天《あめ》に跼《せかがま》り地《つち》に蹐《ぬきあしにふ》みて、敦《あつ》く神祇を礼《いや》ぶ。（中略）今朕《わ》が世に当りて、神祇を祭《いわ》ひ祀《まつ》ること、豈怠《あにおこた》ること有らむや。故《かれ》、群臣《まえつきみたち》、共に為に心を竭《つく》して、神祇を拝《いやびまつ》るべし」とのたまふ。

とあり、六日後に聖徳太子と大臣《おおおみ》蘇我馬子《そがのうまこ》が百寮（官人）を率いて神祇を祭った。

また皇極《こうぎょく》紀元年（六四二）八月甲申《こうしん》条では、日でりが続き、さまざまな雨乞いの行事が試みられ、蘇我入鹿《いるか》は仏教により大雲経《だいうんきょう》等を読ませ、自らも香鑪《こうろ》を執り香を焼《た》いたが、あまり効果がなかった。そこで皇極女帝が、

天皇、南淵《みなぶち》の河上に幸《いでま》して、跪《ひざまず》きて四方を拝む。天を仰ぎて祈《こ》ひたまふ。即ち雷《いかずち》なりて大雨ふる。遂に雨ふること五日。溥《あまね》く天下《あめのした》を潤す。是に天下の百姓、倶《とも》に称万歳《よろこ》びて曰《もう》さく「至徳の天皇なり」とまうす。

と、自ら雨乞いして成功した。『日本書紀』には天皇の日常の宗教活動は記されないが、卑弥呼以来の呪術の能力を継承しているのである（おそらく男帝も）。

邪馬台国が大和にあった可能性

邪馬台国が大和にあったとすると、のちの大和政権につながることになる。卑弥呼により

大和政権が成立し、卑弥呼が大和王権の初代の王・大王ということができるだろうか。

邪馬台国は、ヤマタイコクと訓《よ》むが、これは便宜的にそうしているので、本来ヤマトに中国人が邪馬台の字をあてたもので、ヤマト国である。そのヤマトは、大和国の中の地名ヤマトに起源があり、おそらくは山（三輪山）のト（ふもと）の意だろう。

大和政権―律令国家の本拠地は、五世紀には河内に王宮や陵墓が移動し河内王朝説も唱えられるにもかかわらず、一貫してヤマトであったことを、和田萃《わだあつむ》氏が「倭 屯田《やまとのみた》」をとり上げて論じている。

大宝田令《たいほうでんりょう》によると、大倭国に三〇町の屯田《みた》があり、これは大化前代の倭屯田に系譜を引く。天平年間の大倭国正税帳などから十市《とおち》郡と城下《しきのしも》郡（および城上郡）に存在したことがわかる（舘野和己《たてのかずみ》氏がさらに比定を深めている）。倭の屯田・屯倉《みやけ》は、『古事記』には景行《けいこう》天皇代に定めたと記し、仁徳《にんとく》天皇即位前紀には額田大中 彦皇子《ぬかたのおおなかつひこのみこ》が倭の屯田を領しようとした話を伝えて、倭 直《やまとのあたい》の祖麻呂《おやまろ》の弟吾子籠《あごこ》の言として、垂仁《すいにん》天皇の代に定め、その時に「凡《およ》そ倭の屯田は、毎《つね》に御 宇《あめのしたしろしめ》す帝 皇《すめらみこと》の屯田なり」と定めたとする。現大王の地位に付属する、王位の象徴であった。それが律令国家の天皇制につながるのだから、王権が連綿とつながっているように思える。またここからヤマトの地名は、磯城《しき》郡・十市郡を中心とする三輪山のふもとを中心とする地をさすこともわかる。

三輪山のふもと纒向《まきむく》の地には、箸墓《はしはか》古墳（二八〇メートル）が最初の巨大前方後円墳とされるだけでなく、それに先行する纒向型古墳といわれる帆立貝形の古墳が分布する。さらに

最初の巨大前方後円墳、箸墓古墳

纒向遺跡からは巨大な溝や祭祀遺跡が発見され、また関東から吉備・九州にいたる日本列島の広い範囲からの土器が持ちこまれたことが知られ、多くの他地域の人々が集まり住む都市的な場であることを、寺沢薫氏が詳しく論じている。

また、昨年（二〇〇九）になり大型建物跡が発掘され、他の中型の三棟と東西軸線上に整然と並び、政治祭祀の中枢のいわば宮殿のような存在が発見され、邪馬台国の有力候補として大きく報道されたのは記憶に新しい。これまでは政治的な遺構がまったく発見されていなかったので、この発見は纒向の地に王宮があったとの推定を大きく支持することになった。

卑弥呼は天皇系譜に位置づけられるのか

では大和王権の発生の地が大和の纒向だとして、卑弥呼が大和政権の初代の王であり、のちに天皇制へつながる大和政権につながっていくといえるのだろうか。天皇の歴史の始まりになるのかというのが本書にとっての課題である。わかりやすい問いにかえれば、たとえば卑弥呼を、「記紀」の伝える天皇系譜の中に位置づけることは可能なのか、そういう試みに意味があるのか、である。

「記紀」によれば、神武天皇に始まり、直系・兄弟継承の差はあれ、血縁により天皇位は継承される。つまり天皇家は始めから所与のものとして成立している。継体《けいたい》天皇は、応神《おうじん》天皇の五世孫といわれ、本当に血縁がつながっているかについて議論があるが、応神天皇の子孫であると称することによって天皇位を継承できるのであり、世襲王権が成立している。

これに対して「魏志倭人伝」によれば、卑弥呼の死後の状況を伝えている。

更に男王を立てしも、国中服せず。更々《こもごも》相誅殺し、当時千余人を殺す。また卑弥呼の宗女台与《とよ》年十三なるを立てて、王となし、国中遂に定まる。

邪馬台国連合は、卑弥呼を共立しその呪術力によってようやく治まったが、その死後、別の男王を立てたが治まらず、ようやく台与（壱与《いよ》とも）という一三歳の少女を王として治まった。卑弥呼の宗女とあるが、卑弥呼に夫はいないので、血縁はあるかもしれないが娘ではなく、やはり呪術力が期待されたのだろう。

ここではいくつかの国の連合が次の王を選んでいるのであり、卑弥呼と次の男王の間には血縁はない。明らかに「記紀」の伝える「天皇」家のような世襲王権は未成立である。王権の次元が違うことに留意すべきである。つまり天皇家がここに成立したとはいえず、世襲王権の成立にはなお時間が必要であろう。

たしかに『日本書紀』は、第一一代垂仁天皇の宮を纏向の珠城宮《たまきのみや》、第一二代景行天皇の宮を纏向の日代宮《ひしろのみや》と伝える。纏向遺跡が発掘されてみると、個別断片的には大和政権の発祥の宮の記憶を伝えているのかもしれない。

しかし王位継承の物語が事実と違う以上、たとえば卑弥呼は天皇系譜のなかの誰にあたるかという議論自体が、あまり意味がないのだろう。たとえば卑弥呼は神功皇后であると論じても、そもそも『日本書紀』編者は神功皇后を卑弥呼にあてているのだが、前述のように神功皇后のあり方の中に卑弥呼の女王としての特色を読みとることはできるが、いわゆる「三韓征伐」の伝承は卑弥呼の時代と合わないし、次に立てられた男王に応神天皇を比定することは無理といわざるをえない。

箸墓については、古墳としてはきわめて例外的だが、『日本書紀』の中に伝承がのる。崇神紀十年九月に、大物主神《おおものぬしのかみ》の妻となった、倭迹迹日百襲姫《やまとととびももそひめ》が、夫の姿をみたいと頼み、小蛇であることをみて驚いてしまい、大神は恥じて、御諸山《みもろ》（三輪山）に還ってしまう。そこで倭迹迹日百襲姫は箸に陰部を撞いて死んだという三輪山伝説である。

故《かれ》、時の人、その墓を号《なづ》けて箸墓と謂ふ。この墓は、日《ひる》は人作り、夜は神作る。故、大坂山の石を運びて造る。則ち山より墓に至るまでに、人民相踵《つ》ぎて、手逓伝《たごし》にして運ぶ。

さらに七年二月には、崇神天皇が災害がしばしば起こるので「災を致す所由《ことのよし》を極め」よう

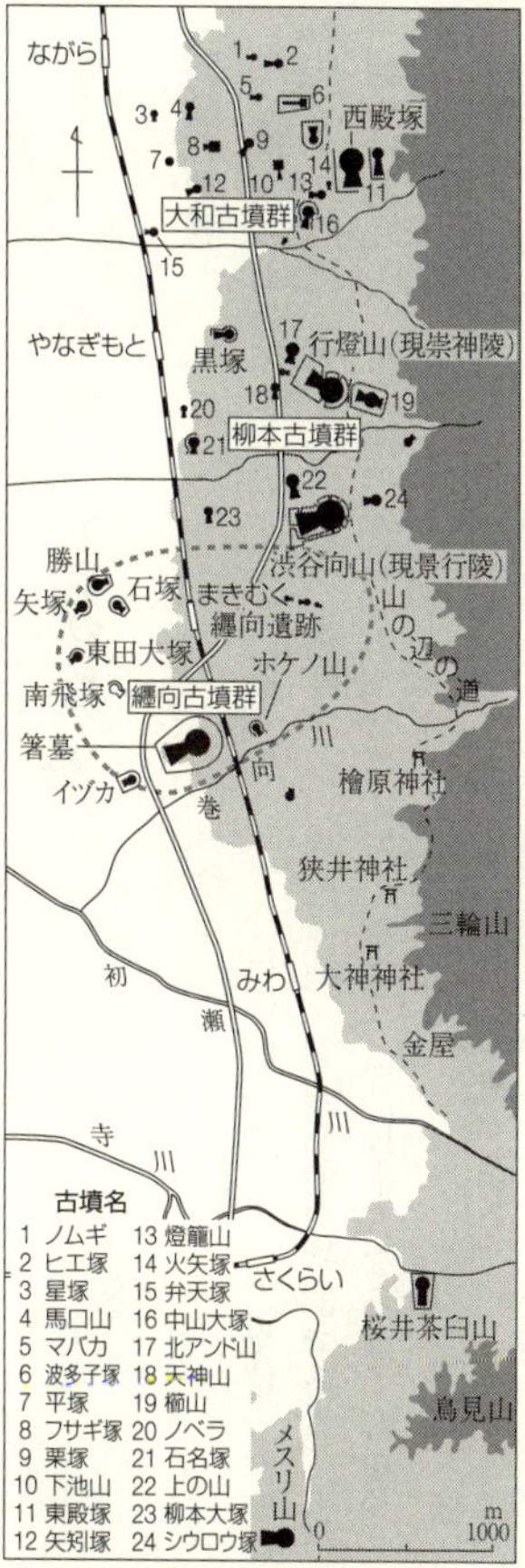

大和政権中心部の古墳の分布
寺沢薫『日本の歴史02　王権誕生』より作図

と、占いを行なった。すると倭迹迹日百襲姫に神がかりし、「天皇、何ぞ国の治らざることを憂ふる。もし能く我を敬ひ祭らば、必ず当に自平《たいら》ぎなむ」と、大物主神が名告《なの》って宣し、大田田根子《おおたたねこ》に祭らせたという伝承がのる。

箸墓の被葬者が、神がかりして神意を伝え、三輪山に鎮座する大物主神の妻とされ、三輪山祭祀を行なう巫女《みこ》であることは、前述の卑弥呼の性格と不思議に一致していて、興味深い。しかしながら、卑弥呼は第七代孝霊《こうれい》天皇の娘（倭迹迹日百襲姫）であり、政治を担当した「男弟」が第一〇代崇神天皇であると論じても、それほど意味があることではないだろう。

2 鏡と剣——王権のレガリア

三種の神器

律令国家におけるレガリア（威信財）、そして今日にいたるまでの天皇位の象徴は、八坂《やさか》瓊曲玉《にのまがたま》・八咫鏡《やたのかがみ》・天叢雲剣《あめのむらくものつるぎ》（草薙剣《くさなぎ》）という玉・鏡・剣の三種の神器《じんぎ》である。戦後の家電三種の神器とか、新三種の神器という言葉にみえるように、日本人なら誰でも知っている用語である。

『古事記』においては、国譲りがすんだあと、天照大御神《あまてらすおおみかみ》・高木《たかぎ》の神（高御産霊《たかみむすひ》）の命令で、天孫ヒコホノニニギに対して「この豊葦原《とよあしはら》の水穂の国は、いまし知らさむ国ぞ、と言依《ことよ》さしたまふ。かれ命のまにまに天降るべし」と詔して、地上の世界に降らせる。このときに、アメノコヤネの命以下「五《いつ》の伴緒《とものお》」という五人の神を従者としたうえで、

　ここに、そのをきし八尺《やさか》の勾璁《まがたま》・鏡、また草なぎの釼、また常世《とこよ》の思金《おもいかね》の神・手力男《たぢからお》の神・天《あめ》の石門別《いわとわけ》の神を副《そ》へたまひて、詔らししく「これの鏡は、もはらあが御魂《みたま》として、あが前を拝《いわ》ふがごとくいつきまつれ」

として三種の神器をニニギに与え、天皇が「天の下」を統治することの正統性を示すものと

位置づけられている。いわゆる天壌無窮《てんじょうむきゅう》の神勅（『日本書紀』第一の一書に「宝祚《あまつひつぎ》の隆《さか》えまさむこと、当に天壌《あめつち》と窮《きわま》り無けむ」とあることからいわれる）とともに三種の神器が与えられるのであり、ニニギの子孫が代々皇位を継承することを象徴するものとしての三種の神器の起源を語る神話である。

しかし必ずしも神器は三種だとする伝承だけではない。『日本書紀』の天孫降臨の場面は、本文では宝物の授与のことはみえず、第一の一書（異伝）で「八坂瓊曲玉及び八咫鏡、草薙剣、三種の宝物」を賜ったとみえるのだが、第二の一書では、

是の時に天照大神、手に宝鏡《たからのかがみ》を持ち、天忍穂耳尊《あまのおしほみみのみこと》に授けて、祝《ほ》きて曰はく「吾が児、此の宝鏡を視《み》まさむこと、当に吾を視るが猶《ごと》くすべし、与《とも》に床《ゆか》を同じくし殿《おおとの》を共にして、斎鏡《いわいのかがみ》と為すべし」とのたまふ。

として、神鏡の授与とそれについての神勅がのるだけである。さらに『古語拾遺《こごしゅうい》』という九世紀初頭に祭祀関係氏族の斎部広成《いんべのひろなり》が、忌部《いんべ》氏の歴史と職掌を中心に伝わる伝承をまとめた書物には、天孫降臨の場面で天照大神と高皇産霊尊《たかみむすひのみこと》は神勅とともに、

即ち、八咫鏡及び草薙剣の二種の神宝を以て、皇孫《すめみま》に授け賜ひて、永《ひたぶる》に天璽《あまつしるし》〔所謂神璽の剣・鏡是れなり〕と為たまふ。矛・玉は自らに従ふ。

とある。『古語拾遺』では他の場面でも一貫して二種の神宝（鏡と剣）を主張している。神武天皇の即位大嘗祭《だいじょうさい》の段でも「天富命《あめのとみのみこと》、諸の斎部を率て、天璽の鏡・剣を捧げ持ちて、正《みあ》殿《らか》に安《お》き奉り」とあり、二種の神宝は、律令に規定される「神璽の剣・鏡」に結びつけられている。

神器については、三種か二種か、あるいはどちらが先かという議論がなされてきた。ただし律令においても、文書様式などを定める公式令40天子神璽条で「天子神璽。謂ふこころ、践祚の日の寿璽。宝にして用ゐず。」とならんで内印（天皇御璽）・外印（太政官印）・諸国印を規定している。これについても「神璽の剣・鏡」をさしているとすることもできる（律令の奈良時代の注釈など）。ただし印の規定と並ぶのは不合理だとして、神璽は玉類をさすと考え（唐で璽は白玉で印を作るため）、鏡・剣の他に玉類もあり、それが八坂瓊曲玉にあたるとする黛《まゆずみ》弘道《ひろみち》氏の説もある。

奈良時代に、勾玉が天皇家の宝物として存在していたことは疑う余地はないが、三種の神器のうち玉と剣・鏡とは、少なくとも役割や機能が異なっていたことに注意すべきである。

即位儀礼

律令には、天皇の即位について、神祇令《じんぎりょう》13践祚《せんそ》条で次のように規定する。

凡そ践祚の日には、中臣《なかとみ》、天神《あまつかみ》の寿詞《よごと》を奏し、忌部《いんべ》、神璽《しんじ》の鏡剣《きょうけん》を上《たてまつ》れ。

即位式において、中臣氏が天神の寿詞を奏上するとし、天つ日嗣《ひつぎ》の神話、天孫降臨の神話などを言挙げし、天皇位継承の正統性を確認する一方で、忌部氏が神璽の鏡と剣を新天皇に奉上し、即位を確認する役割をはたす。戴冠式の王冠のように、鏡と剣は即位を確認するレガリアなのである。

本条は養老令文であるが、七〇一年の大宝令文も同じだったと考えられる。持統《じとう》天皇の即位を伝える『日本書紀』持統四年（六九〇）正月戊寅《ぼいん》朔条では、

物部麻呂朝臣《もののべのまろのあそみ》、大盾《おおたて》を樹《た》て、神祇伯中臣大嶋朝臣《なかとみのおおしまのあそみ》、天神の寿詞を読む。畢《おわ》りて、忌部宿《いんべのすく》禰《ね》色夫知《しこぶち》、神璽の剣鏡を皇后（持統のこと）に奉上《たてまつ》る。皇后天皇位に即く。公卿百寮、羅列し、匝《あま》ねく拝みて手を拍《う》つ。

とあり、拝礼・拍手とともに天神寿詞奏上と神璽鏡剣奏上が中臣氏（藤原大嶋）と忌部氏により神祇令規定と同じように行なわれているからである。前年に施行された飛鳥浄御原令《あすかきよみはらりょう》にすでに同内容の条文があった可能性がある。

古代の天皇代替わり儀礼としては、即位式と大嘗祭がある。前者は平安時代になって詳しくわかる儀礼がきわめて中国的なものであるため、従来即位式は新しく導入された儀式だと

考えられてきた。しかし実際には平安時代になると、天神寿詞の奏上は大嘗祭のときに行なわれるようになる。また鏡剣の奉上は、譲位の直後に天皇から皇太子へ宝物を渡す践祚儀として、後日に行なわれる即位式とは別の儀礼が成立する。

践祚儀とは、剣璽渡御《けんじとぎょ》の儀ともいい、三種の神器のうちの剣と璽（玉）および大刀契《だいとけい》（節刀や関契《かんけい》）が皇位継承者に渡され、譲位と同時に空白なく皇位が継承されたことを示すもので、平安時代には鏡剣の奉上は即位式では行なわれなくなった。

儀礼の視点からは倉林正次《くらはやししょうじ》氏による正月儀礼の分析があったが、その後井上光貞・岡田精司・和田萃氏らにより古代史の中心課題として即位式や践祚儀がとり上げられた。昭和から平成への代替わりによる関心の高まりにも並行して、研究が深められた。

これらの研究成果によれば、即位式は、『延喜式《えんぎしき》』などでは毎年元日に行なわれる朝賀儀《ちょうがのぎ》とまったく同じ儀式次第であるとされ、ともに大極殿《だいごくでん》の高御座《たかみくら》に出御した天皇を群臣が拝礼するもので、朝賀は毎年年頭における即位式の再現、関係の確認であると考えられる。しかもその拝礼は、本来は四拝といって跪《ひざまず》いて両手を地面について拝み拍手をする、日本固有の宗教的意味もあるミカドオガミであった。したがって即位式は、中国的儀礼として成立したのではなく、古くからの正月に壇を設けてそこに登って即位する伝統を継承していることがわかってきた。大嘗祭よりも即位式の方が王位継承儀礼の中心であるとの意見もある。

推古三十六年（六二八）、推古天皇の死後、遺言が不明瞭だったこともあり、田村《たむら》皇子と山背大兄王《やましろのおおえ》のどちらが王位を継承するかで群臣が争い、大臣蘇我蝦夷《そがのえみし》の主導のもと、田村が

即位して舒明《じよめい》天皇となる。『日本書紀』によれば（舒明元年正月丙午《へいご》条）、

大臣《おおおみ》及び群卿《まえつきみ》、共に天皇の璽印《みしるし》を以て、田村皇子に献る。則ち辞《いな》びて曰はく、「宗廟は重事なり。寡人不賢《おさな》し。何ぞ敢へて当らむ」とのたまふ。群臣、伏して固く請《もう》して曰さく、「大王をば、先朝鍾愛して、幽顕（神も人も）心を属《つ》けたり。皇綜を纂《つ》ぎ、億兆《おおみたから》に光臨したまふべし」とまうす。即日に天皇位に即く。

とある。ここから、大臣はじめ群臣が皇位継承者を推挙し、レガリアである「璽印」を献上して即位を要請し、候補者が受諾して即位するというシステムがあったことが、他の伝承もあわせて読みとれると、吉村武彦氏が述べている。

ここに献上したのは「天皇の璽印」（推古即位前紀にも同じ）とみえるが、他にも「天皇の璽符」（允恭《いんぎょう》紀元年）、「天皇の璽」（顕宗《けんぞう》即位前紀）、「璽」（清寧《せいねい》即位前紀）を即位にあたって群臣が奉ったことがみえる。しかしこれらは中国史料などにより潤色した表現であり、日本にはそのような天皇位を象徴する玉製の印璽はなかった。

宣化《せんか》天皇の即位を伝える『日本書紀』には、

群臣、奏して剣・鏡を武小広国押盾尊《たけおひろくにおしたてのみこと》に上《たてまつ》りて、天皇の位に即かしむ。

また、継体天皇の即位については、

大伴金村大連《おおとものかなむらのおおむらじ》、乃《すなわ》ち跪きて天子の鏡剣の璽符を上りて、再拝す（中略）。男大迹《おおど》天皇曰はく、「大臣・大連・将相《まえつきみ》・諸臣、咸《ことごとく》に寡人を推す。寡人敢へて乖《たが》はじ」とのたまひて、乃ち璽符を受く。是の日に天皇位に即く。

と記している。特に後者は『漢書』文帝紀の文章をもとにしているが、『漢書』にある「天子璽」を「天子鏡剣璽符」に改めている。かつては、神祇令の規定により潤色されたものと考えて実体はないとする説もあったが、そうではなく、古くより「剣・鏡」がレガリアとして即位にあたり奉上されたと理解できる。

剣と鏡が大和王権のレガリア

なぜ剣と鏡とが大和王権のレガリア、王位の象徴になったのだろうか。記紀神話による意味づけ——八咫鏡と天叢雲剣の伝承と天孫降臨——とは別に考える必要がある。神話はもちろん後の時代の解釈である。

ここで想いおこされるのは魏の皇帝が倭王卑弥呼に下賜したのが「五尺刀二口」と「銅鏡百枚」であったことである。「魏志倭人伝」の中でももっとも史料的価値が高いと考えられる、卑弥呼の朝貢に答える景初三年（二三九）十二月の詔書の最後の部分にみえる。

親魏倭王卑弥呼に制詔す。（中略）また特に汝に紺地《こんち》句《く》文錦《もんのにしき》三匹・細班華《さいはんか》罽《けい》五張・白絹五十匹・金八両・五尺刀二口・銅鏡百枚・真珠・鉛丹各々五十斤を賜ひ、皆装封して難升《なんしょう》米《まい》・牛利《ごり》に付す。還り到らば録授し、悉く以て汝が国中の人に示し、国家汝を哀れむを知らしむべし。故に鄭重に汝に好き物を賜ふなり、と。

中略部分には「汝が献ずる所の貢直に答ふ」と卑弥呼の朝貢品に対する回賜（お返し）が列挙され、そのあとの刀・剣を含む品は、のちに「別勅賜物」とよばれる特別の賜い物である。

この詔書で、卑弥呼は、「親魏倭王」に任じられ「金印紫綬」を賜り、魏の臣下となり官職に任命された——これを冊封《さくほう》という——ので、それは魏の権威により倭王の地位を国内・国外に認めさせるためだった。まさにその目的で刀と鏡を特に賜り、刀・鏡は「汝が国中の人に示し、国家汝を哀れむを知らしむべし」とあるように魏（国家）が卑弥呼に権威を与えたことを示すための宝物であり、倭王側の要請により特に下賜されたのだろう。

五尺刀はおそらく王権のシンボルとして用いられ（卑弥呼と男弟の二人分か）、「銅鏡百枚」は、朝廷から下賜された三角縁神獣鏡が全国の古墳から出土していることから、各地の豪族に配布され、地方の首長の権威を支えたのだろう。

三角縁神獣鏡のうち、群馬県高崎市柴崎古墳・兵庫県豊岡市森尾古墳・山口県周南市竹島

古墳出土のそれには魏の正始《せいし》元年（二四〇）の年号が記され、一九七二年に出土した島根県雲南市加茂町神原神社古墳の三角縁神獣鏡にはまさに景初《けいしょ》三年（二三九）銘があり、卑弥呼によって関東から中国地方まで広く配布されたことがわかる。

先述したように大陸でまったく発見されないことから、三角縁神獣鏡を日本で作られたと考える説もあるが、あるいは魏王朝が倭王の要望に応えるために特別にあつらえた特鋳の鏡なのかもしれない。

刀については、天理市東大寺山古墳出土の鉄刀には「中平」という後漢霊帝の年号（一八四～一八九）が象嵌《ぞうがん》されており、また石上《いそのかみ》神宮に伝わる七支刀《しちしとう》には、「泰和四年五月十六日丙午」と東晋の年号（三六九）を記し、東晋の意志をうけて百済王世子《せいし》の奇生《きせい》（貴須）が倭王旨のためにこの刀を作ったとの銘文がある（川口勝康説による）。倭王はこのような中国・朝鮮からの下賜刀を保有し、後述する江《え》田《た》船山《ふなやま》古墳鉄刀などのように刀剣の分与によっても倭国内の秩序を形成した。

剣も鏡もともに中国や朝鮮からの下賜をその権威の源とし、支配を行なったと考えられる。『日本書紀』神功《じんぐう》皇后五十二年に、百済の使者久氐《くてい》らが千熊長彦《ちくまのながひこ》に従って日本国王に「七枝刀一口・七子鏡《ななこのかがみ》一面、及び種々の重宝」を献上し、日本に長く朝貢しようと誓ったことを記す。このときの百済王は肖古《しょうこ》王、王子は貴須《きす》（のちの近仇首王）とある。その意図が『書紀』の記すとおりかは別として、これは石上神宮に伝わる七支刀をさしていると考えられ（干支二運＝一二〇年引き下げると三七二年にあたる）、このときも鏡も献上されていることは注目できる。

天叢雲剣は、草薙剣ともいう。『日本書紀』（景行紀）の伝えるところでは、東征を命じられたヤマトタケル（日本武尊）が、伊勢神宮に立ちより、そこで奉仕していた伯母の倭姫命《やまとひめのみこと》から「慎め、な怠《な》りそ」と言われて授けられた剣で、駿河に到り野の中で火ぜめにあったとき、傍らの草を薙ぎ払い、火からのがれることができたので、それを草薙剣と名づけ、その場所を焼津という。さらにその剣は今尾張国の熱田社にあると伝える。

このとき景行天皇から派遣に際して与えられたのは中国的な斧鉞《ふえつ》（おのとまさかり）だとされ、剣は倭姫から与えられたことになっているが、草薙剣は実質上は節刀《せっとう》である。節刀とは、律令制で征夷将軍や遣唐使派遣にあたって天皇から与えられ、随員の専殺権と徴発の権利を与えるものである。中国では本来斧鉞と旌節《せいせつ》（旗じるし）だったのを、日本で律令継受にあたって大刀の節刀に変えたので、それは日本では天皇から使者への権力分与には大刀がふさわしかったためであろう。

この節刀と関契（三関《さんげん》を開閉する割符）とは天皇権力を行使する重要な宝器である。平安時代になると、細櫃《ほそびつ》に納められて大刀契《だいとけい》と称され、践祚儀において新帝へ譲渡される。この大刀契については、平安時代の古記録から内容が知られる（『中

石上神宮の七支刀
国宝。石上神宮蔵

右記』嘉保元年十一月二日、『左大史小槻季継記』、『塵袋』巻八など）。

東野《とうの》治之《はるゆき》氏や岸俊男氏の研究によれば、天徳四年（九六〇）に平安宮内裏が初めて炎上したとき、あわせて四八柄の大刀が灰燼の中から見つけ出され、また嘉保元年（一〇九四）に堀河《ほりかわ》天皇の内裏堀河院が焼亡したとき、内侍所に置かれていた節刀一〇柄が焼損して発見された。その中の節刀二本は霊剣であり、百済より献上されたとの所伝が記されている。一つは三公戦闘剣、破敵剣、将軍剣などと称され、三皇五帝・北極五星・北斗七星などの図が刻されていた。もう一つは護身剣、守護剣と呼ばれ、日形・月形・四神などを図し、さらに剣の峰には、

歳在庚申正月、百済所造、三七練刀、南斗、北斗、左青龍、右白虎、前朱雀、後玄武、避深〔除〕不祥、百福会就、年齢延長、万歳無極。

という銘文があった。四、五世紀に百済で造られた剣が節刀として伝わっていたのである。

分与される剣・鏡の機能

三種の神器とされる宝器のうち剣と鏡だけがレガリアとして即位にあたり奉上される理由は、海外からもたらされた、中国皇帝や百済王から権威を裏打ちされた威信財（prestige goods）であったためだろう。八坂瓊曲玉も天皇家の宝器であったが、勾玉は弥生時代ある

いは縄文時代以来の伝統的な日本固有の宝器である。玉＝タマ（霊）であるから、祖霊のシンボルとして代々存在していた可能性は高いが、それだけでは天皇位を付与するレガリアにはならなかったのだろう。

レガリアである剣と鏡は、「銅鏡百枚」や三角縁神獣鏡から明らかなように、地方の豪族に配られた。しかしこれを三種の神器に結びつけようとすれば、すぐに次のような質問が出されるだろう。

三種の神器の一つ八咫鏡は、伊勢神宮の形代《かたしろ》として内裏内の賢所《かしこどころ》（内侍所）に祀られ、天皇の近くに置かれる一枚の神聖な鏡なのであり、関係ないのではないか？　しかし大石良《おおいしよし》材《き》氏などによれば、宝鏡が「畏所《かしこどころ》」と称されて神聖化されて内侍所神楽《ないしどころかぐら》が奏されるなど特別扱いされるのは十一世紀以降になってからで、それ以前は宝剣と同じ扱いの宝器であった。

天徳四年に平安宮内裏が焼亡したとき、賢所に鏡は三枚（または二枚）と複数あり、それぞれ伊勢大神と紀伊国の日前《ひのくま》・国懸《くにかかす》神の形代とされていた（『小右記』寛弘二年十一月十七日条など）。また寛弘二年（一〇〇五）に内裏の火災で神鏡は焼損して破片となったが、『御《み》堂関白記《どうかんぱくき》』によれば、翌年七月の御前定《ごぜんさだめ》で左大臣藤原道長は神鏡を改鋳することを主張している（結局はとり止めになった）。宝鏡は、けっして唯一の神聖不可侵な存在ではなく、複数枚あり、鋳造可能であり、古墳時代以来の伝統を受け継いでいるのだろう。

そもそも宝鏡は、伊勢神宮に鎮座する一方で、宮中にも安置されているという。後世伊勢の神体の模造品を作って宮中に置いたなどと苦しい説明をするのだが、最初から複数存在していたのである。

　こうして分与される剣・鏡はどのような機能を持ったのだろうか。地方豪族と鏡・剣・玉とについては、次のような伝承がある。『日本書紀』仲哀八年正月、筑紫への行幸の際、

時に、岡県主《おかのあがたぬし》の祖熊鰐《おやわに》、天皇の車駕《みゆき》を聞《うけたまわ》りて、予め五百枝《いおえ》の賢木《さかき》を抜《こ》じ取りて、九尋の船の舳《へ》に立てて、上枝には白銅鏡《ますみのかがみ》を掛け、中枝には十握《とつかのつるぎ》剣を掛け、下枝には八尺瓊《やさかに》を掛けて、周芳《すわ》の沙麼《さば》の浦に参迎《もうむか》ふ。魚塩の地を献《たてまつ》る。

と、北九州の豪族が周防《すおう》に天皇を迎え、魚や塩をとる浜を献上した。さらに筑紫の伊覩《いと》県主の祖五十迹手《いとて》も、五百枝の賢木を船に立て、「上枝には八尺瓊を掛け、中枝には白銅鏡を掛け、下枝には十握剣を掛けて」天皇を迎えた。景行紀十二年九月にも、周芳の娑麼において天皇が使者を遣わし、北九州の女酋神夏磯媛《かんなつそひめ》が、賢木を船に立てて、「上枝には八握剣を掛け、中枝には八咫鏡を掛け、下枝には八尺瓊を掛け」天皇の使者を迎えたことがみえる。

　これらはほぼ同じ形式で、司祭者的性格を持つ地方首長（女性の場合も多い）が、祭祀権を天皇にさし出すことを示す、服属の儀礼である。その祭祀権が鏡（最後の例は八咫鏡とある）と剣と曲玉で構成されていたことがよみとれる。

『古事記』天石屋戸《あめのいわやど》段では、アマテラスが天の石屋戸を開いて籠もってしまうと、イシコリ

ドメ（鏡作連らの祖）に命じて鏡を作らせ、タマノヤ（玉祖連らの祖）に珠を作らせ、アメノコヤネ（中臣連らの祖）・フトダマ（忌部首らの祖）に占いをさせて、

天の香山の五百つ真《ま》賢木《さかき》を根こじにこじて、上《ほ》つ枝《え》に八尺の勾璁《まがたま》の五百つの御すまるの玉を取り著《つ》け、中つ枝に八《や》尺鏡《あたかがみ》を取り繋《か》け、下枝《しずえ》に白丹《しらに》寸手《きて》・青丹《あおに》寸手《きて》を取り垂《し》でて、この種々の物は布《ふ》刀《と》玉《だま》の命、ふと御《み》幣《てぐら》と取り持ちて、天《あめ》の児《こ》屋《やね》の命、ふと詔戸《のりと》言《ごと》禱《ほ》き白して

とフトダマが「みてぐら」を持ち、アメノコヤネが「のりと」を奏し、アマテラスの出現を祈る。

このときの「みてぐら」は、剣のかわりに白と青の「和幣《にぎて》」（布）がかけられている違いを除けば、先の地方豪族のそれと同じである。「八尺鏡」（「紀」では「八咫鏡」）といっても、神に捧げられ、神を招き迎えるためのミテグラ、祭具にすぎないことがわかる。それは神が憑依するヨリシロであるので、やがて神として神格化されるのだろう。剣も鏡もレガリアであるといっても、王権は何枚も所有して、分配する祭具だったのである。

地方豪族に対して、剣や鏡が分与され、一方で豪族は服属の証しに彼らが祭る剣や鏡を献上したのだろう。福永伸哉氏によれば、現在確認されている三角縁神獣鏡の数は、舶載鏡が約三九〇面、仿製鏡が約一三〇面、あわせて約五二〇面となる。卑弥呼がもらったのは一〇〇面だが、おそらくその後半世紀にわたって魏や中国東北部から輸入がつづけられたのだろ

う。船載鏡も前に触れたように四段階に分けられるのである。

さらに中国製を模造して倭国内で製作されたのが仿製鏡である。その製作の契機は、小林行雄氏の「大和政権が地方の小支配者にたいして中国鏡を分配していった段階において、ついに中国鏡のストックが底をつく時期が到来した（中略）。そこで応急策として、仿製鏡をもって中国鏡にかえるという方法が立案され」たという理解が妥当だろう。仿製三角縁神獣鏡も様式などから五期に区分でき、四世紀の第一四半期から第四四半期までに対応すると述べられている。

おそらくその後は、刀剣の分与が主流になったのではないだろうか。八世紀末の製作にもとづく、因幡国の神官伊福部《いふきべ》氏に伝わる古系図、『因幡国伊福部臣古志』には、第一六代イキワシヒコ宿禰が、成務《せいむ》天皇の代に「彼の国の大政小政を捻持て申し上ぐる国造」に定められ、「楯・槍・大刀」を賜ったと記している。その五本の剣（大刀）は、「伊波比《いわい》の社」として今（奈良時代）神として祭っていると記している。成務天皇とする年代は信頼できないにしても、地方豪族の国造任命に際して剣や大刀が与えられ、その剣は神宝として祭られたのだろう。

刀剣には権力の分与とか地位の公認という意味があったことは、後の稲荷山古墳鉄剣でも触れよう。垂仁紀二十七年には、祠官に命じて、兵器を神への幣物としようと占わせたところ吉となったので、弓矢と横刀を諸神の社に納めて祭らせた、兵器をもって神祇を祭るのはこの時に始まったと述べられている。ある段階から地方豪族に鏡に代わって刀剣が与えられ、それが神宝として祭られるようになったことを反映しているのだろう。

石上神宮のホクラ

逆に地方豪族は、剣や鏡などの神宝を服属の証しにさし出す。奈良時代に行なわれた出雲国造神賀詞《かんよごと》奏上という、出雲国造の任命にあたって天皇の統治権を正統化する儀式があるが、そこで「神社の剣鏡」などを献じている（神亀三年）。『日本書紀』の伝承においても、崇神天皇六十年、ついで垂仁天皇二十六年には、

> 群臣に詔して曰はく「武日照命《たけひなてる》の天より将来《もちきた》れる神宝、出雲大神の宮に蔵《おさ》めたり。是を見まく欲し」とのたまふ。則ち矢田部《やたべ》造《のみやつこ》が遠祖武諸隅《たけもろすみ》を遣はして献らしむ。
>
> 天皇、物部十千《とおち》根大連《ねのおおむらじ》に勅して曰はく「屢《しばしば》使者を出雲国に遣はして、其の国の神宝を検《けん》校《ぎょう》せしむと雖も、分明《わきわき》しく申言す者無し。汝親《みずか》ら出雲に行きて、検校し定むべし」とのたまふ。則ち十千根大連、神宝を校へ定めて分明しく奏言す。仍《よ》りて神宝を掌《つかさど》らしむ。

とあり、出雲大社の神宝の献上、検校に重要な意味があったことがわかる。

これは記紀神話形成のなかで、出雲が大和朝廷に服属する代表となったために、天皇支配の正統性を示すものとして出雲大社が特に重視されたのだろう。しかし一般的に地方豪族か

ら、出雲以外からも神宝は献上されたのである。

> 垂仁天皇紀三年に、新羅王の子、天日槍《あめのひぼこ》が但馬《たじま》国に来帰した話があるが、八十八年に、群卿に詔して曰はく「朕聞く、新羅の王子天日槍、初めて来し時に、将《も》て来《きた》れる宝物、今但馬に有り。元《はじ》め国人の為に貴《とうと》びられて則ち神宝と為れり。朕、其の宝物を見まく欲し」とのたまふ。即日に、使者を遣はして、天日槍の曾孫清彦《きよひこ》に詔して献らしめたまふ。是に清彦、勅を被《うけたまわ》りて乃ち自ら神宝を捧げて献る。羽太《はふと》の玉一箇・足高の玉一箇・鵜鹿鹿《うかか》の赤石の玉一箇・日鏡一面・熊の神籬《ひもろぎ》一具なり。唯し小刀一のみ有り（下略）

と、天皇が清彦に天日槍将来の宝物が地元で祭られている神宝の献上を命じ、清彦は自ら玉・鏡などの神宝を捧げて献上したが、小刀一つだけは献上すまいと思って匿していたところ天皇にみつかりすべて献上したという話がある。すべてを献上させることが地方が服属する証しだったことを示すのだろう。

この神宝は「神府《ほくら》」におさめたとある。これは天理市にある石上神宮のホクラである。垂仁紀三十九年、さらに八十七年に、

> 五十瓊敷命《いにしきのみこと》（垂仁長男）、茅渟《ちぬ》の菟砥《うと》川上宮に居《ま》しまして、剣一千口を作る（中略）。石上神宮に蔵《おさ》む。是の後に、五十瓊敷命に命せて、石上神宮の神宝を主《つかさど》らしむ。

五十瓊敷命、妹《いろも》大中姫《おおなかつひめ》に謂《かた》りて曰はく、「我は老いたり。神宝を掌ること能はず、今より以後は必ず汝主れ」といふ。大中姫命辞《いな》びて曰さく「我は手弱女人《たおやめ》なり。何ぞ能く天の神庫《ほくら》に登らむ」とまうす。五十瓊敷命の曰はく「神庫高しと雖も、我能く神庫の為に梯《はし》を造らむ。あに庫に登るに煩はむや」といふ。故《かれ》、諺に曰はく「天の神庫も樹梯《はしだて》の随《まにま》に」といふは、此其の縁《ことのもと》なり。然して遂に大中姫命、物部十千根大連《もののべのとおちねのおおむらじ》に授けて治めしむ。故《かれ》、物部連等、今に至るまでに、石上の神宝を治むるは、是其の縁《ことのもと》なり。

というホクラの起源説話がある。最初は長男の五十瓊敷に命じてつかさどらせたが、それが妹の大中姫にかわり、物部氏の祖に授けられ、今日まで物部氏が管掌しているという話である。

石上神宮は、物部氏の氏社であるとともに、大和朝廷の武器庫として有名である。平安時代になって延暦二十四年（八〇五）には、石上神宮に蔵する兵仗《へいじょう》を一旦平安京に運び、再び返納している。右の説話では、はしごをかけて登る高床倉庫であったのでアメノホクラといわれたこと、ある段階で物部氏に管理が委ねられたことなどがわかる。和田萃氏は、省略した分注で「其の一千口の大刀をば忍坂邑《おしさかのへき》に蔵む。然して後に忍坂より移して石上神宮に蔵む」とあることから、古くは王権の武器庫は忍坂（桜井市忍阪《おつさか》）にあり、石上に移されたのは雄略《ゆうりゃく》天皇没後（五世紀末）ではないかと推測している。五世紀末頃の仁賢《にんけん》天皇がこの地に石上広高宮《いそのかみひろたか》を置いたと伝えられることと関係があるかもしれない。

興味深いのは、大刀（剣）千口を作ったことで、それが石上神宮の神宝と結びつけられていることである。しかし千口もの剣を作ってそれを神宝としたというのは不自然であり、鏡に代わり地方豪族に神宝として配るために千口作ったのだろう。それと引きかえに進上された神宝が、天日槍の神宝のように、ホクラに納められたのだろう。

七世紀後半の律令国家の形成過程になるが、天武《てんむ》三年（六七四）八月に、天武天皇が、忍壁《おさかべ》皇子を石上神宮に遣はして、膏油《こうゆ》を以て神宝を瑩《みが》かしむ。即日、勅して曰はく、「元来《はじめ》より諸家の神府《ほくら》に貯める宝物、今皆其の子孫に還せ」とのたまふ。

と、忍壁皇子を派遣して石上神宮の神宝をみがかせた記事が『日本書紀』にある。これまで正しく理解されていなかったが、この神宝とは、地方豪族が服属したときに献上させた剣などの神宝がホクラに蓄積されていたものなのである。

膏というのは動物性の脂であるが、平安時代に猪膏《ちょこう》で刀をみがいた例があるので、神宝は主に刀剣であろう。律令国家が形成される天武朝には、もはや服属を示す神宝は不要になり、神宝をもとの持ち主の豪族に錆《さび》を落として返還したのである。法と制度による支配が可能になったのである。しかしすべて返還できたわけではなく、平安時代になっても多くの神宝が残り、それが主に刀剣など武器だったので、王権の武器庫ともみなされたのである。

石上神宮のホクラは、少なくとも五世紀末以降、一貫して右のような意味の神宝を保管する場所だった。系譜としては三世紀の卑弥呼の刀と鏡につながることは、四世紀の七支刀が現在にまで石上神宮に伝わることから推測できる。大和政権は、世襲制や王家が確立していないにしても、かなり古くから連続性をもっていることが読みとれる。

最後に、石上神宮が、伊勢神宮と同様に神宮とよばれることに注意したい。正式名称は「石上坐布都御魂《ふつのみたま》神社」（「布留御魂」とする写本もあるが、和田萃説に従う）であり、祭祀対象の神体はフツノミタマという剣である。『日本書紀』神代第八段の第二の一書に、スサノヲが八岐大蛇《やまたのおろち》を退治したときに、尾の中から草薙剣が出現するとともに、大蛇を斬った剣は、「蛇《おろち》の麁正《あらまさ》」といい今は石上にあると記し、『古事記』では神武東征に際してタケミカヅチ神自身に代わって降された横刀が、石上神宮に坐す「布都御魂」だとする。伝承は違うとはいえ、記紀神話の中に位置づけられている。石上神宮のフツノミタマも、王権の象徴である神宝の一つ、広くいえば三種の神器の一つであり、七支刀も同様だろう。したがって伊勢神宮、熱田神宮と同じく、「神宮」と称されるのだろう。

3　倭の五王と大王

好太王碑文

卑弥呼・台与のあと、中国側史料に登場するのが、五世紀に中国南朝に遣使朝貢した倭の五王であるが、それより古く、朝鮮半島の金石文に「倭」の動きがあらわれている。高句麗の好太王碑《こうたいおうひ》（広開土王碑《こうかいどおうひ》）である。

好太王、広開土王は四世紀末から五世紀初め（三九一〜四一二）に在位した高句麗王である。在位中、永楽の年号を用いたので永楽太王といい、完全な諡号《しごう》は「国岡上広開土境平安好太王」である。碑は王の死後二年、次の長寿王の甲寅《こういん》年（四一四）、遺骸を山陵に移したときに鴨緑江《おうりょくこう》中流の北岸に建てられたもので、中国吉林《きつりん》省集安にある。高さ六メートルにもおよび文字は四面合わせて一八〇〇字ほどになる。拓本（一面ごと）といってもかなり大きな机のある研究室でないと開くこともできないほどである。

碑文の内容は三段に分かれ、第一段は高句麗の始祖鄒牟《すうぼう》王の創業より始まり碑を建てた由来におよび、第二段は好太王一代の功業を述べ、第三段は守墓人の烟戸を細かく書き記している。史料として役立ち、注目されるのは第二段である。

その記事は永楽五年（三九五）乙未《いつび》の年の征伐から始まっているが、

百残・新羅旧是属民、由来朝貢。而倭以辛卯年来、渡海破百残□□新羅、以為臣民。以六年丙申、王躬率水軍、討伐残国。

（百残〔百済〕・新羅、旧より是れ属民にして、由来朝貢す。而るに倭、辛卯の年よりこのかた、海を渡りて百残〔百済〕を破り新羅を□□し、以て臣民と為す。六年丙申を以て、王躬《みずか》ら水軍を率ゐて、残国〔百済〕を討伐す）

と、そこに辛卯年《しんぼう》（永楽元年〈三九一〉）に倭が海を渡って百済や新羅を破り、臣下にしたとする。これをめぐっては碑文の改竄《かいざん》説や、主語を倭としない説、倭は日本列島の集団でないとする説など、韓国・北朝鮮の学者中心に多くの批判があるが、それについては熊谷公男《くまがいきみお》『大王から天皇へ』に詳しく検討されている。

右の書き下しは熊谷著のものだが、倭は一時的にせよ百済・新羅両国を「臣民」としたという文意は間違っていないだろう。史料批判としていえば、この碑文は、好太王の事績を顕彰するものだから、好太王が破った倭の勢力は強力な方がいいのである。碑文にはつづいて永楽十年（四〇〇）に、新羅救援のために五万の兵を派遣し、逃げる倭兵を追い任那《みまな》加羅まで追撃したこと、同十四年（四〇四）に、倭の水軍が朝鮮半島西海岸を北上し帯方郡の境に侵入し、好太王は自ら兵を率いて倭軍を迎え撃ち、潰滅的打撃を与えたことを記しているのである。

好太王碑

したがって、倭が百済や新羅を「臣民」としたのは、やや誇張した表現であるだろう。同様に百済と新羅がもともと高句麗の「属民」だったとするのも、事実に反した表現で、高句麗の支配を遡らせて正当化しようとするものである。

先述した七支刀が三六九年に作られ、百済から三七二年に倭王に贈られたらしいこととあわせ考えるならば、四世紀後半から五世紀初めまで、倭と百済とは密接な関係にあり、倭は半島に派兵したのだろう。

『日本書紀』には、神功皇后紀に、「百済記」など百済側史料を引いて、三韓を征討したというわゆる「三韓征伐」を記している。これは八世紀初めに朝鮮半島（新羅）は日本に従属・朝貢する「蕃国《ばんこく》」であるという律令国家の理念によって潤色されたもので、事実ではない。しかし四世紀後半に倭が半島に派兵したという神功皇后紀の記述は史実を反映しているのだろう。倭の半島出兵は、半島南部の加耶《かや》諸国（のちに任那といわれる）を支配するためとするのが従来の定説だが、熊谷氏は、高句麗の南下圧迫を受けた百済や加耶諸国が倭に派兵を要請したのではないかと推測している。

倭が百済や加耶諸国と密接な関係を保ち出兵をした理由は、先進技術や知識とそれを持つ人々の供与であるが、もっとも重要なのは鉄資源の入手であった。

先の神功紀の七支刀献上の記事でも、同時に「この水を飲み、便《すで》にこの山の鉄を取りて、永《ひたぶる》に聖朝に奉らむ」と谷那《こくな》の鉄山の鉄の貢上を約束している。朝貢とされているが実態は輸出であり、当時日本列島では鉄の採掘はできなかったので、半島からの輸入に依存していた。奈良市北部のウワナベ古墳の陪冢《ばいちょう》（大和六号墳）からは、大鉄鋌《てってい》二八二点、小鉄鋌五九〇点、鉄総重量約一四〇キログラムが出土した（宮内庁書陵部蔵）。大小の鉄鋌として輸入され、四、五世紀の古墳には鉄鋌のままで権威を示す宝物として副葬されている例も多い。鉄は加工を加え、U字形の鉄製刃先としてクワやスキにとりつけられ、鉄製農具による開発が進み、農業生産力を高めた。さらに武具・武器として重要であり、多くの刀・剣が作られたのである。

中国的な姓秩序の中の倭王

四二〇年、劉裕《りゆうゆう》（武帝）により東晋《とうしん》に代わって南朝の宋《そう》が建国された。翌年の四二一、永初二年に倭は初めて宋に遣使朝貢して叙爵された。二六六年に倭の女王（台与か）が西晋に朝貢して以来、一五〇年ぶりに中国に朝貢し、中国の正史にあらわれる。以後、讃《さん》・珍《ちん》・済《せい》・興《こう》・武《ぶ》の五人の倭国王が宋に朝貢している。倭王武の最後の、しかももっとも詳しい記事の残る朝貢は、順帝の昇明二年、四七八年である。

『晋書』に、四一三年に倭国と高句麗が東晋に方物を献じた記事もあるが、倭の貢物が貂《てん》皮・人参であったと記され日本産でないので、高句麗が倭国の使者を随伴した、あるいは高句麗が倭を従属させたことを示すため倭の使者と称して戦いの捕虜を連れてきたと推測されている。百済の助言・協力のもとで倭は宋へ朝貢を始めたのだろう。なお四七九年に南斉、五〇二年に梁が、武王に鎮東大将軍《ちんとう》、征東大将軍《せいとう》を授けているが、後述のように遣使したのではない。これをふまえて、倭の五王の宋への遣使を年表にすると、左のようになる。

西暦	事　項
四二一	倭王讃、朝貢して叙爵される。
四二五	倭王讃、司馬の曹達を遣わし、国書と信物《しんもつ》を献上する。
四三〇	倭国王（讃か）、遣使朝貢する。
四三八	倭王珍、遣使朝貢し、自ら使《し》持《じ》節《せつ》・都《と》督《とく》倭《わ》・百済・新羅・任那・秦韓《しんかん》・慕《ぼ》韓《かん》六国諸軍事・安東《あんとう》大将軍・倭国王と称して、その除正（正式な任命）を求めるが、安東将軍・倭国王に任じられる。また倭王の臣下の倭隋ら一三人に、平西《へいせい》・征虜《せいりょ》・冠軍《かんぐん》・輔《ほ》国《こく》の将軍号の除正を求め、認められる。
四四三	倭国王済、遣使朝貢し、安東将軍・倭国王を授かる。
四五一	倭国王済、安東将軍に使持節・都督倭・新羅・任那・加羅・秦韓・慕韓六国諸軍事を加えられ、倭王の臣下の二三人が申請どおり軍・郡（将軍号と郡太守号）を授かる。
四六〇	倭国、遣使朝貢する。
四六二	倭国王の世子興を安東将軍とする。
四七七	倭国王（武か）、遣使朝貢する。
四七八	倭王武、自ら使持節・都督倭・百済・新羅・任那・加羅・秦韓・慕韓七国諸軍事・安東大将軍・倭国王と称し、遣使して上表し、自称の開府儀同三司と他の官爵の除正を求める。百済を除かれ、使持節・都督倭・新羅・任那・加羅・秦韓・

慕韓六国諸軍事・安東大将軍・倭王に任じられる。

（熊谷公男『大王から天皇へ』より）

この五人について、『宋書』倭国伝には、「讃死して、弟珍立つ」「済死して世子興遣使して貢献す」「興死して、弟武立つ」と、続柄の記載があるが、珍と済の間の続柄の記述がない。なお『梁書』には彌《び》（『宋書』では珍）と済を父子関係だとするが、史料的には『宋書』をもとにした史料であるので、信憑性は高いとはいえない。

珍と済の間に血縁はないとして、王統が異なるとする説もあるが、中国側が知らなかったか、『宋書』倭国伝が書きもらしたのかもしれない。

興味深いのは、倭王の姓である。高祖永初二年（四二一）の詔は、「倭讃、万里貢を修む。遠誠、宜《よろ》しく甄《あらわ》すべく、除授《じょじゅ》を賜ふべし」とある。この「倭讃」は倭の、あるいは倭国の讃という意味にとれるが、珍の遺使に際して、「倭隋《わずい》等十三人を平西《へいせい》・征虜《せいりょ》・冠軍《かんぐん》・輔国《ほこく》

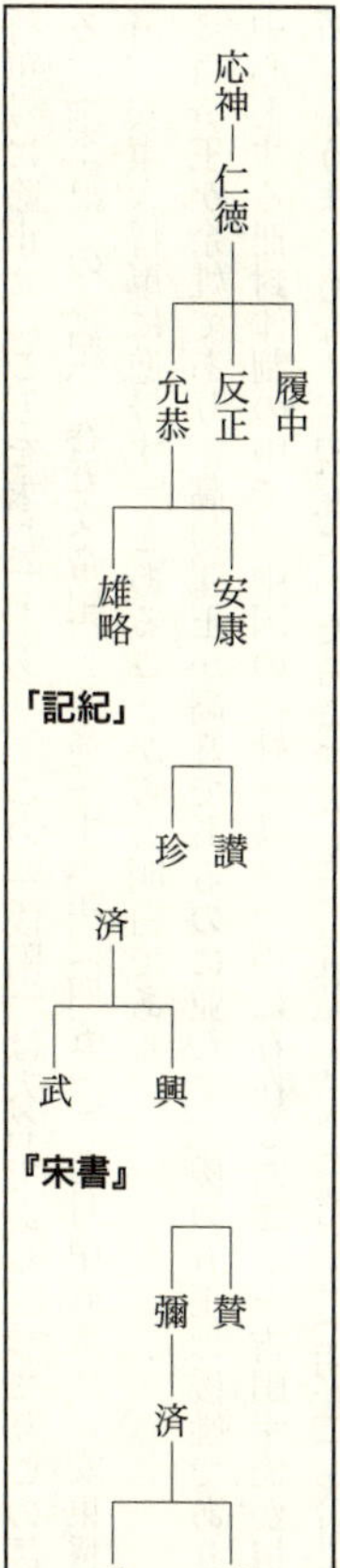

将軍号に除正せんことを求む」とあり、この「倭隋」は人名である。つまりこの倭は姓である。『宋書』の本紀、巻五文帝紀、元嘉二十八年（四五一）七月甲辰条に「安東《あんとう》将軍倭王倭済、安東大将軍に進号す」とあることからも明白である。

百済王が余姓であり、高句麗王が高姓であるのに並んで、倭の五王は倭姓であり、中国を中心とする冊封体制の中で、中国の「姓」秩序の中に存在したことを吉田孝氏が指摘している。いうまでもなく、現在にいたるまで天皇には姓がなく（「裕仁」「明仁」天皇など）、カバネを賜うことによって独自な秩序を形成するのであるが、倭の五王の段階ではまだ中国的な姓の秩序の中にあり、過渡期だったらしい。

とすれば『宋書』倭国伝では、最初に「倭讃」と記したあと、「珍」以下四名に「倭」がないのは、姓を省略しているのである。したがって珍と済の間に続柄が記されていなくても、同じ倭姓であり、王家一族であることは疑いないだろう。参考までに系譜を掲げておこう（讃について、履中《りちゅう》、仁徳《にんとく》、応神《おうじん》にあてる各説がある）。

冊封体制の中での大将軍号と倭王

珍は、「使持節・都督倭百済新羅任那秦韓慕韓六国諸軍事・安東大将軍・倭国王」を自称して任命を求めた。朝鮮半島の高句麗以外の南部への軍政権を求めたのだが（秦韓〔辰韓〕は新羅の旧地、慕韓〔馬韓〕は百済の旧地で、形式的な名称か、新羅・百済に統合されなかった残りの小国をさす）、実際には「都督……六国諸軍事」は認められず、また大将軍号も認められず、一ランク下げた安東将軍・倭国王に任じられた。

前者については、済に到って「使持節・都督倭・新羅・任那・加羅・秦韓・慕韓六国諸軍事」が認められ、倭王武も同じである。申請のうち百済を除き加羅を加えたが、加羅と任那は同一実態なので意味はなく、宋に朝貢して冊封されていた百済を除き、それ以外の地域の軍政権が認められた。鉄資源の需要などから半島への支配を深め、その支配の中国による公認を求めていったのだろう。熊谷氏は、倭王が軍政権を求めたのは、高句麗に対抗する勢力の中心であることを示したものと考えている。

後者については、最後の武王に到って（『宋書』本紀によれば済王のときになるが疑問）ようやく初めて「安東大将軍」が認められ、地位が上がったことがわかる。高句麗王には征東（または車騎）大将軍、百済王には鎮東大将軍が与えられていたのに比べて、低い位置づけだった。その武王も、「開府儀同三司」という高い官号を自称して承認を求めたが、これは認められなかった。しかし高句麗王（長寿王）には「開府儀同三司」が与えられていたのである。

注目すべきは、倭隋以下一三人に、平西以下の将軍号の授与を求め、認められたことである。かつて卑弥呼は鏡を賜りそれを豪族に配ったが、それと同じく宋の将軍号は倭国王を支える臣下・豪族に与え、倭国の体制を支えた。このとき倭王珍に与えられたのは「安東将軍・倭国王」である。安東将軍と、平西・征虜・冠軍・輔国将軍とは、坂元義種《さかもとよしたね》氏によれば、同じ第三品官であり、安東将軍がわずかに一段上級の軍号にすぎない。「倭隋」は同姓なので珍を輔佐した王族の有力者であろうが、その他は王を支える中央・地方の有力豪族であろう。同じ三品官であるのは、倭国王と豪族との間の身分が非常に接近していることを示す。百済でも臣下の任命を求めた例があるが、そこでは王と臣下の間にははっきりとした差がある。

なお平西将軍を求めたことについて、武田《たけだ》幸男《ゆきお》氏が、この人物は倭国王より西方に置かれていたからで、北九州あたりに置かれたのだろうと指摘している。倭は北部九州にあったとする説は成立しないだろう。

四五一年の済の遣使のときには二三人に「軍・郡」（将軍号および郡太守号とされるが、あるいは「軍号」の誤りか）が与えられ、同じく倭王を中心としつつも同等に近い力を持つ豪族の連合であったことを示すのだろう。

ところが、最後の武王には、将軍号の授与申請がみられない。自身が初めて第二品官の安東大将軍に昇任したこととあわせて、このころ他の豪族に隔絶した権力を築くようになったことを物語るのだろう。

官爵を求める武王の上表文

武王の四七八年（昇明二）の遣使のときの上表文が、有名かつ重要な史料である（『宋書』）。

封国《ほうこく》は偏遠にして、藩を外に作《な》す。昔より祖禰《そでい》躬《みずか》ら甲冑を擐《つらぬ》き、山川を跋渉《ばっしょう》し、寧処《ねいしょ》に遑《いとま》あらず。東のかた毛人を征すること五十五国、西のかた衆夷を服すること六十六国、渡りて海北を平ぐること九十五国、王道融泰《ゆうたい》にして、土を廓《ひら》き畿を遐《はるか》にす。累葉朝宗して歳に愆《あやま》らず。臣、下愚なりと雖も、忝《かたじけ》なくも先緒を胤《つ》ぎ、統《す》ぶる所を駆率し、天極に帰崇し、道は百済を遥《へ》て、船舫を装治す。（以下、宋への朝貢を高句麗が妨害すること、父以来の悲願の高句麗征討の決意、官爵の仮授の要求を記す）

武王が、自らの功績を示し、高句麗への対抗を示し、官爵を求めた上表文である。自ら甲冑をつける軍事的カリスマとしての大王のあり方を示し、また「亡考済」（亡父済）と兄の遺志を受けて征討したいという王位の世襲が成立していることが読みとれる。

「東征㆓毛人㆒五十五国」とあり、武王が自ら征討を行ない領土を拡大したことを示す史料として有名であるが、しかし考えてみれば、どうしてそのことが宋の官爵を求める根拠になるのだろうか、疑問がわく。

武王が倭の領土を拡大したことを誇っているという解釈は文脈上は誤りである。西嶋定生氏が強調しているように、この上表文は、あくまで宋の皇帝を「天極」（天下の中心）とし、宋皇帝の臣下の封国・藩国《はんこく》として夷狄《いてき》・野蛮の民を征し、皇帝の（倭王のではない）領土を拡大したことを述べているのである。だからこそ、その功績に対して「使持節・都督倭（中略）六国諸軍事・安東大将軍・倭王」を与えられたのである。そもそも冊封体制とは、中国皇帝の臣下として働き奉仕することである。「王道」も中国皇帝の王道を指し、倭王はその一翼を辺境でにない、化《け》の及ぶところを拡大していったのである。

こうした流麗な（だから正史に記録されたのだろう）上表文での申請の結果、ようやく安東大将軍の官に進むことができたが、しかし「開府儀同三司」の称号は、賜ることはできず、高句麗王に追いつくことはできなかった。ちなみに、この上表文には、『春秋左氏伝』『毛詩』などの古典の字句が使われている。それだけ当時の倭王宮廷の漢文のレベルの高さを示し、帰化人が外交文書の作成にあたったのだろうが、逆にいえば、たとえば「躬ら甲冑を擐き、山川を跋渉す」という印象的フレーズは、『春秋左氏伝』成公十三年条の表現による修飾であり、ここから導かれる軍事カリスマというイメージは、かなり割り引く必要があるだろう。

南朝の宋は、翌四七九年に滅び、蕭道成《しょうどうせい》が高帝として即位して斉《せい》を建国する。この年、斉は「使持節・都督倭・新羅・任那・加羅・秦韓・慕韓六国諸軍事・安東大将軍・倭王武」に新除し、「鎮東大将軍」としたと『南斉書』に記している。

さらに南斉は内乱が起き、五〇二年（天監元）四月に蕭衍《しょうえん》が即位し、梁の武帝となる。『梁書』武帝紀には、その二日後に高句麗王高雲（文咨明王）を車騎大将軍に、百済王余大（武寧《ぶねい》王）を征東大将軍に、鎮東大将軍倭王武を征東大将軍に号を進めたことなどが書かれている。

しかしこれらには遣使朝貢している記事はない。両者とも、新帝即位に際して諸国王にいっせいに進号したのであろう。したがって五〇二年になお武王が在位していたかも疑問であるが、重要なことは、武王は四七八年以後は中国に遣使して官位を求めなくなった、つまり中国中心の冊封体制から離脱したことである。そして中国皇帝の権威を借りず、独自の秩序を形成していくのであるが、それは次に挙げる二つの刀剣銘の発見によって具体的にワカタケル大王の治世がわかるのである。

稲荷山古墳鉄剣銘

稲荷山古墳出土鉄剣は、旧武蔵国、埼玉県行田市の埼玉《さきたま》古墳群の中の一基、主軸一一七メートルの前方後円墳、稲荷山古墳の後円部の礫槨《れきかく》から、発掘調査により一九六八年に発見されたものである。その後錆が進んだので、一〇年後の一九七八年に奈良の元興寺《がんごうじ》文化財研究所に持ちこまれた。錆落としと保存処理の作業中に、作業の女性が光るものを発見し、剣身の表裏に金象嵌《ぞうがん》の長文の銘文があることがわかり、世紀の大発見となったのである。現在では銘文はきれいに研ぎ出され、国宝に指定されている。

一一五字からなる長大な文章である。五世紀史の基本史料であるので、書き下して次に掲げた。

辛亥《しんがい》の年七月中、記す。ヲワケの臣《おみ》。上祖、名はオホヒコ。其の児（名は）タカリのスクネ。其の児、名はテヨカリワケ。其の児、名はタカヒ（ハ）シワケ。其の児、名はタサキワケ。其の児、名はハテヒ。其の児、名はカサヒ（ハ）ヨ。其の児、名はヲワケの臣。世々、杖刀人《じょうとうじん》の首と為り、奉事し来り今に至る。獲《ワ》加《カ》多《タ》支《ケ》鹵《ル》大王の寺〔朝廷〕、シキの宮に在る時、吾、天下を左治し〔佐け治め〕、此の百練〔幾度も練り鍛えあげた〕の利刀を作らしめ、吾が奉事《ほうじ》の根源を記すなり。

ヲワケの臣が、杖刀人の首として大王に奉事する（仕え奉る）根源（＝根拠）を上祖オホヒコに求め、ヲワケの臣がオホヒコにつながることを示すために、その間六代の人名・系譜を記し代々奉仕してきたとし、ワカタケル大王が天下を治めるのをたすけるのだと主張している。

稲荷山古墳の後円部礫槨の年代は、考古学によれば六世紀前半とされるので、この辛亥年は、四七一年、または五三一年が候補となる。

ここにみえたワカタケル大王という名前は、『日本書紀』に「大泊瀬幼武《おおはつせのわかたけ》天皇」（『万葉集』は稚武に作る）、『古事記』に「大長谷若建命」と記し伝えられた雄略《ゆうりゃく》天皇に一致することが注目される。

なお、雄略天皇をはじめ、神武、神功、崇神、仁徳などの漢字二字の天皇の呼び名は、漢風諡号《しごう》というが、八世紀後半の天平宝字年間に学者の淡海三《おうみのみ》船《ふね》が一括撰進したもので、その時代の天皇制の唐風化を示す事例である。「記紀」が完成した段階では雄略天皇という呼称は存在しなかった。オホハツセノワカタケのうち、オホは美称、ハツセは宮のおかれた泊瀬朝倉宮の地名であり、実名はワカタケである。おそらく本来は武・建はヤマトタケルと同じくタケルと読んでいたのが、のちにルを落とすようになったのだろう。

つまり、ワカタケル大王とは、「記紀」の伝える雄略天皇であり、雄略が歴史上実在することが確認できる最初の大王であるといえる。雄略は、倭の五王の最後武王に比定されているが、ワカタケルに漢字をあてた「幼武」の武字をあてたとする推定が正しいだろう。したがって武王の上表文が昇明二年（四七八）であるので、辛亥年はその七年前の四七一年であると考えてよい。

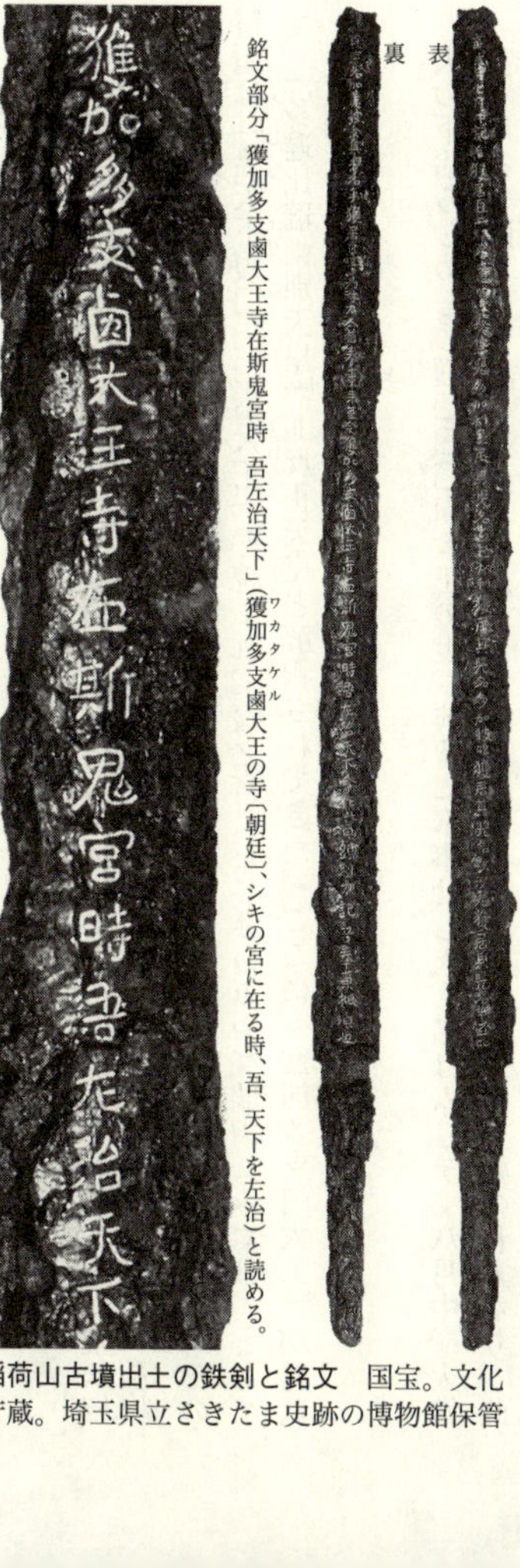

銘文部分「獲加多支鹵大王寺在斯鬼宮時　吾左治天下」（獲加多支鹵《ワカタケル》大王の寺〔朝廷〕、シキの宮に在る時、吾、天下を左治）と読める。

稲荷山古墳出土の鉄剣と銘文　国宝。文化庁蔵。埼玉県立さきたま史跡の博物館保管

倭国「天下」と大王号の成立

熊本県玉名郡和水町、有明海に注ぐ菊池川左岸の台地上にある全長六一メートル（現状四七メートル）の前方後円墳、江田船山古墳から、一八七三年（明治六）に朝鮮半島製の透彫《すかしぼ》りの冠帽、冠帯などとともに銀象嵌銘の鉄刀が出土し、東京国立博物館に所蔵される。その冒頭は「治天下蝮□□□歯大王」と読まれ、蝮之宮（たじひのみや）瑞歯（みずは）とあて、「多《た》遅《じ》比《ひ》瑞歯《みずは》別《わけ》天皇」＝反正《はんぜい》天皇と解釈されてきた。ここに「獲加多支鹵大王」が発見されたことにより、この釈読も改められることになった。

天の下治らしめしし獲□□□鹵《ワカタケル》大王の世、典曹《てんそう》に奉事せし人、名はムリテ、八月中、大鉄釜を用ゐ、四尺の廷刀を并はす。八十たび練り、九十たび振《う》つ。三寸上好の刊刀なり。此の刀を服する者は、長寿にして、子孫洋々、□恩を得るなり。其の統《す》ぶる所を失はず。刀を作る者、名はイタワ、書する者は張安なり。

ここには「治天下ワカタケル大王」、稲荷山古墳鉄剣銘には「吾左治天下」とみえている。中国を中心とする冊封体制の下では、倭王にとって、上表文中の「天極」がそうであったように、「天」は中国のそれであり、中国の皇帝は「天子」であり、その下に拡がる世界が「天下」だった。しかしここにみえる「治天下」の主体は、明らかに中国皇帝ではなく、ワカタケル大王である。ヲワケの臣は、ワカタケルを輔佐したのである。

つまり、中国の天下とは別に、日本列島の支配領域（主張としては朝鮮半島南部を含むのだろう）を対象とする、倭独自の「天下」が成立していることに重要な意味がある。

のちの七世紀、推古朝に倭が隋に、「日出づる処の天子、書を日没する処の天子に致《いた》す。恙無《つつがな》きや」の国書を送り、煬帝《ようだい》が激怒したことを『隋書《ずいしょ》』倭国伝が記録することは有名である。天下の中心である天子は一人であり、皇帝以外にもう一人天子が存在することは認められるはずがなかった。二人いれば易姓《えきせい》革命になってしまうのである。

同じようにもう一つ天下があることも認められないが、そこに倭は自らの支配領域を「天下」として構想したのであり、ワカタケル大王の時代は、この点で歴史的意義を持つ。のちに天下をアメノシタと訓《よ》むと、高天《たかあま》の原《はら》やアマテラスなど天つ神につらなる神話的世界に深く関連してくるが、それがいつごろ成立するのかは、確言するのは難しい。

稲荷山古墳鉄剣銘のヲワケの臣の系譜の持つ意味については、次章で述べることとして、ここでは大王号の成立にだけ触れておこう。大王については、オホキミは美称であり、尊称にすぎず、大王も王に美称の大をつけたにすぎず、君主号たりえないとの批判もある。しかしこの二つの鉄剣銘に「大王」と記され、「治天下」が冠されるものもあり、君主号として確立していると考えてよいだろう。また和歌山県橋本市隅田《すだ》八幡神社蔵の人物画象鏡（仿製）の銘文にも、「大王」と「男弟王」が「意柴沙加宮《おしさかのみや》」にいたとき、「斯麻《しま》」という人物が長寿を念じてこの鏡を作ったと解釈できる文がある。「癸未《きび》年」を四四三年とする説と、五〇三年説があり、決定できないが、前者なら「大王」のより古い例となる。

大王号のもとには中国から与えられた倭国王の爵位がある。王号は東アジア世界の中で機能しただけでなく、国内にも意味を持ったことは、梁に五二一年に朝貢した百済王武寧《ぶねい》王の墓誌からもわかる。そこには冒頭に「寧東大将軍百済斯麻王」とあり、本名の斯麻の上に、梁から冊封された「寧東大将軍・百済王」を付していて、国内における権威をはっきり示している。

この王号の美称として、高句麗において「太王」号が派生して成立し、太王号において君主の現実的な活動が、特に国際舞台における武威と恩沢が強調されたことを武田幸男氏が明らかにしている。「好太王」もその一例である。したがって「好太王」はすばらしい太王の意で固有性のない美称である。「広開土王」を用いるべきだといわれるのはそのためである。

太王号がひとたび高句麗勢力圏に登場すると、東アジアに影響をおよぼし、有力な諸国の君主がそれに倣って「太王」あるいは「大王」号を称することがみられる。高句麗についで成立したのが倭の「大王」だったのである。武王の上表文にみられる高句麗に対抗しようとする姿勢に共通するものである。「治天下……大王」として「天下」と組み合わされることにより、倭の「天下」を支配領域とする独自な君主号としての意味を強めるのである。

第二章　『日本書紀』『古事記』の伝える天皇

1　記紀神話の意味と津田史学

歴史的事実ではない「記紀」

『日本書紀』『古事記』には、大和政権すなわち天皇制の起源を次のように伝える。

イザナキ・イザナミの二神が国土（大八洲《おおやしま》）とアマテラス等を生み、アマテラスの孫ニニギが高天《たかあま》の原《はら》から日向《ひむか》の高千穂の峰に降り、ニニギの曾孫カムヤマトイハレヒコは日向を出発し大和へ東征を行ない、橿原《かしはら》宮で初代天皇神武《じんむ》天皇として即位する。

以後、神武から持統《じとう》天皇にいたるまでの皇統譜（『古事記』では推古まで）と、国家形成をめぐるさまざまな伝承を記している。神武以前の伝承は、『日本書紀』巻一・二の神代《じんだい》にあり、記紀神話といわれる。

一方巻三神武紀以降は、年紀が記され（何々天皇何年条）、『日本書紀』紀年に従えば西暦何年にあたるか明記されているのだが、歴史的事実と認めることはできず、伝承として神話と同質の部分もあることは、これまでの引用でわかるだろう。

ちなみに神武天皇の即位は、『日本書紀』紀年に従うと、紀元前六六〇年ということになる。戦前の皇国史観教育ではこれを史実とし、戦争中の一九四〇年には皇紀二千六百年として盛大な祝賀行事を催したのだが、紀元前六六〇年という建国は、考古学的には弥生時代より古いか、そのごく初期ということになってしまい、事実でないことは明らかである。

高校の日本史教科書を始め、通史叙述では、記紀神話も、神武・崇神《すじん》・仁徳《にんとく》などの天皇の事績や伝承も出てこないし、名前すらない。ふつうは、卑弥呼・倭の五王のあと、雄略《ゆうりゃく》天皇くらいから天皇の名前が挙げられる。それ以前は史実ではないから不要なのであり、記紀神話は、七世紀後半の天武《てんむ》朝の史書編纂か、八世紀の『古事記』『日本書紀』完成で触れるくらいだろう。講談社の「日本の歴史」シリーズでもほとんどふれていない。

しかし、本書で天皇制の起源を考えるにあたっては、天皇のあり方をささえている、「記紀」の伝える神話や皇統譜・伝承に触れないわけにはいかない。それがどこまで信用でき、あるいはできないのか、何を意味しているのかはきわめて重要な問題である。

「記紀」の伝承は後世作られたものだとし史料的価値を認めず、触れないのは、一見客観的で科学的にみえる。近年は「記紀」の史料批判を中心にすえて大化前代の歴史を考えることに真剣にとりくむ人は少なくなった。しかし史実でないとしても、「記紀」に何が書いてあるのか知らないで研究しているのでは論外である。困難は多いにしても、いかに史料（「記紀」）に多くを語らせるかが、やはり古代史の醍醐味だろう。

記紀神話のあらすじ

日本神話には、「因幡《いなば》の素兎《しろうさぎ》」とか「海幸《うみさち》・山幸《やまさち》」など有名な話がある。しかしかつては誰でも知っていたが、最近では学生にきくと知らない人も多い。神武天皇登場の前提になる記紀神話のあらすじを左に記しておこう（『日本古代史を学ぶ』を利用した）。

最初は天地が混沌としている中、まずイザナキとイザナミという男女の神が「この漂える土地を固めなせ」という命令を受け、矛で海水を「こをろこをろ」と攪《か》き鳴らし、矛からしたたり落ちた塩の積もったのがオノゴロ島である。そこに立てた天《あめ》の御柱《みはしら》のまわりを回り、ミトノマグワイ（性交渉）をして国（大地）を生む。最初は女のイザナミが先に声をかけたので失敗し、つぎには男のイザナキが先に声をかけたので成功する。こうして日本列島の島々が生みだされ、八つの島からなるので大八島という（以上、国生み神話）。

さらにアマテラス・スサノヲ・ツキヨミという三人の兄弟神を生み、これを天上三神という。アマテラスは太陽神で、天皇家の祖先であり、天上の世界＝「高天の原《たかあまのはら》」を統治するように命令を受け、天上の世界の中心となる神である。ところが、海原を統治せよとされたスサノヲは乱行を繰り返し、怒ったアマテラスは天《あめ》の石屋戸《いわやど》にこもってしまい、高天の原は真っ暗になってしまう。そこで神々は先に触れたように鏡や玉や布からなる御幣《みてぐら》を用いるなど、さまざまな祭りや歌舞をしてアマテラスを誘い出し、高天の原も地上の世界＝「葦原《あしはら》の中つ国」も再び明るくなる。そしてスサノヲは天上の世界から追放される。これが有名な天の石屋戸神話であり、日食とか穀物の霊の復活という神話の要素が入っていると考えられる。

このスサノヲが地上、葦原の中つ国に降りてきた場所が、出雲（島根県）であり、これ以降の話を出雲神話という。スサノヲは、肥の河（斐伊《ひい》川）上流にいる首が八つある八《や》岐大蛇《またのおろち》という蛇を退治する。このとき大蛇を斬った剣が石上《いそのかみ》神宮の神体だとする説が『日本書紀』の一書にあることは記したが、大蛇の体内からえた剣をアマテラスに献上し、これが三種の神器《じんぎ》の一つ、草薙《くさなぎ》の剣である。

その後、スサノヲの子孫にあたるオホクニヌシ、またの名をオホナムチが主役となり、葦原の中つ国の「国作り」を完成させる（この過程で因幡の素兎の話がある）。すると突然、アマテラスは「豊葦原《とよあしはら》の瑞穂《みずほ》の国」（地上の世界、稲が豊かに実る国という表現）は我が子が支配する国だと宣言し、何人かの神をオホクニヌシのもとへ派遣するが、何度も失敗する。しかし最後は、オホクニヌシが支配権を譲ることを承諾し（これを国譲りという）、自分は出雲大社をたてて祀られるように要求する。

いよいよアマテラスは、「豊葦原の瑞穂の国」を統治せよとの降臨の神勅を出し、孫にあたるニニギを地上の世界に派遣する。これを「天孫降臨《てんそんこうりん》」というのである。そのとき、先述のように天壌無窮《てんじょうむきゅう》の神勅とともに三種の神器をニニギに与え、五《いつ》の伴緒《とものお》という五人の神を従者として降らせるのである。

そのとき降りたった場所は、今度は日向の高千穂の峰なので、ここから先を日向神話という。ニニギは、そこでオホヤマツミのむすめコノハナノサクヤヒメと結婚し、ホデリとホヲリが生まれる。これが有名な海幸彦・山幸彦の物語で、それぞれ漁業と狩猟を専業にしていたが、ある日その道具を交換したところ、山幸のホヲリは借りた釣り針をなくしてしまい、兄に責められる。しかしホヲリは、海の神の力を借りて釣り針を見つけ、兄のホデリに服従を誓わせる。このホデリの子孫が隼人《はやと》という南九州の異民族であるとされ、隼人が天皇家に奉仕する起源を語っている。

ホヲリは、海の神のむすめトヨタマヒメと結婚し、二人の間に生まれたのがウガヤフキアヘズで、さらにその子がカムヤマトイハレヒコである。彼が九州から出発して東に向かい、苦難を乗り越えて熊野から大和盆地に入り、大和の橿原宮（奈良県橿原市）で即位して、初代の天皇（神武天皇）となる。これを神武東征というのである。

各地神話を総合し、王権の正統性を説明

非常に複雑な物語で、「〇〇神話」といわれる何段にも分けることができる。『古事記』と『日本書紀』とで微妙な差異があり、国文学研究では両者を別々にとり上げる方法がさかんで、スサノヲの位置づけなどかなり異なる。とはいえあらすじはだいたい同じで（『日本書紀』のなかでも一書などかなり異なる伝承を伝える）、記紀神話として一括して述べていきたい。

これは、ふつう言われる神話とはかなり違う。神話とは、仮に、なぜ太陽は毎日東から昇るのかとか、人はなぜ死ぬのかなどの説明できないことを、神の仕業あるいは神の時代に起きたことに起源を持つものとして、人々に納得させるものだとすれば、そのような人々が信

じていた神話ではない。

もちろん部分的にはそのような部分もあり、人間はなぜ死ぬのかという神話による説明がある。ニニギは天孫降臨ののち、オホヤマツミからさし出されたコノハナノサクヤヒメ（花のように美しいが枯れてしまう）とイハナガヒメ（岩石のように永遠）の姉妹のうち、醜かったのでイハナガヒメを返したという話には、イハナガヒメをもらっておけば永遠の命があったのに、それ以来人間の命は限りあるものになったことが説明されている。人間は、花と結婚して石とは結婚しなかったから、死すべきものになったという神話は、世界中に分布している。

しかしこの種の神話はごく限られたもので、記紀神話は、八世紀の天皇を中心とする律令国家、その前の大和政権がどうして日本列島を支配するようになったのか、その正統性を説明した神話である。前章で触れた三種の神器についていえば、天孫降臨のときにアマテラスがそれをニニギに与えて、天壌無窮の神勅を下してその子孫が永久に日本列島を統治することを委託したのである。三種の神器がなぜ王権のレガリアになったかは、前に述べたように事実は神話とは違うのであるが、奈良時代に三種の神器を持つ天皇の統治の正統性と三種の神器が天皇位の象徴である理由を説明しているのである。

イザナキ・イザナミによる国生み神話は、矛からしたたり落ちる塩が塩作りを連想させ、最初に生み出される島が淡路島であることなどから、もともと淡路島に住む海部《あま》氏のあいだに伝わった、淡路島の島生み神話だったと考えられ、それが天武天皇の乳母だった凡海連《おおしあまのむらじ》氏（それゆえ大海人《おおあま》皇子という）を通じてとり入れられたと考えられる。このように淡路、さらに出雲など各地に伝わる神話を素材として、大和政権の側で再構成し、国生み―出雲神話―天孫降臨―東征―建国という大きな構想を作り上げたのである。

タカミムスヒからアマテラスへの皇祖神の転換

『日本書紀』神代巻には、本文のあとに「一書に曰く」として一書が引用される特色がある。最大で一一の一書を引用する段もあり、多くの異説・異本が伝わっていたことを示す。『日本書紀』の中においても神話の内容に相違がある。重要な点では、国譲りと天孫降臨の場面でそれを指令・命令する神が挙げられる。右のあらすじでは、『古事記』に従ってアマテラスと記したが、『日本書紀』ではアマテラスとするのは一書第一だけであり、本文においてはいずれもタカミムスヒ（高皇産霊神）なのである（一書第四・第六も同じ）。

つまり『日本書紀』では天孫降臨を命じた、つまり天皇家の支配の正統性を保証したのは、アマテラスではないのである。一書第二は、タカミムスヒとアマテラスの二神が降臨を指令したとし、『古事記』はタカギノカミ（高木神、タカミムスヒの別名とする）とアマテラスが指令したとする。

天孫降臨神話は「記紀」を通じて異伝がもっとも多いが、早く三品彰英《みしなしょうえい》氏が分析し、「紀」本文・一書第六がもっとも原始的初期神話で、一書第二・第四が古墳時代の祭礼と関係深い儀礼神話で、『古事記』や一書第一は新しい政治神話だと指摘している。本来皇祖神はタカミムスヒであり、初めからアマテラスが皇祖神でなかったことは、上田正昭氏をはじめ多くの研究者に認められているだろう。

タカミムスヒからアマテラスに皇祖神が転換する時期は、六世紀中葉とする意見が多いが、近年の溝口睦子氏などは七世紀末から八世紀初頭まで引き下げて考えており、これは伊勢神宮がいつから皇室の氏神社の地位に昇ったかも関係して、なかなか決定しにくい問題になっている。

タカミムスヒについて触れておくと、「記」では「高御産巣日の神」、「紀」では「高皇産霊魂の尊」と表記されるが、「タカ・ミ」は美称で誉め言葉であり、本体は「ムスヒ」である。「ムス」は生産・生成の意であることは宣長以来諸説一致し、「ヒ」については霊力をさすというのが有力だったが、溝口睦子氏などは日（太陽）をさすと論じている。

霊力といっても太陽の霊力も含まれるだろうが、太陽だとすれば、アマテラスと同じく太陽神であるということになろう。アマテラスに替わったあとは祭られなくなったわけではなく、『延喜式』神名帳の冒頭に、神祇官西院で御巫の祭る神八座に「神産日神」と並んで「高御産日神」が挙げられ、一貫して宮中で祭られていたのである。高木神という別名は依《より》代《しろ》として高木を立てて太陽を祭ったことによるもので、太陽神としてのタカミムスヒは、天孫降臨の思想とともに北方ユーラシアから入ってきたと溝口氏は推定している。

氏族の祖先神の活躍

話を神話の意味にもどそう。三種の神器の伝承にみえるように、皇位の象徴や天皇支配の正統性を裏づける場合もあり、またたとえば天孫降臨神話は、古い穀霊の死と新しい穀霊の誕生を示し、天皇が行なう毎年の新嘗祭《にいなめさい》、一代一度の大嘗祭《だいじょうさい》を神話的に叙述したものだといわれ、特定の宮廷祭儀を理由づける場合も多い。しかし大和朝廷の支配層にとって、神話のどこにもっとも意味があったかといえば、それぞれの氏族の祖先神がどのように活躍して天皇家に奉仕したかを叙述する部分であろう。

天孫降臨神話では、新しいと考えられる『古事記』では、「五の伴緒」という五人の神をニニギの従者につけて、降臨させると記す。その筆頭のアメノコヤネには「中臣連《なかとみのむらじ》等が祖」、フトダマには「忌部首《いみべのおびと》等が祖」、アメノウズメには「猿女君《さるめのきみ》等が祖」、イシコリドメには「作鏡連《かがみつくりのむらじ》等が祖」、タマノヤには「玉祖連《たまのやのむらじ》等が祖」と注記されている。

一方で古い「紀」本文では天孫降臨に随伴する神はなく、一書第四では、アメノオシヒとアメクシツノオホクメが随伴する。この二神については『古事記』にも、

かれしかして、天の忍日の命・天津久米の命の二人、天の石靫《いわゆき》を取り負ひ、頭椎《くぶつち》の大刀を取り佩き、天のはじ弓を取り持ち、天の真鹿児矢《まかごや》を手挟み、御前《みさき》に立ちて仕へまつりき。かれ、その天の忍日の命（こは大伴連《おおとものむらじ》等が祖ぞ）、天津久米の命（こは久米直《くめのあたい》等が祖ぞ）。

と軍事的な奉仕のさまが語られ、大伴氏と久米氏の祖神であることが明記されているが、

「五の伴緒」には入っていないのである。

おそらく最初には大伴氏の祖神の軍事的従者の話があり、のちに、より格の上の「五の伴緒」という従者の話が付され、その筆頭に中臣氏の祖神アメノコヤネ、次に忌部氏の祖神フトダマが位置づけられたのだろう。中臣氏と忌部氏とは、第一章第二節でみた律令の即位式の規定にみえる組みあわせであり、かなり新しいだろう（天石屋戸段でも同じく活躍することは先にみた）。

このように氏の祖神の活躍にはいろいろなヴァリエーションがある。国譲りの場面では、葦原の中つ国に派遣し交渉する使者として、『古事記』では、アメノワカヒコ（天若日子）を遣わしたものの失敗して死んだあと、タケミカヅチ（建御雷）を選んで派遣し、成功するのだが、『日本書紀』本文では、フツヌシ（経津主）を選び、それにタケミカヅチ（武甕槌）を副《そ》えて、葦原の中つ国を平定するとある。

タケミカヅチは、雷神、刀剣神とされ、常陸国鹿島神宮に祭られ、中臣氏の祖神であるが、それが主になったのは新しく、フツヌシが主役だったのが古いらしい。フツヌシについては諸説あるが、刀剣そのものの名称フツノミタマが原形で、それが人格神化したもので、軍事氏族物部氏が奉斎したのではないかと考えられている。

なお物部氏の祖神はニギハヤヒ（饒速日）、『古事記』ではその子のウマシマヂ（宇麻志麻遅）とするが、「記」では神武東征の場面で、天つ神の御子（神武）が天降ったというのであとを追って降ってきたとして「天つ瑞《しるし》」を献って仕えたとあり、「紀」では、神武に先立って天つ神の子として天磐船《あめのいわふね》に乗って天より降ってきた存在としてニギハヤヒが位置づけられている。

このように各氏族の祖神の伝承は多い。「――臣の祖」などと氏族の祖先の注記がされる氏族数は、『古事記』では多く約二〇〇に及び、『日本書紀』でも一〇〇を超えている。また、それぞれの氏族に伝えられた多くの伝承がとり入れられたために、さまざまな異伝が生じたのだろう。時代の推移とともに力を持った大豪族の祖神は大きな役割を果たすようになったと考えられ、新しい伝承では中臣氏の祖神の位置づけが上がる特色もみられるが、大伴氏や物部氏の祖神の活躍もけっして影がうすいとはいえない。『古事記』には、地方豪族である国造《くにのみやつこ》などの祖先注記がきわめて多いことも特色である。

津田左右吉による記紀研究の方法

こうした記紀神話、さらにそれに続く神武天皇以下の記述には、どの程度の史料的価値があるのだろうか。この問題を学問的に解明したのが津田左右吉《つだそうきち》であり、一九一九年の『古事記及び日本書紀の新研究』、一九二四年の『神代史の研究』が代表的成果である（補訂されて戦後に『日本古典の研究』上・下として出版された）。

津田は、「記紀」の記述の中で、仲哀《ちゅうあい》天皇まで、つまり応神《おうじん》以前には天皇の系譜をもふくめて史実の記録とよべる部分はなく、日本の民族あるいは国家の起源について知るためにはまったく史料価値を持っていないとした。さらに、これらの部分は、朝廷の官人の政治的目的による造作の所産であるとし、神代史（記紀神話）は、皇室が太陽があまねく国土を照らすように国民を支配するという思想を前提に、それを物語として展開していったものであり、神武東征もその一部であるとした。

右のような、「記紀」の神代の物語や仲哀以前の国家起源の物語にはほとんど史的事実というべきものはないという津田説の結論は、日本古代史上の大きな成果であり、今日の通説的理解になっている。しかし津田史学を継承して戦後の日本古代史研究を牽引してきた井上光貞氏が、家永三郎氏によってなされた右のようなまとめについて、津田の記紀研究の真に画期的な点は、津田が記紀研究に適用し、強靭な思考力をもって貫いたその方法にあり、成果はその点からみれば二次的なものであると不満を示している（「日本古代史と津田左右吉」）。

その方法とは、「記紀」を、またその個々の部分を、その成立において問うという、正当な研究法のことである。

まず「記紀」の編纂の始まった七世紀後半の天武朝の修史に焦点をあて、この修史は、すでに書物として成立し、このころには各種の異本が生じていた「帝紀《ていき》」と「旧辞《きゅうじ》」の整理から始まったとし、「帝紀」「旧辞」の内容や成立を検討する。津田によれば、「記紀」はともに、この二種の本を素材として書かれたものであるから、それは必ず「記紀」の中に含まれているはずである。「記紀」に共通なものを、帝紀的、旧辞的なものとしてとり上げて考察し、結論として、二種とも成立は六世紀前半の継体《けいたい》・欽明《きんめい》朝と推定され、「帝紀」の内容は皇帝系図であり、「旧辞」は神代から始まり「旧辞」成立の少し前までの国家の起源や、朝廷の出来事に関する物語的なものであるとする。

天武朝の修史事業では、すでに一世紀余を経て多くの異本を生じていた「帝紀」「旧辞」の諸本の整理を課題としていて、この二本にもとづき、ほぼそのままの形でまとめられたのが『古事記』に結晶し、一方で、六世紀以後の政府の記録その他の史料を豊富に拾集し、それを使っていわば現代史の部分を加え、全体として中国の史書の体裁に作りあげた国史が、『日本書紀』である、としたのが津田の「記紀」の文献的批判である。

津田はこうした構想をふまえ、「大体、六世紀の中ごろ、即ち欽明朝前後には、神代史の最初の形が一とほりできてゐた」とし、この時点にたって、神代史の広義での作者、制作のモチーフを綿密に探って、「神代史は、皇祖を日の神とするといふ思想を中心として、皇室の由来を説いたものである」という結論に達したのである。

「記紀」は八世紀の作品か

右は、井上光貞氏（前掲）の文章を拾ったのだが、これは上山春平《うえやましゅんぺい》『神々の体系』での記紀神話の理解への疑問、違和感を表明したものである。

上山氏は、「記紀」（実質上は『日本書紀』）の制作主体として藤原不比等《ふじわらのふひと》に注目し、天孫降臨のときの五の伴緒の筆頭にアメノコヤネがおかれることなどから、藤原氏（中臣氏）中心の体制にあわせて神話が作られ、「記紀」は藤原氏のための修史であると論じたのである。水林彪《みずばやしたけし》『天皇制史論』において、律令国家を思想的に規定している古事記神話は、天皇―藤原氏の共治体制の正統性を説いていると解釈するのも同一線上にある。さらに近年の国文学における記紀神話を八世紀初頭における一つの作品として読みとこうという動向もその方向にあるといえよう。

このような、「記紀」の神代史の背後に横たわる、あるいは語っているイデオロギーを、八世紀の「記紀」の仕上げの段階の政治的動向に対応すると考える方法について、井上氏は「記紀」の神代史、日本神話を、その歴史的な成立事情からまったく切り離して、縦横無尽に論ずる誤った風潮だとして批判しているのである。

「記紀」は八世紀初頭に編纂されたのだから、記紀神話も八世紀初頭の段階において必要があり、律令国家における畿内豪族層の天皇への奉仕の起源を語り、貴族政権の正統性を示しているのはたしかである。したがってもっとも力を持った藤原氏の祖神は、天孫降臨におけるアメノコヤネの役割のように、大きな役割が与えられる伝承も伝えられている。しかし神代史を、すべて藤原氏(中臣氏)中心の、あるいは天皇―藤原氏の共同統治の歴史観にもとづき構想されたと一元的に理解するのは、行きすぎであろう。

たとえば『日本書紀』の本文には、上山氏はその編纂に不比等が関与したとするにもかかわらず、天孫降臨段には五の伴緒は登場しないのである。井上氏が、そして津田が説いたように、その大枠は六世紀前半の欽明朝にまとめられ、その後異伝が発生して各氏族の伝承もとり入れられ、さらに天武朝での整理、八世紀の「記紀」の完成などにおいて潤色が加えられたと、長い曲折に満ちた歴史的所産として理解すべきである。全体として天皇家への各氏族の奉仕の起源を説く大和朝廷の氏姓制度を支えるイデオロギーが横たわり、八世紀においてもなお律令国家の成立にもかかわらず、氏姓制度的イデオロギーが必要だったということなのだろう。

2　「帝紀」「旧辞」から「記紀」へ

『古事記』編纂の経緯

『古事記』は、その編纂の経緯が序文に記され、和銅四年（七一一）九月に詔が下って、翌五年正月二十八日に「正五位上勲五等太朝臣安万侶《おおのあそんやすまろ》」が献上したとある。『古事記』序文については後代の偽作とする説もあったが、一九七九年に奈良市東部の此瀬町の茶畑から、

左京四条四坊従四位下勲五等太朝臣安万侶以癸亥
年七月六日卒之　養老七年十二月十五日乙巳

と書かれた太安万侶の墓誌銘が、火葬骨を納めた木櫃とともに出土した。これにより、それまで『古事記』序文に官職が書かれていないとか、『続日本紀』の卒去記事には「太朝臣安麻呂」と表記されるのと異なるなど疑問が出されていたが、特に疑わしくないことがわか

太安万侶の墓誌銘　奈良市此瀬町出土

り、序文の内容も信用できると考えてよい。

序文によれば、天武天皇が、

ここに天皇詔りたまひしく、「朕が聞けらく、『諸家の賷《も》てる帝紀および本《ほん》辞《じ》、既に正実に違ひ、多く虚偽を加ふ』ときけり。今の時に当りて、その失《あやまり》を改めずは、いまだ幾年をも経ずして、その旨滅びなむとす。これすなはち、邦家《ほうか》の経緯《けいい》、王化《おうか》の鴻基《こうき》ぞ。かれこれ、帝紀を撰録し、旧辞を討覈《とうかく》して、偽《いつわり》を削り実《まこと》を定めて、後葉《のちのよ》に流《つた》へむと欲ふ」とのりたまひき。

国家組織・政治の基本である「帝紀」「旧辞」に虚偽が多く、このままでは滅んでしまうとして、正しい歴史を作ろうと詔している。

時に舎人《とねり》あり。姓は稗田《ひえだ》、名は阿礼《あれ》、年はこれ廿八。人となり聡明にして、目に度《わた》れば口に誦《よ》み、耳に払《ふる》れば心に勒《しる》す。すなはち、阿礼に勅語《みことの》りして、帝皇《ていおう》の日継《ひつぎ》および先代の旧辞を誦み習はしめたまひき。

いったん見れば口で暗誦し、聞けば忘れない稗田阿礼に命じて、「帝紀」「旧辞」を誦み習わして定本を作らせようとしたが、（おそらく天武の死のため）完成しなかった。

そこで元明《げんめい》天皇が「旧辞の誤り忤《たが》へるを惜しみ、先紀の謬《あやま》り錯《まじ》れるを正したまはむ」として、和銅四年に安万侶に詔したのである。

稗田阿礼が誦める勅語《みことのり》の旧辞を撰録して献上《たてまつ》らしむ、とのらししかば、謹みて詔旨《おおみこと》のまにまに子細に採《と》り摭《ひろ》ひつ。

この「勅語の旧辞」は「帝皇の日継および先代の旧辞」をうけ、未完成だった阿礼誦習本を成書として完成献上せよとの命令で、わずか五ヵ月で翌年正月に献上されたのである。

天武天皇が始めた編纂事業

一方の『日本書紀』の成立、国家的歴史書編纂については、まず推古《すいこ》紀二十八年（六二〇）、

是の歳、皇太子・嶋の大臣（蘇我馬子）共に議りて、天皇記、および国記、臣連伴造国造百八十部《ももあまりやそとものお》、并《あわせ》て公民等の本記を録す。

という記述があり、「天皇記」は「帝紀」と似た性格、「国記」以下は「旧辞」に内容が重なるかと思われるが、歴史編纂が始められたことがわかる。

直接『日本書紀』につながるのは、天武紀十年（六八一）三月丙戌《へいじゅつ》条である。

天皇、大極殿に御す。川嶋《かわしま》皇子・忍壁《おさかべ》皇子・広瀬王・竹田王・桑田王・三野王・大錦下上毛野君三千・小錦中忌部連首・小錦下阿曇《あずみ》連稲敷《いなしき》・難波連大形・大山上中臣連大嶋・大山下平群《へぐり》臣子首《こびと》に詔して、帝紀及び上古の諸事を記定せしむ。大嶋・子首、親ら筆を執りて以て録す。

天武天皇は、「帝紀」と「上古の諸事」（「旧辞」「本辞」にあたるだろう）の記定という形で、国史の大がかりな編纂を始めたことがわかる。これは天武朝には完成しなかったが、おそらく事業としては継続したので、『続日本紀』によれば、和銅七年（七一四）二月に「従六位上紀《き》朝臣清人《きよひと》・正八位下三宅《みやけ》臣藤麻呂《ふじまろ》に詔して、国史を撰せしむ」とみえ、養老四年（七二〇）五月に、

是れより先、一品舎人《いっぽんとねり》親王、勅を奉《うけたまわ》りて日本紀を修す。是に至りて功成り、紀卅巻・系図一巻を奏上す。

として完成した（系図一巻は伝存していない）。なおこのときにはすでに亡くなっていた藤原不比等が、『日本書紀』編纂に大きく関与していたというのが先述の上山春平氏の説であるが、その可能性はあるだろう。

以上から、『古事記』も『日本書紀』も、「帝紀」と「旧辞」（「本辞」）から成り立っていたことがわかる。稗田阿礼の「誦習」とは、西宮一民《にしみやかずたみ》氏によれば、文献を解読し口誦する、すなわち音声化し記憶するの意で、その文献とは天武天皇が撰録・討覈《とうかく》して定めた定本「帝紀」「旧辞」であると考えられる。

さらに元明天皇から命をうけた太安万侶は、稗田阿礼を側につけて鋭意撰述を始め、「阿礼誦習の帝紀・旧辞」を渾然一体のものにアレンジしながら、文章を均整化し、完結統一体としての作品『古事記』を生み出した。その際に漢文体を借りずに、日本の古語・古意で表記することを試み、本文を定めたのである。

「帝紀」「旧辞」の内容

「帝紀」は、「記」序文では「帝皇の日継」ともよばれる。持《じ》統《とう》紀二年（六八八）十一月乙《いつ》丑《ちゅう》条には、天武天皇の葬儀において殯宮《もがりのみや》の前で「直広肆当麻真人智徳、皇祖等の騰極《ひつぎ》の次第を誄《しのびごと》奉る。礼なり」とあり、「古には日嗣と云ふなり」と説明がある。帝皇の日継とは、皇祖すなわち天皇の代々の先祖が即位した順序であることがわかり、「帝紀」とは皇統譜と歴代の皇位継承にかかわる内容であるらしい。皇極《こうぎょく》紀元年（六四二）十二月乙未条では舒明《じょめい》天皇の死による殯宮においても「息長山田公、日嗣を誄奉る」とあり、天皇の喪葬儀礼において「日嗣」（「帝紀」）は読み上げられたものらしい。

なお、『日本書紀』には巻十九欽明天皇の二年三月条で、妃・皇后とその所生の皇子・皇女を列記した記事には、「一書に云はく」という別の説を注記したあとに、

> 帝王本紀には多く古字有りて、撰集の人屢々《しばしば》遷り易はるを経たり。後の人習ひ読むとき意を以て刊《けず》り改む。伝写すること既に多く、遂に舛《たが》ひ雑《まよ》ふこと致す。前後、次《つい》でを失ひ、兄弟、参差《しんし》たり。

との注記がある。欽明天皇について「帝紀」に記載があり、そこに皇子・皇女の記述が含まれていたことが明らかになるが、『日本書紀』編纂時に、「帝紀」には誤りが多く、諸本間には皇子の兄弟順など多くの相違があり、本文確定に困難があったことを率直に告白したもので、興味深い注記である。

先に述べたように、津田左右吉は、「記紀」は「帝紀」と「旧辞」から構成されると考え、『古事記』において、綏靖《すいぜい》（二代）から開化《かいか》（九代）までの部分、仁賢《にんけん》（二四代）以降最後の推古（三三代）までの部分には物語的な部分はなく系図的な記載だけからできていることから、この二つの部分は「帝紀」だけからなり、その他の部分は「帝紀」を始めに、物語的な内容からなる「旧辞」をあとにつなぎ合わせて作ったとした。そして『古事記』に物

語があるのは顕宗《けんぞう》天皇までであり、「旧辞」は「その時からあまり遠からぬ後、ただしその時の記憶がかなり薄らぐほどの歳月を経て後」に作られたと考え、「旧辞」の成立年代を継体―欽明のころとし、「帝紀」もほぼ同じころに成立したとするのである。

「帝紀」の内容については、津田説をうけて、武田祐吉《たけだゆうきち》の考証では、(1)続柄、(2)御名、(3)宮号（皇居）、(4)后妃と皇子・皇女の名、(5)皇子・皇女の事績、(6)天皇の事績に関する簡単な記事、(7)没年齢、崩御年月、山陵、を挙げるが、津田は(5)・(6)の事績が「帝紀」に存在したことには否定的である。いずれにしても、このような内容を持つ一種の皇統譜が六世紀中頃には成立し、以後代々書き足され、天皇の喪葬＝即位儀礼において「日嗣」として読み上げられたのである。

津田はさらに、「記紀」の神代史以降の物語にも分析を加え、「神功《じんぐう》皇后の新羅遠征」から遡り「神武東征」までの物語について、神代史と同じく、皇室統治の由来を整然と説いた、観念的モチーフによる述作だとした。また後述するが、「帝紀」にみえる天皇の「御名の書き方」についても、応神以降は実名に近いが、仲哀以前は荘重で後世のおくり名の尊称だとし、欽明前後に付けられたと指摘した。これらから、仲哀天皇以前には史実の記録とよべるものはないとしたのである。

神功皇后伝説の成立時期

神功皇后、オキナガタラシヒメ（気長足姫）は、「記紀」によれば仲哀天皇（一四代）の皇后である。天皇とともに熊襲《くまそ》を討つために大和を発ち、筑紫の橿日宮《かしひ》に到り、そこで先に触れたように皇后は神がかりして、新羅を従わせるようにとの託宣を告げたが、天皇は信じなかったので死んでしまう。そこで皇后は神に祈り加護をえて、新羅を討つことに成功する。すでに身ごもっていて、凱旋帰国後に九州で応神天皇（一五代）を生んだという話である（「紀」には独立して神功皇后紀が一巻たてられている）。

この物語は「三韓征伐」として戦前には歴史として教えられ、日本の朝鮮植民地支配を正当化した、いわば現代の神話として利用された過去を持つ。

この物語について分析した津田は、『書紀』の記載には後人の添加したところがすこぶる多く、『古事記』の方が物語の原形に近いが、それとても歴史的事実を語ってはいない。日本が一時新羅を圧服したのは事実だが、物語自体は事実の記録・伝承によるのではなく、真の事情が忘れられたころに物語として構成せられたもので、継体朝ないし欽明朝ごろと推測したのである。

しかし、四世紀のこととしても（紀年については後述する）、このころ新羅はまだ大きな勢力でなく、好太王碑文《こうたいおう》にみられるように主たる対象は強力な高句麗であるべきである。

直木孝次郎氏は「神功皇后伝説の成立」で分析を加え、香椎宮《かしい》はその後奈良時代までまったく史料にみえず、七世紀以降に香椎宮縁起談として形成されたと考えられ、新羅との関係も、五世紀末以降新羅が強力になったために日本の優越性を歴史的に基礎づけるために六世紀以降に成立した伝説で、四世紀末の史実との一致は希薄であること、神功皇后は仲哀死後、政治・軍事の実権をとり実質上の女帝として描かれるが、こうした女帝は推古以前にはなく、自身が遠征軍の指揮をとっているが、女帝・皇后自ら外征軍の指揮をとることは七世紀中葉に斉明《さいめい》天皇が百済救援のために北九州に出征したのが唯一の例であることなどを指摘した。神功皇后伝説は、六世紀以降、特に推古天皇以後の史実との関係が深く、大綱は七世紀以降になり、推古・斉明・持統の三女帝をモデルとして構想されたと結論している。

直木氏は、「一般に記紀の原型となった旧辞は、帝紀とともに六世紀前半に成立したとする津田左右吉の見解が、ほとんど定説となっている。この小論は、津田の研究を基礎としながら、意外にも結果においては、旧辞の一部である神功伝説は七世紀の成立であるという結論となった」と述べ、津田の旧辞論を継承して、一歩進めたといえるだろう。

井上光貞氏も、直木説を基本的に認めて、物語が最後のみがきをかけられたのが七世紀であることはこれによって明らかになったとする。このオキナガタラシヒメの物語と景行《けいこう》紀・記の大半を占めるヤマトタケルの物語――景行の子であるヤマトタケルが熊襲・出雲・東国などを平定する悲劇的物語――とは、「帝紀」「旧辞」とは独立に成長していき、それが「帝紀」「旧辞」に入ったのは七世紀のことだと述べている（『日本国家の起源』）。

『日本書紀』の紀年論と日本の「建国」

『日本書紀』は、巻三の神武天皇紀から年月日、年の干支、日の干支が書いてある。『古事記』には年月は書かれず、天皇の治世年数が記されるだけであり、「帝紀」「旧辞」にはそうした年月はなかったのだろうが、『日本書紀』のこうした編年は、どのように構成され、根拠があるのだろうか。これを『日本書紀』の紀年論という。

まず神武天皇何年という編年体記述に、信用性がないであろうことは、そのころ暦があったかという点から明らかである。『魏志倭人伝』の注の『魏略』逸文に「その俗、正歳四時を知らず、ただ春耕秋収を記して年紀となすのみ」とあり、三世紀には中国的な暦年はなく、農耕生活による自然暦の状態にあったらしい。

最初の干支紀年の例は、前述の稲荷山《いなりやま》古墳鉄剣銘の「辛亥《しんがい》年（四七一）七月中記」であり、五世紀それも後半に開始されたらしい。鎌田元一《かまたもとかず》氏は、雄略朝もしくはその直前の時期に干支紀年が始まったとし、百済からの元嘉《げんか》暦の渡来を契機として開始されたと推測している。

したがってそれより古い時期の紀年については、『日本書紀』には信憑性がないことになる。『日本書紀』が神武天皇即位、建国を西暦紀元前六六〇年とすることは、歴史的事実でないのであるが、一方でなぜ『日本書紀』はその年に神武即位を設定したのかが問題になる。

中国古代には讖緯《しんい》説という一種の予言の言説がある。そこでは辛酉《しんゆう》の年に革命、甲子《かっし》の年に革令《かくれい》が起きると、特定の年に王朝や政治が改まるとする。日本でも十世紀以降は、辛酉・甲子に改元されるようになり、江戸時代までほぼ守られる。紀元前六六〇年は辛酉の年にあたり、辛酉革命説に依拠して神武即位を定めたことは疑いない。しかし十干十二支の干支は六〇年周期であり、たとえば紀元二四一年でもよいはずである。なぜ紀元前七世紀なのか。『日本書紀』の紀年は、どのように定められたのか。

昌泰《しょうたい》四年（九〇一）辛酉年に三善清行《みよしきよゆき》は「今年大変革命の年に当るのこと」を論じて改元すべきことを上申し、同年は延喜元年に改元され、醍醐《だいご》天皇の年号として有名になった。この上申が革命勘文《かんもん》として伝わる。

易緯《えきい》（易経の緯書）に云ふ、辛酉を革命となし、甲子を革令となす、と。鄭玄曰く、天道は遠からず、三五にして反る。六甲を一元となし、四六・二六交《こもご》も相乗じ、七元にして三変あり。三七相乗して、廿一元を一蔀《ほう》となす。合して千三百廿年なり、と。

清行は、易緯とその鄭玄注により、神武辛酉年即位から、一蔀《ほう》（一三二〇年）後の斉明七年（六六一）辛酉が蔀首《ほうしゅ》となり、そこから四×六〇＝二四〇年後にあたる昌泰四年辛酉が大変革命の年にあたることを主張したのである。

こうした讖緯説をふまえて、早く江戸時代には伴信友《ばんのぶとも》などは、神武紀元が辛酉革命説にもとづく後世の作為にすぎないことを論じていた。そしていつどのように作為されたのかは、神武即位後の一蔀後の年が革命の年にあたるという論理を裏返してみれば、ある年が革命の年であるとしてその一蔀前にくり上げて神武即位を定めたと考えられるのである。

革命勘文の説に従えば、起点になるのは斉明七年（六六一）であり、そこから一三二〇年前に神武紀元を設定したと考えられる。斉明七年は天智《てんじ》の称制（即位しないまま政務をとる）がはじめられた年で、天智の治世の始まりとして蔀首にふさわしく、天武《てんむ》朝の『日本書紀』編纂過程において神武即位年が設定されたとする考え方がある。

しかし革命勘文には、一部は、三×七の二一元とあり、一二六〇年のはずである。清行は昌泰四年改元を主張するため、一三二〇年を一蔀とし、そこから二四〇年にあたると作為を加えたようにもみえる。十九世紀末に我が国の東洋史学の祖といえる那珂通世《なかみちよ》は「上世年紀考」を発表して、清行の違算を指摘し、一部は一二六〇年とし、推古九年（六〇一）辛酉を起点とし、そこから一二六〇年遡った紀元前六六〇年に神武即位元年を設定したと論じ、『日本書紀』紀年の虚構を明らかにし、これが通説となったのである。

それは推古二十八年（六二〇）にみえる「天皇記及国記」の編纂において定められたと考えるのである（今日は『日本書紀』編纂時に定められたと考える説もある）。六〇一年は推古九年で中途半端な年で、なぜ元年でないのかとの疑問もあるが、即位年の干支を変えられるわけもない。しかし直後の三年後の推古十二年（六〇四）に、憲法十七条を制定し、さらに前年定めた冠位十二階も元日に賜わられ、最初の甲子革令にふさわしい（それを意識して定めた可能性もある）。やはり六〇一年が起点とされたとしてよいだろう。

とすれば、七世紀前半の推古朝において、神武即位、建国年次が決められたと考えられる。その結果、皇統譜を数百年以上遡らせることが必要になったと考えられる。

欠史八代と氏族の祖

『古事記』には、崇神（一〇代）から推古（三三代）にいたる二四代の天皇のうち、一五代について、崩御年《ほうぎょねん》の干支と月日（一部月のみ）が記されている。これを『古事記』崩年干支《ほうねんかんし》という。最初の崇神の例を示せば次のようである。

天皇の御歳、壱佰陸拾捌歳。戊寅年十二月崩りましき。御陵は山辺道の勾の崗の上に在り。

この崩年干支について、史実性を認めて紀年が復原できるとする試みもあるが、鎌田元一氏が論じているように、干支紀年が雄略朝ごろに始まるとすれば、やはり後世の推しあてで、『日本書紀』に先行するある時期の紀年構成の試みなのだろう。また崩年干支のある天皇だけが実在したと存否を考える手がかりにする研究もある（垂仁《すいにん》・景行・安康《あんこう》・清寧《せいねい》〜武烈《ぶれつ》に干支がない。ただし実在の確かな宣化《せんか》・欽明にも「記」に崩年干支がない）。

欽明ごろに成立した「帝紀」に、推古までが付加されて以後に、崩年干支は付記されたのだろう。しかし比較的新しい敏達《びだつ》（三〇代）の崩年も「記」は「甲辰《こうしん》年四月六日」とするが、「紀」は翌敏達十四年（乙巳）八月十五日としていて年月日とも違い、そもそも確実な年次史料は少なかったらしい。先に引いたように崇神は一六八歳（「紀」は一二〇歳）、垂仁は一五三歳（「紀」は一四〇歳）と不自然な長寿が目立つが、神武即位をくり上げたため、治世を無理に引き延ばしたらしい。

神武から開化《かいか》（九代）には崩年干支がないだけでなく、綏靖《すいぜい》（二代）から開化は「記紀」にほとんど事績が記されず、欠史八代といわれる。皇后・皇子女・皇居・治世年・寿命などだけが記されていて、前述の「帝紀」部分だけしかなく、「旧辞」的部分が欠けているのである。

おそらく六世紀前半の段階の「帝紀」にはこの八代は存在せず（したがって実在しない）、その後、神武即位が紀元前六六〇年に設定されるのにともない、皇統譜（日嗣）を延長するために加上された天皇だと考えられている。後述する欠史八代の天皇の名前（和風諡《し》号《ごう》）の分析からも、のちに造作された天皇ではないかと推測されている。

欠史八代の天皇の皇子を祖とするウヂ、特に臣姓氏族が多いことも特色である。『古事記』の欠史八代の部分は、その皇子が何氏の祖にあたるかが記述のほとんどを占めている。日本古代のウヂは、神別・皇別・諸蕃《しょばん》に分けられるが、神武天皇以下の天皇家から分かれた皇別氏族のほとんどは欠史八代の皇子を祖とするのである。

有名なのは、孝元《こうげん》天皇（八代）の孫（「紀」では曾孫）とされる建内宿禰《たけしうちのすくね》（武内宿禰）である。「紀」では景行（一二代）から仁徳（一六代）朝の大臣を務めたとされ、二〇〇年以上任にあったという伝説上の人物である。『古事記』孝元段には、建内宿禰の七人の男子をあげて、波多《はた》・許《こ》（巨）勢《せ》・蘇我《そが》・平群《へぐり》・葛城《かずらき》・木《き》（紀）氏など二七氏の祖であると記している。

建内宿禰伝承については、早く津田左右吉が、推古朝における蘇我氏の地位を対照して、七世紀前半に成立したと述べ、その後直木孝次郎氏は天武朝以降にも大きな増補修正があったとし、岸俊男氏は七世紀後半に成立発展したと述べている。建内宿禰は、蘇我氏の大臣としての奉仕の起源となり、有力臣姓氏族の始祖であるが、それが欠史八代に結びつけられて皇室系譜の中に入ってくるのは、七世紀においてのことなのだろう。

神功皇后紀と『日本書紀』紀年

『日本書紀』紀年の枠組みを決定するもう一つの要素として、神功皇后紀にも触れておこう。神功三十九年に「是歳、太歳己未。魏志に云はく、明帝景初三年六月、倭の女王、大夫難《(ママ)》斗米等を遣して、郡に詣《いた》りて、天子に詣らむことを求めて朝献す（後略）」とあり、翌四十年条、四十三年条にも魏志を引用している。『書紀』編者は、神功皇后を魏志の「倭女王」（卑弥呼）に比定し、神功皇后を三世紀の人物として、その三十九年己未を、景初三年（二三九）己未の朝貢の年にあてたのである。

しかし神功紀にみえる百済王の肖古《しょうこ》王（近肖古王）の死去（五十五年）、貴須《きす》王（近仇首王）の死去（六十四年）、あるいは六十二年条に引用される「百済記」に「壬午年」と記される外交関係記事など、いずれも『三国史記』などの記述と照らし合わせると、干支二運、一二〇年繰り下げると合致する。神武即位年の繰り上げとも関係して、神功皇后紀は、卑弥呼に比定することで一二〇年遡らせたのである。

第一章で、神功五十二年条の百済からの七支刀献上の記事をとり上げた。これも『書紀』

紀年では、西暦二五二年の壬申になるのだが、二運繰り下げて三七二年の記事として理解し、これを石上神宮に所蔵される七支刀と関連させるのは、こうした考え方によるのである。

天皇の名前・おくり名＝諡号論

ここで諡号《しごう》論というのは、「記紀」にみえる天皇の名前・おくり名のうち和風のもの――これを和風諡号といい、一方で神武・崇神など漢字二字のものを漢風諡号という――を検討して、その中に含まれる特殊な称号を手がかりに、天皇の実在性や諡号の作られた時期を推定しようという研究で、一九六〇〜七〇年代にさかんに行なわれた。

天皇の名前は、「帝紀」の重要な要素であり、「記紀」に伝えられた「帝紀」の中で信用性が高く、「帝紀」の研究ともいえる。諡号の中には天皇の実名風な名や諱《いみな》が残っていると考えられ、また後世つけられたと考えられる諡号は、その時代の天皇名を反映していることからその諡号が奉られた時期が推定できる。

したがって単にその天皇の実在性の有無だけでなく、皇統譜の変化、改変を推定することも可能になり、系譜の断絶、すなわち王朝交替論を提起する大きな根拠となったものである。

一二四頁の表（井上光貞『日本国家の起源』付表IIを修正した）をみれば、時代ごとにまとまって特徴ある用語がみえることがわかる。

15応神のホムダワケから26継体のヲホドまでは素朴で実名的であり、史実を伝えているように考えられる。ところが27安閑《あんかん》のヒロクニオシタケカナヒ以下、荘重な名前になる。

大王の喪葬儀礼である殯宮《もがりのみや》について分析した和田萃《わだあつむ》氏は以下のように指摘している。殯宮では、くり返し誄《しのびごと》が奏上され、誄は一種の弔辞であるが、やがて死者よりも生者に対して、大王位の継承者に服属を誓うものに変わる。最後に日嗣が奏上されて皇位の次第を確認し、亡き大王に和風諡号が献呈され、新たな大王が即位する。

右のような天皇名の変化から、安閑の殯宮、すなわち次の宣化朝において、和風諡号の献呈が開始されたと考えられる。したがってそれ以前は、諱、あるいは実名的な名が伝えられているのであり、正確には区別すべきである。そして1神武のカムヤマトイハレヒコから14仲哀のタラシナカツヒコにいたる、まさに和風諡号は、すべて安閑朝以降になって作られたものであることを指摘し、それは宣化朝において日嗣の奏上にそれらの和風諡号が必要とされたからで、このころまとめられた「帝紀」に記されたものもあったとする。よるべき指摘であろう。

タラシヒコとヤマトネコ

個々の例に触れると、12景行オホタラシヒコオシロワケ、13成務《せいむ》ワカタラシヒコ、14仲哀タラシナカツヒコ、神功皇后オキナガタラシヒメは、一つのグループで、いずれもタラシヒコ・タラシヒメを共通にする。こうした名前は七世紀前半になり、34舒明《じょめい》オキナガタラシヒ

記紀の代数	漢風諡号	名と和風諡号	
23	顕宗	ヲケ	弘計
24	仁賢	オケ	億計
25	武烈	ヲハツセノワカサザキ	小泊瀬稚鷦鷯
26	継体	ヲホド	男大迹
27	安閑	ヒロ**クニオシ**タケカナヒ	広国押武金日
28	宣化	タケヲヒロ**クニオシ**タテ	武小広国押盾
29	欽明	アメ**クニオシ**ハラキヒロニハ	天国排開広庭
30	敏達	ヌナクラノフトタマシキ	渟中倉太珠敷
31	用明	タチバナノトヨヒ	橘豊日
32	崇峻	ハツセベ	泊瀬部
33	推古	トヨミケカシキヤヒメ	豊御食炊屋姫
34	舒明	オキナガ**タラシヒ**ヒロヌカ	息長足日広額
35 37	皇極 (斉明)	アメトヨタカライカシヒ**タラシヒメ**	天豊財重日足姫
36	孝徳	アメヨロヅトヨヒ	天万豊日
38	天智	アメミコトヒラカスワケ	天命開別
40	天武	アマノヌナハラオキノマヒト	天渟中原瀛真人
41	持統	オホ**ヤマトネコ**アメノヒロノヒメ	大倭根子天之広野日女
42	文武	**ヤマトネコ**トヨオヲヂ	倭根子豊祖父
43	元明	**ヤマトネコ**アマツミシロトヨクニナリヒメ	日本根子天津御代豊国成姫
44	元正	**ヤマトネコ**タカミツキヨ**タラシヒメ**	日本根子高瑞浄足姫

天皇の名および諡号

記紀の代数	漢風諡号	名と和風諡号	
1	神武	カムヤマトイハレヒコ	神日本磐余彦
2	綏靖	カムヌナカハミミ	神渟名川耳
3	安寧	シキツヒコタマテミ	磯城津彦玉手看
4	懿徳	オホヤマトヒコスキトモ	大日本彦耜友
5	孝昭	ミマツヒコカエシネ	観松彦香殖稲
6	孝安	ヤマト**タラシヒコクニオシ**ヒト	日本足彦国押人
7	孝霊	オホ**ヤマトネコ**ヒコフトニ	大日本根子彦太瓊
8	孝元	オホ**ヤマトネコ**ヒコクニクル	大日本根子彦国牽
9	開化	ワカ**ヤマトネコ**ヒコオホヒヒ	稚日本根子彦大日日
10	崇神	ミマキイリヒコイニヱ	御間城入彦五十瓊殖
11	垂仁	イクメイリヒコイサチ	活目入彦五十狭茅
12	景行	オホ**タラシヒコ**オシロワケ	大足彦忍代別
13	成務	ワカ**タラシヒコ**	稚足彦
14	仲哀	**タラシ**ナカツ**ヒコ**	足仲彦
	神功	オキナガ**タラシヒメ**	気長足姫
15	応神	ホムタ（ホムダ**ワケ**）	誉田
16	仁徳	オホサザキ	大鷦鷯
17	履中	イザホ**ワケ**	去来穂別
18	反正	ミツハ**ワケ**	瑞歯別
19	允恭	ヲアサヅマワクゴノスクネ	雄朝津間稚子宿禰
20	安康	アナホ	穴穂
21	雄略	オホハツセノワカタケル	大泊瀬幼武
22	清寧	シラカノタケヒロ**クニオシ** ワカ**ヤマトネコ**	白髪武広国押 稚日本根子

ヒロヌカ、35皇極アメトヨタカライカシヒタラシヒメなどとしてみえる。

また有名な『隋書』倭国伝には、「倭王、姓は阿毎《あめ》、字は多利《たり(ら)》思《し》比孤《ひこ》」とか、「大業三年、其の王多利思比孤、使を遣して朝貢す」とあり、六世紀末から七世紀初めには、天皇が「天タラシヒコ」とよばれていたことがわかり、これらの名は推古朝以後に作られたと井上光貞氏は論じている。さらに成務・仲哀からタラシヒコを除くと、ワカ、ナカツの普通名詞しか残らずまったく固有名がないことから、実在性がうすいと論じている。

また、欠史八代については、7孝霊《こうれい》、8孝元、9開化に、ヤマトネコの尊称がついているが、これは持統《じとう》・文武《もんむ》・元明《げんめい》・元正《げんしょう》と奈良時代に使用されている。22清寧にもみえるものの、『日本書紀』大化二年（六四六）二月戊申日詔にも「明神御宇日本倭根子天皇」と詔（宣命）の主体としてみえていて、七世紀末以降にヤマトネコの称が付されたように考えられる。ただし、6孝安《こうあん》はヤマトタラシヒコクニオシヒトであり、タラシヒコは六世紀末から七世紀初め的な呼び名であり、さらにクニオシは、27安閑～29欽明の諡号にみえ、六世紀前半の「帝紀」成立時期にふさわしい呼び名である。

欠史八代は、のちに追加された天皇であることは明らかであるが、いつ成立したかは、複雑な過程があるのだろう。いずれにしても諡号だけからの分析では、推測の部分も多く、限界がある。欠史八代はすべて父—子の嫡系相続であることも不自然であり、後世の造作を感じさせるが、この点はまた後述したい。

「イリヒコ」の王朝、「ワケ」の王朝

10崇神天皇はミマキイリヒコイニヱ、11垂仁天皇はイクメイリヒコイサチとあり、諡号的な長さを持つが、実在性があり実名が含まれているだろう。ここに「イリヒコ」とあるのが特徴的である。この点に国文学研究者の吉井《よしい》巌《いわお》氏が分析を加えた。

皇室系譜の中で、崇神および垂仁の血脈の中に、イリヒコ・イリヒメを持つ人名が二〇名みえ、イリヒコ・イリヒメを持つ人を中心に系図を復原、修正し、崇神を始祖とする王朝の存在を想定したのである。一方で応神以降の天皇名にはイリヒコはみえず（ワケが特色であ

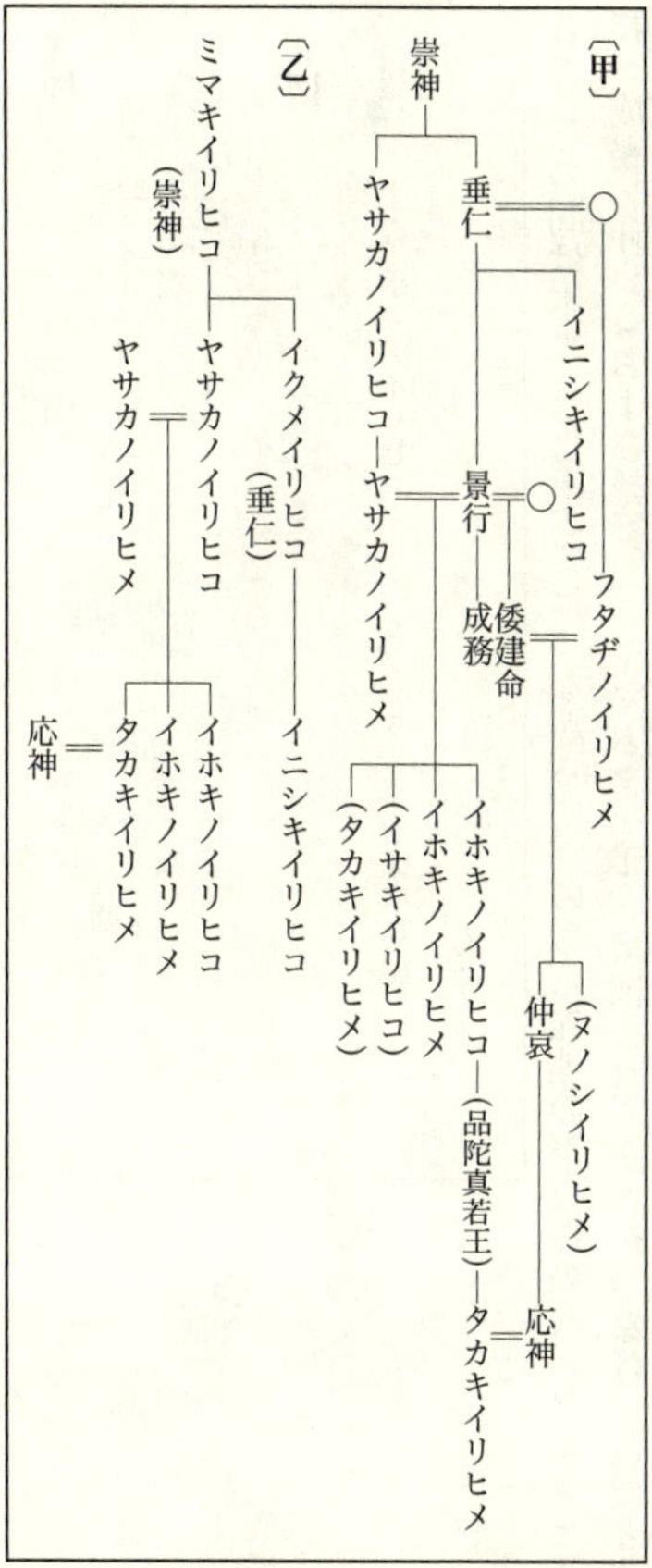

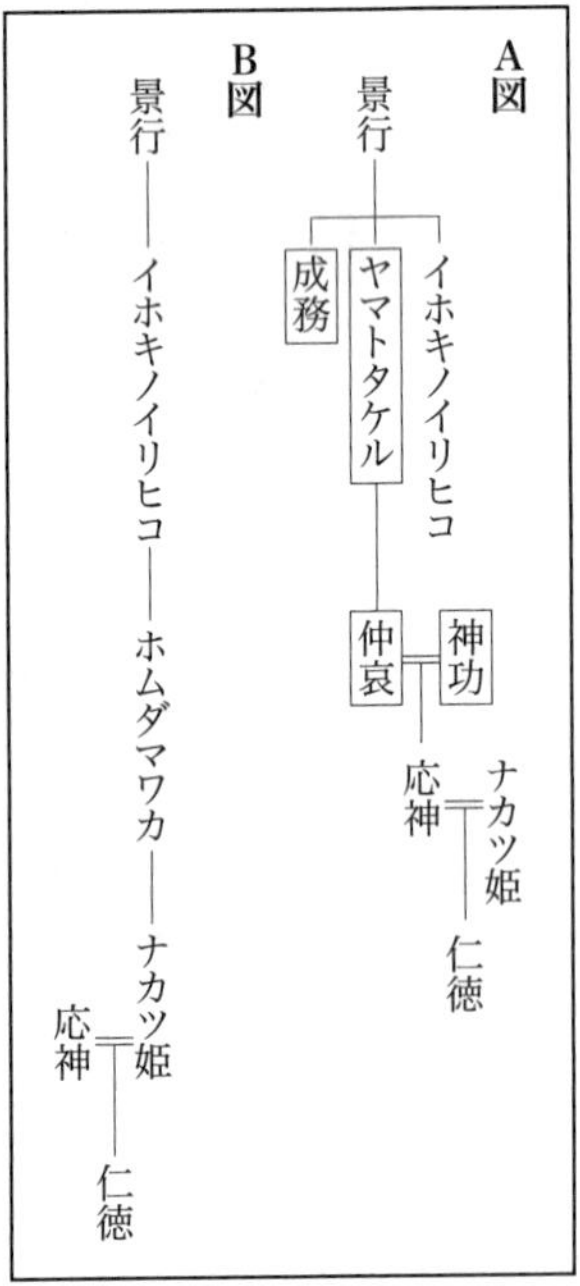

る）、その間は本来は系譜上ではつながらず、のちに先述の実在性のないタラシヒコの称を持つ成務・仲哀（および景行）やヤマトタケルが増補され、系譜がつなげられたとする。

これをふまえて、崇神に始まる王朝を三輪山祭祀との関係から「三輪王朝」「イリ王朝」などと呼び、応神以降については王宮や陵墓の所在地から「河内王朝」とか「ワケ王朝」と呼び、三輪王朝から河内王朝へという王朝交替論がさまざまな論者によって戦後さかんに論じられたのである。

吉井氏は、「記紀」の系図〔甲〕から〔乙〕の系図を復原し、応神が妻をめとることで系図が崇神王朝につながっていたとしたのである。

また井上光貞氏は、12景行はオホタラシヒコ＋オシロワケであり、オホタラシヒコはのちに加えられたにしても、オシロワケの名はもとの「旧辞」にあったとし、景行の実在性を認め、A図の「記紀」系図から□で囲んだ実在性のない人物を除き、B図を復原した。この場合でも、やはり応神は、（崇神）・景行以下のイリヒコの皇統に、入り婿として入ったことになる。

　ほかにも多くの復原案があり、本来の皇統系図がどうであったか確実なところは難しいが、四世紀の歴史を考える一つの方法がわかってもらえればと思う。

　崇神天皇は、ミマキイリヒコイニヱという名が、イリヒコを持ち実名に近い形であり、また欠史八代のあと崇神から「旧辞」が伝えられていること、「記紀」に御肇国天皇（ハツクニシラススメラミコト）という称が伝えられることなどから、実在性を認め、ある段階で神武にかわる初代の天皇として伝えられていたとする説も有力である。しかし、たとえ崇神を実在の天皇だとしても、そこから応神へいたる系譜はさまざまな修正・潤色が加えられたのである。

　また復原した系譜についてもそれが歴史的事実を伝えたとはいえないだろう。「記紀」に伝えられなかった王もいた可能性もあるだろう。天皇の名前が伝えられているかもしれないという以上のことを確証を持っていうのには困難が大きいのである。

3　ワカタケル大王とウヂの成立

『万葉集』巻一の一番、雄略天皇の歌

『万葉集』の冒頭、巻一の第一番歌は、雄略天皇（大泊瀬稚武天皇《おおはつせのわかたけ》）の作歌である。

籠《こ》もよ　み籠《こ》もち
ふくしもよ　みぶくしもち
この岳《おか》に　菜摘《なつ》ます児《こ》
家告《いえの》らせ　名告《なの》らさね
そらみつ　大和《やまと》の国《くに》は
おしなべて　吾《われ》こそ居《お》れ
しきなべて　吾こそ座《いま》せ
我《わ》にこそは　告らめ　家をも名をも（巻1・一）

春の若菜つみの場面である。籠と掘串《ふくし》（土掘り用のへら）を持って岳で若菜をつむ娘に対して、我こそは、そらみつ大和の国を統治する王であると名告り、私に家と名を教えよ、つまり求婚した歌である。

初期万葉を代表する秀歌であり、冒頭の3—4、5—6と一音ずつ増すリズムなど口ずさんでみると美しい。「全体にわたって起伏と抑揚にとみ、対句や同音のくり返しがあるとともに、それらが破と急をよびおこしながらひろがる韻律の美しさと正確さは無類であり、それらはもはや生命そのものであるとさえいえる」（西郷信綱《さいごうのぶつな》『万葉私記』）との評価をあげておこう。

甘樫丘から望む天香具山

『万葉集』は、最終的には八世紀後半になって大伴家持《おおとものやかもち》によってまとめられた。しかし構成・成立はきわめて複雑で、家持の個人的な歌日記の部分や、関東地方を中心とする東国の歌、東歌《あずまうた》を採録した部分などもあるが、冒頭の巻一と巻二は、八世紀初めには編纂されていた公的な、つまり国家的な歌集であったと考えられている。あとで触れるが、次の二番歌は、舒明天皇が天《あめ》香具《のかぐ》山《やま》に登って国見《くにみ》をした歌であり、この一番歌も私的な妻問い歌とは考えられず、国家的な意味を持つ儀礼の歌と考えるべきだろう。

御《み》県《あがた》に坐《ましま》す皇神等《すめがみたち》の前に白さく、高市《たけち》・葛木《かずらき》・十市《とおち》・志《し》貴《き》・山辺《やまのべ》・曾布《そふ》と御名は白して、この六つの御県に生《な》り出づる甘菜《あまな》・辛菜《からな》を持ち参る来て、皇御孫命《すめみまのみこと》（天皇）の長御膳《ながみけ》の遠御膳《とおみけ》と聞し食《め》すが故に……

これは奈良時代に毎年二月に豊作を祈る祈年祭で読まれる祝詞《のりと》の一部で、御県の神に幣帛《へいはく》が奉られる（『延喜式』）。右に名が挙がる六つの御県では、甘菜・辛菜といわれる若菜がとられ天皇の食事に奉られていたことがわかる。大和の六御県は、大和朝廷の古くからの直轄地で、供御《くご》園地のようで、天皇の家政機関に直属していたようである。

おそらく六御県から若菜を貢上する儀礼があり、その際に歌われる歌謡として宮廷に伝えられたのだろう。当然これは雄略天皇が実際に詠んだ歌ではない。しかし『万葉集』冒頭歌が雄略天皇の歌として伝えられたことは、古代貴族にとって、雄略天皇が自らの国家の始まりにふさわしい画期だったことを物語っていよう。

系譜はなぜ記されたか

前章で、稲荷山古墳出土鉄剣の銘文から、ワカタケル大王は、武王であり、「記紀」の伝える雄略天皇であり、歴史上実在することが確認できる最初の大王であることを述べた。また「治天下」とみえることが、倭の領域の支配対象を独自の「天下」として構想していることを示し、また埼玉と熊本からワカタケルの名が記された銘文が出土したことからも、広い領域を支配していたことがわかる。

ここでワカタケル大王の時代を考えるため、八七ページの稲荷山鉄剣銘を再びとり上げよう。ここでは上祖オホヒコに始まりヲワケの臣にいたる八代の系譜を記し、ワカタケル大王が天下を治めるのをたすけるのだと主張しているが、ではなぜ系譜を記したのだろうか。この史料はきわめて珍しく何のために記すのかがその中に書いてある。つまり「吾が奉事《ほうじ》の根源を記すなり」とあり、自らの地位を正当化する根拠を、王権への奉仕の起源に求めたのであり、そのために上祖オホヒコの名前と、それ以来の系図が必要だったと考えられる。

このことを理解するには、当時の政治的地位を継承する組織である「ウヂ」について理解する必要がある。

ウヂとはカバネを天皇から賜り、特定の職掌（たとえば中臣連は祭祀、大伴連なら軍事）を世襲していく組織である。律令制においてさえも負名氏《なおいのうじ》といって、諸官司に属する特定の職掌を行なう伴部《ともべ》を、固定した祖先の伝統的職掌を世襲してきた氏から選ぶ制度があった（たとえば主殿寮《とのもりよう》の殿部《とのもりべ》には、日置《へぎ》・子部《こべ》・車持《くるまもち》・笠取《かさとり》・鴨《かも》氏から選ぶ）。ウヂの名は職掌であり、それを負って奉仕するのである。

剣大刀《つるぎたち》いよよ研《と》ぐべし　古《いにしえ》ゆさやけく負ひて来にしその名そ　（巻20・四四六七）

奈良時代の大伴家持は、負ってきたウヂの名を研ぎすますのだと一族を鼓舞している。

さらに「祖《おや》の名《な》を負ふ」と歌われることも多い。「祖の名」とは始祖の名であるが、古代のウヂの人々の規範意識であった。吉田孝氏は「祖名を負うことは、始祖の霊威（たま・

mana)を始祖から受け継ぎ、始祖が天皇の祖先に仕えたように、祖名を負う子孫も、永遠に天皇に仕え奉ることであった」と述べ、日本古代の相続は祭祀の承継ではなく祖名の相続であるとの中田《なかだ》薫《かおる》説をふまえ、「始祖の霊威が再生し続けるという、神話的・循環的な時間意識が生きており、天皇が『負ひて仕へ奉るべきカバネナを賜ふ』という王権と名のマギッシュな関係も、そのような観念を背景とするものだった」と論じたのである。

　これに対して、熊谷公男《くまがいきみお》氏は、祖の名の祖を始祖に限定する必要はなく、自分の祖先を漠然とさす言葉であるとし、また吉田氏が名を霊、さらに文化人類学を援用してポリネシアの首長制を支えた呪術的観念、超自然的な力であるマナに結びつけたことにも疑問を示し、祖の名も政治的観念として問題にすべきだと述べている。

　たしかに祖の名の実質は、政治的地位、ツカサの継承だろうが、次に家持の長歌からよみとれるように始祖と現在のツカサが同質であるという神話的な時間が支配しているから、やはり始祖の名・霊力をうけている。

　奈良時代になっても宗教的首長の地位として国造《くにのみやつこ》は残るのだが、その代表として出雲国造が代替わりごとに朝廷に出向く儀式がある。出雲国造は、始祖アメノホヒが天つ神に仕えて国つ神オホナムチを言向《ことむ》けたという神話を、「神賀詞《かんよごと》」として奏上する、出雲国造神賀詞奏上儀である。

　吉田孝氏はこれをとり上げ、「出雲の臣等が遠《とお》つ神《おや》、天穂比命《あめのほひのみこと》」が天皇に奉仕せよとの仰せを受けたことから、新出雲国造も天皇へ仕え、神宝を献上すると奏上するので、代替わりごとに始祖のアメノホヒの霊威を直接継承することを指摘している。始祖の位置づけはきわめて重要で、政治的性格を持つのである。

大伴家持が歌うウヂの意識

ウヂの意識を考える最大の材料は、実は八世紀中葉の『万葉集』の大伴家持の作歌である。八世紀の政治史は「藤原的」と「大伴的」の対立といわれる。前者は新しい官僚制的あり方、後者は古い氏族制的あり方を象徴的に指す語である。大伴氏は、ツカサをしめ、「トモ」や「べ」という支配下の中小伴造《とものみやつこ》や部民《べみん》を率いるウヂの典型である。

出雲国造、千家国造家　現在の長屋門

大伴氏は、ふつう軍事氏族であると理解されているが、「大伴」は軍事を意味する語ではなく、「大伴は伴のなかの伴であり、大伴連は伴造のなかの伴造であった」と直木孝次郎氏は述べる。そして大伴氏の歴史はおそらく五世紀（雄略朝には大伴室屋《むろや》の存在が伝えられる）に遡り、もっとも古い、長い伝統を持つウヂである。だから奈良時代になっても家持は、ウヂのあるべき姿、理念を歌いつづけたのである。

天平二十一年（七四九）四月甲午《こうご》、東大寺大仏造営のために不足していた黄金が発見されたことを喜び、聖武《しょうむ》天皇は天平を天平感宝に改元する詔書《しょうしょ》を発した。それをうけて家持最長の長歌「陸奥国より金《くがね》を出せる詔書を賀《ことほ》く歌」が作られた。大伴氏の神祖の大来目主《おおくめぬし》（偉大なクメのヌシの意）がオホキミに仕えた役目、ツカサを現在の自分たちが継承しているという自負が強調され、ウヂの本質が始祖との関係にあることがわかる。とはいえ長歌は複雑であり、後半部分を近年の鉄野《てつの》昌弘《まさひろ》氏の研究によりながら丁寧に見ていこう。

Ⅰここをしも　あやに貴み　嬉しけく　いよよ思ひて
（このことがなんとも忝く、いよいよもってうれしく思い）
Ⅱ大伴の　遠つ神祖《かんおや》の　その名をば　大来目主と　負ひ持ちて　仕《つか》へし官《つかさ》
（大伴の遠い始祖のその名を大来目主と名を負って奉仕したつかさは）
Ⅲ海行かば　みづく屍《かばね》　山行かば　草むす屍　大皇《おおきみ》の　辺にこそ死なめ　かへり見は　せじとことだて　大夫《ますらお》の　きよき彼《そ》の名を　いにしへよ　今のをつつに　流さへる　祖の子どもそ　大伴と　佐伯の氏は
（海に行くのなら水びたしの屍、山へ行くのなら草むした屍をさらしても「大君のおそばで死のう、後悔はしない」と誓って、ますらおの汚れなき名を昔から今のこの世に伝えきた栄えある家の子孫なのだぞ、大伴と佐伯の氏は）
Ⅳ人の祖の　立つる辞立《ことだて》　人の子は　祖《おや》の名《な》絶たず　大君に　まつろふものと　言ひ継げる　言《こと》のつかさぞ

（先祖のたてた誓いに、子孫は先祖の名を継ぎ、大君にしたがうものだと言い伝えた名誉のつかさなのだ）

V梓弓《あずさゆみ》　手にとりもちて　剣大刀《つるぎたち》　腰にとりはき　朝守り　夕の守りに　大王の　御門の守り

（梓弓を手に取り持って剣大刀を腰に取り佩き、朝夕常に警固する大君の御門のまもり）

VIわれをおきて　人はあらじと　いやたて　思ひしまさる　大皇《おおきみ》の　御言《みこと》の幸《さき》の　聞けば貴み

（われらをおいて人はなかろうと更に誓い、決意を固める大君の忝い仰せが承れば貴くて）

（巻18・四〇九四）

途中に口語訳を入れ、I～VI部分に切ってみたが、なお相互の関係を理解するのは難しい。

Iの「いよよ思ひて」がどこへかかっていくのかが不明であるが、VIに「いやたて　思ひしまさる」とあり、それと対応してこの二つの「思ひ」の間に、II～Vの大伴氏についての長大な叙述が挟まれていると理解すべきである。その間の四〇句には「官《つかさ》」「守《まも》り」などの体言止めがくり返され、その中にもいくつかの照応関係がある。

Ⅱの「大伴の……仕へし官」は、Ⅳの「言ひ継げる　言のつかさ」がうけるのだろう。Ⅳの「人の祖の　立つる辞立」は、ウヂの世代交替にともなって祖から子へとくり返し反復されてきたウヂ人への訓戒（「辞立」）であり、その内容が「人の子は祖の名絶たず　大君にまつろふものと」である。

この七年後に作られた家持の「族を喩《さと》す歌」（巻20・四四六五）では、天《あま》の日《ひ》継《つぎ》と代々天皇に奉仕してきた祖のつかさを子孫に授けるにあたり「空言《むなこと》も　祖の名絶つな　大伴《おおとも》の　氏と名に負へる　ますらをの伴《とも》」と、家持自身がウヂ人へ喩していて、「辞立」を言い継いだ実例そのものである。

Ⅱの神祖の過去の「仕へし官」とⅣの言い継がれてきた現在の「言のつかさ」が照応し、大伴・佐伯の氏の職が始祖と現在とで同質であることが示される。それはⅤで「梓弓　手にとりもちて……御門の守り」と表現される。

Ⅲは、詔書において、天皇から特に大伴・佐伯宿禰に対して「汝たちの祖どもの云ひ来らく、海行かばみづく屍……」と言われるのを聞いていて「内《うち》の兵《いくさ》」であると信頼している、子は「祖の心」を忘れず奉仕せよと述べられた（『続日本紀』）のをうけて作られている。「大夫のきよき彼《そ》の名」は、直接にはⅡの「遠つ神祖の　その名」をさすが、一方で「海行かば　みづく屍」と言挙《ことあ》げして名を流す「祖《おや》」は代々の「人の祖」であり、「名」はⅣの「人の子は　祖の名絶たず」にうけられていく。

神祖の時代と同質の「名」が、代々の奉仕により連鎖的に現在に到るまで保たれる。長歌前半では、すべての過去の天皇は「天の日嗣」として降臨する神と同じスメロキであり、「吾が大王」もまた「神」としての連鎖によりスメロキでありつづけるという皇統観が歌われる。これに対応して、皇統と大伴氏の一体的連綿が歌われると鉄野氏は論ずるが、これがウヂの意識なのである。

ウヂの成立

稲荷山鉄剣銘にもどれば、なぜ上祖オホヒコと代々の系譜と奉仕を記すことに意味があったかは、以上のウヂの意識で理解できるだろう。逆にいえば、ワカタケル大王の時代に、ウヂは実質的に成立していたということである。ウヂの本質である始祖からの系譜は成立しており、世々大王に奉仕してきたことを「奉事の根源」として記しているのであるから。

氏族系譜についての研究を深めた溝口睦子氏によれば、氏族系譜とは、大和朝廷の建国神話・伝承の中に登場する人物を必ず始祖とすること、神話・伝承中でのその始祖の活躍が、その氏の大和朝廷内における地位や役割の基礎となっていること、氏姓や職掌の由来や起源を書いていること、文章の形式が「奉仕」つまり大王や天皇に仕えまつるとなっていることなどを共通の形式とするという。これをみると、稲荷山鉄剣銘は基本的に氏族系譜としての形を整えているといえる。

ウヂにとって始祖が重要であるから、その位置づけは公的性格を持つことになる。ウヂと王権は一体となって代々栄えるので、王統譜の中にウヂの始祖を公的に位置づけること、系譜の共有が必須となる。記紀神話が国家によって編纂される必要はここにあり、先述のように「記紀」には多くの氏族の祖が記されるのである。

とはいえ、各氏族の主張はさまざまで必ずしも一つに統一できなかったことは『日本書紀』神代に多くの異説（「一書」）が併記されたことにみえるし、たとえば出雲国造の神賀詞に見える始祖アメノホヒの活躍は、記紀神話とは違うのだが、それも朝廷は公認したのだろう。

さてヲワケの臣の銘文が氏族系譜だというからには、上祖オホヒコが公的に位置づけられていることが必要である。実はオホヒコは「記紀」にみえる有名な伝承上の人物である。崇神紀十年九月甲午条には、

大彦命《おおひこのみこと》を以て北陸《くぬがのみち》に遣《つか》はす。武渟川別《たけぬなかわわけ》をもて東海《うみつみち》に遣はす。吉備津彦《きびつひこ》をもて西道《にしのみち》に遣はす、丹波道主命《たにわのちぬしのみこと》をもて丹波に遣はす。因りて詔して曰はく、「若し教《のり》を受けざる者あらば、乃ち兵を挙げて伐て」と。既にして共に印綬を授けて将軍とす。

とあり、地方を服属させるために派遣されたいわゆる四道将軍の一人としてみえる（「記」では三人が派遣される）。大彦は北陸（高志《こし》道）へ派遣されたが、途中和珥坂《わにのさか》で少女が不思議な歌を歌うのを聞き、引き返し天皇に奏上したところ、武埴安彦《たけはにやすひこ》の反乱の兆しとわかり、大彦に彦国葺《ひこくにぶく》（和珥臣の遠祖）を副《そ》えて討たせたという伝承がある。

さらに大彦は孝元《こうげん》天皇（八代）の長男（開化《かいか》天皇の兄）であるとされ、「紀」では阿倍《あべ》臣・膳《かしわで》臣・阿閉《あへ》臣・狭々城山《ささきのやま》君・筑紫国造・越国造・伊賀臣の七氏族の始祖とする。「記」では大毗古《おおびこ》の子、建沼河別《たけぬなかわわけ》（四道将軍の一人）が阿倍臣の祖、その弟比古伊那許士別《ひこいなこじわけ》が膳臣の祖であるとしている。

五世紀後半に、のちの八世紀初めの「記紀」に記されたのと同じ伝承が作られていたとは考えられないだろう。しかしオホヒコは何らかの形で王統譜や朝廷の伝承の中に位置づけられていて、それをヲワケの臣は奉仕の根拠としたのだろう。

しかし鉄剣銘には、一つ氏族系譜としては未完成な要素がある。それはたとえば阿倍・膳などのウヂ名がみえず、ウヂ名が未成立らしいことである。「臣」というカバネの前身の尊称はみえているがウヂ名はなく、六世紀中葉の松江市岡田山一号墳出土大刀に「各田卩臣」＝額田部《ぬかたべ》臣とみえるのがウヂ名・姓《かばね》の初見である。姓を賜い、ウヂを政治的秩序にくみこんで大王に奉仕させるという賜姓機能――これは天皇制の最重要機能の一つである――はワカタケル大王の時代よりも少し後に成立するらしいが、実質的にウヂの組織は形作られていたのである。

なお鉄剣銘については、ヲワケの臣は誰かという未解決の問題がある。つまり(1)古墳に埋葬された武蔵国造など東国豪族か、(2)畿内の有力豪族か（この場合も剣だけが中央豪族から地方豪族に賜与されたか、中央豪族が東国に派遣されて埋葬されたか）である。

(1)の方が通説的だが、地方豪族がすでにオホヒコに結びつく系譜をもち、ウヂの組織が成立したとするのは、少し早すぎて大王の支配が強力すぎる感じがする。「記紀」の系譜では武蔵国造の祖はアメノホヒなどで、オホヒコに結びつかず、また臣姓が東国豪族にみられないことも気になる。

ここでは岸俊男氏の指摘もふまえ、ヲワケの臣は中央豪族であり、自ら鉄剣を作らせ、それを「杖刀人《じょうとうじん》」（丈部か）として上番してきた武蔵の豪族に「杖刀人首」として下賜したもので、ヲワケの臣の系図自体は、臣姓の中央豪族（のちの阿倍臣あるいは膳臣）のもので、中央豪族において大王に奉仕するウヂの組織が形作られてきたと考えておきたい。

「児」でつながる氏族系譜の意味

ヲワケの臣を中央豪族だとし、上祖オホヒコは崇神紀の四道将軍のオホヒコにあたるとしたが、そこからオホヒコの実在性が示された、さらに崇神紀・記の信憑性が高まったという主張も銘文発見当初より行なわれた。とすると津田左右吉以来の「記紀」の史料批判も、ほとんど無用になるのだが、はたしてそうだろうか。

田中卓氏は、ヲワケの臣（田中氏は阿倍臣であると早くより主張した）から八代遡ったオホヒコは、一代三〇年として二四〇年前、西暦二三〇年から二六〇年頃に実在し、雄略からちょうど八世代前の崇神天皇の在位もその頃で、崇神天皇の『古事記』崩年干支《ほうねんかんし》「戊寅《ぼいん》」を二五八年にあてる自説に合致するとする。崇神天皇の実在をはじめ、「記紀」の皇統譜の信憑性が明らかになるという議論である。

そもそもウヂの始祖というのは伝承上の人物であり、実在することはない気もするが、系図をどう読むべきかはその後の研究で深められた。

鉄剣銘のヲワケ臣の系譜は上祖オホヒコから「其の児、名は……」と「児」で八代がつながる。八代にわたり父子直系継承がなされ、したがってオホヒコは二〇〇年ほど前の人物という計算になるが、本当にそうなのだろうか。

一般に『古事記』などで系譜をのべる場合、「A、Bを娶《めと》りて生みたへる児（子）C、次（弟）D……」という文章形式で、血縁関係が示される。これに対して「児」のみでつながる系譜は性格が違い、血縁（父子）関係を示していないという指摘が、古系譜を分析した義《よし》江《え》明子《あきこ》氏によってなされた。丹後国の一の宮、天橋立にほど近い籠《この》神社に伝わる『海部《あま》系図』をとり上げ、これは平安前期の書写であるが、「児」でつながる系図であり、例外的に兄弟関係が記される部分は後世の書き足しであり、神官である祝《はふり》の地位をとぎれることなく奉仕年限を記した地位継承者の系譜であることを解明した。

とすれば、ヲワケの臣は、オホヒコ以下「児」でつながっていても、八代も不自然に父子直系相続されたのではなく、兄弟や傍系の継承を含むのだろう。「児」とは祖の名・霊威を継承する意味で、擬制的に子になる、というより始祖に直結するのだろう。

したがって、オホヒコは八世代前の人物ということにはならないので、三世紀前半に実在したことにも、もちろん崇神天皇が三世紀に実在したことにもならない。オホヒコは、五世紀後半にはすでに何らかの形で王統譜や建国伝承の中に位置づけられていたことが推定できるだけである。

とはいえ八代にわたり「世々」奉仕したのだから、その間大王も「世々」奉仕されたことになる（「世々」は大王の御世御世という意味の方がよいだろう）。したがってヲワケと同じくらい前から大王もつづいている。つまり大きな王朝の断絶はなかったと考えることができる。その点では三輪王朝から河内王朝への変化もゆるやかなものだったと推測できよう。

話がそれるが、稲荷山鉄剣銘の八代の「児」が、血縁でなく、本来は父子直系を意味しなかったとわかると、「記紀」に伝える天皇系譜、神武以降、一〇代の崇神にいたるいわゆる欠史八代の理解にも示唆を与える。

先述のように欠史八代は、後世加えられ、不自然に父子直系が続く。しかしすべてが新たに作られたのでなく、ある段階では始祖神武から崇神天皇（実質上の始祖だが）にいたる地位継承系譜が名前のみが「児」の形で伝えられていて（そうはいってもそれほど古くはない）、さらに後世「児」は親子関係を意味すると解釈し、神武即位を遡らせたこともあり、今日みえる皇統譜になったのではないかと推測される。

雄略朝の画期

雄略天皇の時代は、どのような点で画期だったか。「記紀」にはきわめて残忍な人物として描かれるが、ワカタケルが実在することも確実で、伝承も少しは史実を伝えていよう。少し紹介しよう。

雄略の父允恭《いんぎょう》天皇の死後皇位継承の争いが起こる。兄の安康《あんこう》（興王にあたる）が即位するが、妻とした中蒂《なかし》姫《ひめ》の子眉輪《まよわ》王（目弱王）によって殺される。雄略はそれをうけて、眉輪王と兄の坂合黒彦皇子《さかあいのくろひこのみこ》を殺して即位する。このとき、「円大使主《つぶらのおおみ》」（「記」は「都《つ》夫《ぶ》良《ら》意《お》富《お》美《み》」）は、逃げこんだ眉輪王・黒彦皇子を自宅にかくまったため、雄略に宅ごと焼き殺される（「記」では目弱王を殺して自殺する）。

この「円大使主」は、履中《りちゅう》紀には「国事を執《と》った」と記され、雄略紀に「円大臣《つぶらのおおおみ》」「葛城《かずらき》円大臣」という後世整えられたらしい表記もあるが、これはまだ葛城臣というウヂ名・姓が未成立である雄略朝にふさわしい表記で、また「大臣」という明確な官職も成立していないらしい。稲荷山鉄剣銘の「乎獲居臣」と共通する感じがある。

雄略は妃には、円大臣の女、韓媛《からひめ》をもらったといい、右の話がどこまで史実を伝えるのか疑問があるが、王家の中での皇位継承の争いにかかわり、最大豪族である葛城氏が没落し、それが雄略朝のことだったらしい。

また現在の岡山～広島の瀬戸内海沿岸の一大勢力だった吉備《きび》氏についても、雄略紀には多くの伝承をのせている。

雄略七年には、トネリの吉備弓削部虚空《きびのゆげべのおおぞら》が郷里に帰ったとき、吉備下道臣前津屋《きびのしもつみちのおみさきつや》（或本には国造吉備臣山）が留めて京へ帰さなかった。使者をやり召還したところ、虚空は「前津屋は、小女を天皇方、大女を自分方に見たてて、相闘わせ、小女が勝つと刀を抜いて殺してしまうというふうに、天皇を呪詛している」と報告した。天皇はこれを聞き、物部の兵士三

○人を派遣し、下道臣前津屋とその一族七○人を誅殺《ちゅうさつ》した。

同年には、吉備《きび》上道臣《かみつみちのおみ》田狭《たさ》の妻、稚媛《わかひめ》が美人であることを聞いた雄略天皇は、田狭を「任那国司」に任じて海外にやり、その間に稚媛を自分の妃とした。任所でこれを聞いた田狭は、新羅・百済によって日本をあざむこうとしたとある。なお稚媛は、吉備上道臣の女《むすめ》（一に吉備窪屋臣の女）、あるいは葛城ソツヒコの子、玉田宿禰《たまたのすくね》の女の毛媛《けひめ》であるとする説など伝承がさまざまである。

この稚媛は雄略天皇との間に、磐城皇子《いわきのみこ》と星川稚宮皇子《ほしかわのわかみやのみこ》の二人の男子を生むが、雄略の死を聞くと（以下清寧《せいねい》即位前紀）、稚媛は星川皇子に向かって「天下の位に登らむには、先づ大蔵の官《つかさ》を取れ」とそそのかし、皇子はこれに従い、大蔵の官を取り、外門《ほかと》を鏁《さ》し閉《かた》めた。これに対して大伴室屋は、東漢掬《やまとのあやのつか》と軍を興して大蔵を囲み、火をつけて稚媛と星川皇子、その兄の磐城皇子を焼き殺した。吉備上道臣は、星川皇子を救おうと四○艘の軍船を用意したが、敗れたと知り引き返したとする。

一連の吉備氏関係の伝承は、『古事記』には見えないので、「帝紀」「旧辞」に由来するのではなく、大伴氏の手柄話になっていることから、大伴氏の家伝、氏族伝承が『日本書紀』にとり入れられたと考えられる。したがって、どこまで史実を忠実に伝えているかは疑問も残るが、雄略朝前後に、吉備氏が大和朝廷の軍事力（大伴氏や物部氏による）によって制圧されて、力を弱めたことは認めてよいのだろう。

古代の吉備国は、五世紀中心に巨大な古墳が築かれた地域で、造山古墳《つくりやま》（岡山市、全長三六〇メートル）、作山《つくりやま》古墳（総社市、二八六メートル）の巨大な前方後円墳は有名で、造山古墳は、河内の三大天皇陵につぐ全国第四位の規模である。ちなみに、巨大古墳というと皇室の陵墓・陵墓参考地とされ宮内庁が管理しているものがほとんどだが、これは吉備の地方豪族の墳墓であることが明らかなので、史跡指定であるだけで自由に登ることができるので史跡散歩にはおすすめである。

ところが五世紀後半になると巨大な前方後円墳はみられなくなる。これは五世紀中頃には大王や大和朝廷に匹敵する勢力を誇った吉備氏が、雄略朝前後にそうした勢いを失っていくとの伝承に対応するのだろう。ほかにも上毛野《かみつけの》（群馬）・丹後（京都）・日向（宮崎）でも五世紀前半には二〇〇メートルを超す前方後円墳が作られていたが、五世紀後半にはみられなくなり、大和政権の王だけが二〇〇メートルを超す大前方後円墳の造営をつづけていく。大王の権威が大きくなったことを示していよう。

造山古墳　岡山市

中央においても地方においても大王に匹敵する大豪族が没落し力を失うのに対応して、雄略朝に、大伴氏や物部氏のように、ある職掌を持って大王に奉仕するウヂが成立するのである。ここに大和政権の性格が大きく変化したのである。なお東漢氏の活躍がみえたように、帰化人の渡来と組織化を、雄略朝のもう一つの特色として挙げるべきであるが、これは次節で述べることにしたい。

4 葛城ソツヒコと帰化人の伝承

「帝紀からみた葛城氏」

雄略天皇の時代は画期であり、一定の史実が伝えられていることを述べたが、それでは「帝紀」「旧辞」は遡っていつまで信頼できるのだろうか。

井上光貞氏に「帝紀からみた葛城氏」という論文がある。氏の論文集『日本古代国家の研究』に収められているが、もとは一九五六年に発表（『古事記大成』）された。五〇年以上前のものだが、今読んでも色あせない、戦後古代史研究の中心になった記紀研究の到達点といえる画期的な論文である。その内容を紹介しよう。

まず、『宋書《そうしよ》』の倭の五王が仁徳《にんとく》以下雄略に対応するとし、架空の造作ではなく続柄や天皇の名（武と雄略の関係）など、ある程度たしかな所伝にもとづくと述べる。次に江田《えた》船山《ふなやま》古墳大刀銘や隅田《すだ》八幡神社の人物画象鏡銘をとり上げて、前者は反正《はんぜい》天皇、後者は允恭天皇にあたり、天皇の名前（ミツハワケ）や宮名（タヂヒのシバガキ宮）などについて、たしかな所伝にもとづいていたとする。

なお現在では人物画象鏡銘については、癸未《きび》年＝四四三年とし、允恭の皇后忍坂《おしさかの》大中姫《おおなかつひめ》が住む宮を「意柴沙加大王宮」と記したとするのは有力な一説だが、釈読になお異説が多く、五〇三年とする説もある。前者の大刀銘は、前章で述べたように雄略（ワカタケル）をさすとして釈読が改められていて、成立しなくなっている。

さらに、「帝紀」にみえる葛城氏を論じて、「帝紀」の信憑性を論証するという本題に入っていく。「帝紀」の后妃と皇子女の記載について、誰の女の誰を娶り、生んだ御子には誰々があったと記していき、原則として后妃の父の氏名は「帝紀」に記されていたとの推測を立てる。

仁徳の后妃について『古事記』には、

この天皇、葛城之曾都毗古《そつひこ》が女《むすめ》、石之日売《いわのひめ》の命（大后）を娶りて生みたまへる御子、大江《おおえ》之伊耶本和気《のいざほわけ》の命、……次に蝮之水歯別《たじひのみずはわけ》の命、次に男浅津間若子《おあさつまわくご》の宿禰の命（四柱）。

と記す。『書紀』には仁徳二年に「磐之媛《いわのひめ》命を立てて皇后とす」と後世風に立后の記事を作り、そこに皇子女を記し、履中紀のはじめに「母をば磐之媛命と曰す。葛城襲津彦《そつひこ》の女なり」と記しているが、『古事記』の方がもとの「帝紀」の記載を伝えているのだろう。さらに次の履中の后妃についても、『古事記』は、

この天皇、葛城の曾都比古が子、葦田《あしだ》の宿禰が女、名は黒比売《くろひめ》の命を娶りて生みたまへる

御子、市辺《いちのへ》の忍歯《おしは》の王、次に御馬《みま》の王、次に妹青海《あおみ》の郎女《いらつめ》、亦の名は飯豊《いいどよ》の郎女（三柱）。とし、雄略の妃も都夫良意富美（ツブラオホミ）の女、「韓比売《からひめ》」（韓媛）とするのである。「帝紀」によれば、倭の五王時代、三人の后妃が葛城氏出身であり、仁徳の子の履中・反正・允恭、履中の子の市辺忍歯の王と飯豊郎女（皇位についた可能性もある）、また雄略の子の清寧がいずれも葛城氏を母にしたのである。五世紀に葛城氏は天皇家外戚として、大きな政治的勢力を持ったことが伝えられる。

ソツヒコの実在性

この葛城氏の繁栄が史実であるかを考えるために、『日本書紀』にみえる葛城ソツヒコの四つの伝説を考える。

まず神功《じんぐう》皇后五年条には、新羅が日本に送っていた人質、微叱許智《みしこち》の物語がある。新羅は使者を遣わして人質の帰国を求め、日本はソツヒコをつけて本国に送らせることになったが、対馬に来ると使者は船に乗せて人質を新羅に逃がした。だまされたソツヒコは、怒って使者を殺し、新羅に攻め入り、多くの俘人《とりこ》を連れ帰ったという話である。

次に同六十二年条には、新羅が朝貢しないので、ソツヒコを遣わして新羅を討たせたとある（分注については後述）。

第三は、応神十四年と十六年条で、弓月君《ゆつきのきみ》（秦氏の祖）が帰化し、引き連れて来た一二〇県の人夫《たみ》は、新羅人に拒まれて加羅《から》国にとどまったため、ソツヒコを加羅に派遣して人夫を召そうとした。しかしソツヒコは三年経っても帰ってこなかったので、平群木菟宿禰《へぐりのつくのすくね》らを派遣して新羅に兵を進め、ソツヒコも人夫もともに日本に帰国した話がある。

第四は仁徳四十一年条で、紀角宿禰《きのつののすくね》が百済に派遣され、国境などを決めたが、百済王族の酒君《さけのきみ》が無礼を働いたので、鉄鎖でゆわえ、ソツヒコをして献上させた話である。

葛城ソツヒコは、伝説上の英雄で、朝鮮半島に進出し、多くの捕虜を連れ帰った勇将であると描かれている。

ところで、第二の神功六十二年条では一行の本文のあとに、分注として「百済記」が引用されている。

壬午年《じんご》に、新羅、貴国に奉《つかえまつ》らず。貴国、沙至比跪《さちひこ》を遣はして討たしむ。新羅人、美女二人を荘飾《かざ》りて津《とまり》に迎へ誘《おこつ》る。沙至比跪、その美女を受けて、反《かえ》りて加羅国を伐つ。加羅の国王己本旱岐《こほかんき》（中略）、その人民を将《い》て、百済に来奔《に》ぐ。

新羅がそむいたので沙至比跪を派遣したが、彼は美女に惑わされ、かえって加羅を討った。そこで加羅の国王、一族は人民をひきいて百済に逃げこんだ。さらに国王の一族が大倭《やまと》に訴えたので、「天皇、大きに怒り、即ち木羅斤資《もくらこんし》（百済の将）を遣はして、兵衆を領《ひき》ゐて加羅に来集し、その社稷《くに》を復《かえ》せしむ」と記している。

この「百済記」にみえる「沙至比跪」は、『書紀』の編者が擬定《ぎてい》するようにソツヒコと同一人物と考えてよいだろう。

「百済記」は、『日本書紀』に引用される百済関係の記録の一つで、神功皇后・応神・雄略紀に引用され、もっとも古い時代の記録である（他に「百済新撰」「百済本記」がある）。坂本太郎氏によれば、百済人の書いた歴史という単純なものでなく、百済で書かれた記録を核心にしながら、百済滅亡（六六〇年）後日本に亡命した百済人が、百済が日本に協力した事績を述べようと史局に提出したものと推測されている。それは日本のことを「貴国」と称することからわかり、また「天皇」を用いることから、天皇号が定まる推古朝以降作られたこともわかる。しかし手は加わっても、もとの史書の性質は残っており、『書紀』の編者は「百済記」など百済の記録に大きな信頼を寄せていた。

したがって、「帝紀」「旧辞」とはまったく別の系統の、百済に伝えられた記録に「沙至比跪」の活動が伝えられているので、『書紀』に記すソツヒコが実在の人物である可能性が高い。

その年代は「壬午年《じんご》」とある。『日本書紀』は、これを神功皇后六十二年壬午、二六二年にあてているのだが、これは先述のように神功を卑弥呼にあてるために干支二運繰り上げたためで、三八二年の壬午のことだろう。さらに第三の応神紀の伝説も、ソツヒコが新羅の侵略に苦しむ加羅にさしむけられたこと、独力では復命できず別の将軍が再発遣されて目的を達したことなど、「百済記」の「沙至比跪」と大枠で一致していて、同じ話がもとになったと考えられる。応神かその前くらいの時期にソツヒコが派遣されたのだろう。

『古事記』には紀年がないが、応神朝に、百済国王照古王《しようこ》（近肖古王、在位三四六〜三七五）が阿知吉師《あちきし》に付して良馬を献上したことを記し（応神紀十五年に対応記事がある）、そのあとに秦造《はたのみやつこ》の祖の渡来を記している。

ソツヒコは伝説上の人物であるが、それは実在の人物が伝説化されたものである。四世紀末に日本の朝鮮半島の侵略において活躍し、派遣されたのは三八二年のこととするが、好太王碑文にみえる三九一〜四〇四年の日本の朝鮮半島への積極的な関与とほぼ重なるだろう。「百済記」には日本本国への裏切者として描かれるが、それは百済側での修飾であり、多くの捕虜を日本へ連れ帰った勇将であったと考えられる。それは応神の頃とすれば、ソツヒコの女、磐之媛が応神の男仁徳のキサキになったのと世代が合う。ここから仁徳をめぐる「帝紀」の記載は一定の史実にもとづいていることが証明され、ソツヒコと同世代の応神天皇以降の「帝紀」すなわち皇統譜は一定の史実にもとづいているというのが、井上光貞氏がこの論文で明らかにし、その後の著書でも確信を持って述べたことである。

応神朝の帰化人渡来

応神朝には、帰化人渡来の起源説話が多い。秦氏の祖である弓月君の話には触れたが、古くより文筆をつかさどった文《ふみの》（書）首《おびと》、西文氏の祖である王仁《わに》の話もある。

『日本書紀』応神十五年八月条には、百済王が阿直伎《あちき》なる者を遣わして良馬二匹を貢上した。彼はよく経典を読んだので、太子菟道稚郎子《うじのわきいらつこ》が師事したが、天皇が阿直伎に、汝に勝る博士がいるかと尋ねると、王仁という者がいると答えたので召し、翌年王仁は来て、太子はこれに学んだという記事があり、王仁は、「書首《ふみのおびと》等の始祖なり」とある。

『古事記』にも応神段に、百済の照古王（近肖古王）が阿知吉師に付して良馬一つがいを貢上し、もし賢人があれば貢上せよと命じたところ、命をうけて貢上したのが和邇吉師《わにきし》で、論語一〇巻、千字文一巻を付して貢進し、「文首等が祖」とあり、ほぼ同じ話が伝わっている（キシは古代朝鮮語で首長の意）。

東《やまとの》（倭）漢直《あやのあたい》氏の祖は阿知使主《あちのおみ》である。『日本書紀』応神二十年九月条に「倭漢直の祖阿知使主、その子都加使主《つかのおみ》、並びに己が党類十七県を率《い》て、来帰《もうけ》り」とあり、『古事記』にはやはり応神朝に「漢直が祖」の渡来が記され、応神の死後履中の危急を救った功で、阿知使主を初めて「蔵の官」に任じ粮地《ろうち》を給ったと記す。

後述のように、雄略朝に、帰化人渡来の大きな画期があり、雄略紀と応神紀とで対応する記事もあり、雄略朝の起源を応神の頃に求めている場合もあり、個々の記事の細部にどこまで信用性があるかは疑問もあるが、応神天皇の代に、帰化人渡来の第一の画期を「記紀」の編者が想定していたことは疑いない。

葛城ソツヒコについて検討したように、四世紀末の時期には、南下する高句麗に対して倭が戦ったように朝鮮半島に積極的に関与し、その過程で、多くの捕虜を連れ帰り、また多くの人々が半島から日本に到ったことは、可能性が高いだろう。

ソツヒコの第一の伝説（神功五年）では、だまされたソツヒコは新羅に攻め入り、草羅城《さわらのさし》（慶尚南道梁山）を攻略し、このときの俘人《とりこ》が「今の桑原《くわばら》・佐糜《さび》・高宮《たかみや》・忍海《おしぬみ》、凡《すべ》て四邑《よつのむら》の漢人《あやひと》等が始祖なり」といっている。この話は『三国史記』列伝第五、朴堤上《ぼくていじょう》伝に類似の話があり、使者が朴堤上で、微叱許智《みしこち》とは、前王の子未斯欣《みしきん》であり、日本に人質になっていたのを脱出させる。時の新羅王は訥祇《とつぎ》王（四一七年即位）であり、この話は五世紀前半と考えられ（『三国史記』新羅本紀では訥祇王二年とする）、応神よりも後のこと、倭五王初代の讃王のころにあたるだろう。

したがってソツヒコに結びつけている伝承は、時代がずれ、祖先の将軍に付会したのだろうが、ソツヒコが捕虜として連れてきたこと、高宮・忍海・佐味（佐糜）はいずれも現在の御所市の近くで、葛城氏の勢力の中心部であることから、井上光貞氏は、これら四邑の漢人は葛城氏の領民となったと述べている（『飛鳥の朝廷』）。

東漢氏（阿知使主）がどこから来たかは書いていない。のちには後漢室の後裔だとか、楽《らく》浪《ろう》・帯方《たいほう》にいたなどの伝承もあり、東（倭）「漢」のウヂ名からも、中国系だという意識があった。しかし漢をアヤと読むことから、アヤ＝安羅《あら》出身で（ヤとラは古代朝鮮語では通用する）、それが氏族名になったとする説が有力である。

安羅は、加耶諸国の強国の一つで、洛東江流域には金海（官）加耶（別名任那）とともに安羅は代表的な国として挙げられる。高句麗好太王碑文には「安羅人戍兵」がみえ、倭軍の別働隊の役割をはたしているようで、四世紀後半には倭と安羅の間には深い関係があった。

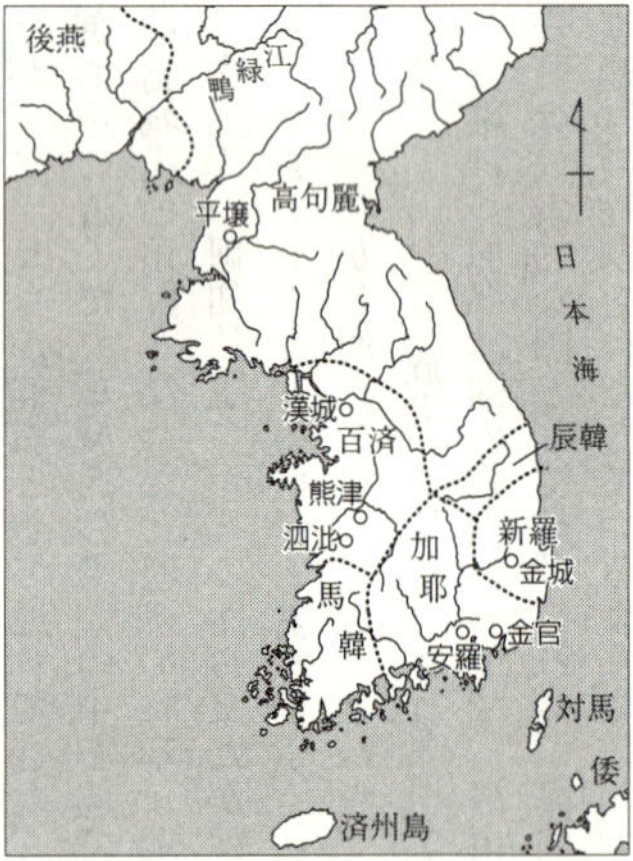

4世紀末の朝鮮半島

しかし東漢氏は、関晃《せきあきら》・加藤謙吉氏などの多くの研究が触れるように、特異な複雑な組織を持っていた。『新撰姓氏録《しんせんしょうじろく》』（桓武天皇が編纂を開始し、弘仁六年〈八一五〉に奏進された氏族志）の逸文によると、東漢氏一族のほかに、本国から渡来した「七姓漢人」がある。これは応神朝に渡来したときについてきたとされ、段・李・皀郭・朱・多・皀・高の姓を持つが、のちにたとえば高姓は檜前村主《ひのくまのすぐり》などのように姓を賜わり、大和国檜前郡に安置された。これらの姓から彼らは中国（南朝）系渡来人であったか、そう信じられていたと考えられる。

さらに三〇もの「漢人村主」がある。これは、阿知使主が入朝する時、本国に離散して高麗（高句麗）・新羅・百済等に分散していた人々を、天皇の命で呼びよせ、「大鷦鷯《おおさざき》天皇諡は仁徳の御世、落を挙げて随ひ来れり」もので、さらに大和国に今来《いまき》郡（のちの高市《たけち》郡）を立てて、そこに集まり住んだとある。

東漢氏はウチといいながら、実際には血縁の関係がない多種多系統の帰化人の小集団を内部に含んでいたのである。ソツヒコが連れ帰り、葛城氏の領民になったと考えられる「四邑の漢人」もこの漢人村主の中にみえる。ある段階で葛城氏から東漢氏の支配下にうつり、漢氏のもとに漢人が指揮される制度となったらしい。

渡来人集団を統率する東漢氏

雄略朝には、帰化人をめぐる伝承が多い。『日本書紀』雄略七年是歳条には、吉備上道臣田狭《たさ》の子、弟君《おときみ》を新羅に遣わす時、天皇はいっしょに西漢才伎《かわちのあやのてひと》歓因知利《かんいんちり》を百済に向かわせて、百済から技術者（今来才伎《いまきのてひと》）を献上させた。彼らは河内の広津邑に置かれたが、病死者が多かったので、天皇は大伴室屋に命じて、東漢直掬に「新漢《いまきのあや》の陶部高貴《すえつくりこうき》・鞍部堅貴《くらつくりけんき》・画部因斯羅我《えかきいんしらが》・錦部定安那錦《にしごりじょうあんなこん》・訳語卯安那《おさしょうあんな》等」を飛鳥の上桃原・下桃原・真神原に遷させたという。

　この東漢直掬は、先の「都加使主《つかのおみ》」と同一人物で、百済から渡来した技術者集団「新漢」（今来漢人）として東漢氏に管理させたのである。それが飛鳥地方、先述の「今来郡」であろう。郡は大宝令以降、評《こおり》にしても大化改新以降の組織だが、渡来人集団を集住させて把握する組織のコホリ（郡）がそれ以前にあったと考えられる。今来郡の場所は、高市郡南部、現在の明日香村の檜前地方かといわれる。

　雄略十六年十月条には、

詔して、漢部《あやべ》を聚《つど》へて、その伴造の者を定め、姓を賜ひて直と曰ふ（一に云ふ、賜ふと

は、漢使主等に姓を賜ひて直と曰ふ）

ここに、都加使主など東漢氏を伴造《とものみやつこ》（トモを率いる人）に任じて「直《あたい》」という姓を授け、漢部を集めた。部《べ》とはトモとして伴造のもとで職掌を持って働く人の意で、漢人をさす。つまり朝鮮半島諸国から渡来した技術者（才伎）を東漢氏に統率させたのである。『新撰姓氏録』逸文にみえる「漢人村主」を今来郡に住まわせたとあるのも、雄略朝のことと考えられる。

先の雄略七年条によれば、東漢氏のもとの漢人（今来漢人）として、高級須恵器《すえき》を作る陶部、高級な絹織物を作る錦部、馬具を作る鞍部など新しい技術者集団が組織されたのである（また雄略十五年には、秦《はた》の民を集めて、伴造である秦酒公《はたのさけのきみ》に賜い、庸調《ようちょう》の絹縑《きぬかとり》を献上させたという伝承が載せられている）。

外交関係でも東漢氏の活躍が大きい。雄略八年および十二年の二回、身狭村主青《むさのすぐりあお》・檜隈民使博徳《ひのくまのたみのつかいはかとこ》の二人が呉国に派遣されたという。この二人は雄略が愛寵した「史部《ふみひと》」とされているが、史部はここでは朝廷で書記にあたり、秘書のような者だろう。この二人も、のちの東漢氏配下の「漢人村主」や「七姓漢人」に入り、広義の東漢氏である。十四年正月に帰国し、

身狭村主青等、呉国《くれのくに》の使と共に、呉の献れる手末《たなすえ》の才伎、漢織《あやはとり》・呉織《くれはとり》及び衣縫《きぬぬい》の兄媛《えひめ》・弟《おと》

媛《ひめ》等を将て、住吉津《すみのえのつ》に泊る。

とあり、三月にはこれらの呉人を檜隈野《ひのくまの》に安置し、そこを呉原《くれはら》と名付けた。漢衣縫部・飛鳥衣縫部・伊勢衣縫の祖だと伝える。

呉とは、中国の南朝をさすので、武王上表文にみえていた宋との国交に関係するのだろう。中国から連れ帰った技術者、織物や裁縫に秀でた工女たちも、東漢氏の支配下に入り、飛鳥の南方の檜前《ひのくま》におかれたのである。

雄略朝を境に、それ以前とは質的・量的に異なる新来の技術者集団や学術思想者を「イマキ」と総称し、イマキノアヤヒト（今来漢人）・イマキノテヒト（今来才伎）として伴造の東漢氏のもとに組織し、朝廷工房において生産に従事させたのだろう。これは一種の官僚組織であるが、伴造に率いられる部民制のあり方は、百済において職務を分掌する内・外官の各部局をさす部司制が輸入されたもので、百済才伎の渡来と組織によって始まったと平野邦雄氏が述べている。その後六世紀を通じて新たに渡来する人々も、「新漢人」（イマキノアヤヒト）として、伴造の東漢氏が統率する体制となるのである。

雄略天皇の宮は、泊瀬朝倉宮《はつせのあさくら》（桜井市）と伝えられ、清寧天皇は磐余甕栗宮《いわれのみかくり》（同）と、三輪山周辺であるが、顕宗《けんぞう》天皇は近飛鳥八釣宮《ちかつあすかのやつり》と伝えられ、飛鳥の地に宮を置いた。その後六世紀には継体が入り山背に宮が置かれたりしたが、宣化（檜隈廬入野宮《ひのくまのいおりの》）・欽明（磯城嶋金刺宮《しきしまのかなさし》）など六世紀中葉以降、七世紀中葉の大化改新で都を難波に移すまでのほぼ一世紀にわたり、飛鳥の周辺（明日香村・桜井市・橿原市）に宮都は置かれる。

　飛鳥の特色として、飛鳥寺などの仏教寺院の存在が挙げられるが、宮都が置かれつづけた理由は、檜前の地を中心に分布する、東漢氏に率いられる帰化人集団（広義の東漢氏）の存在であると考えられる。彼らが、大和朝廷の官僚組織の中枢を形作っていたのである。

渡来人技術者を重用した雄略天皇

　雄略天皇には、大陸・半島からの高級技術者の組織者の面があり、そこに画期がある。雄略が死に臨んで、大伴大連室屋とともに、東漢直掬に後事を託したというのは、はなはだ象徴的だと井上光貞氏が述べている。

　背景には、当時の国際情勢、特に百済をめぐる激動がある。四七五年に百済は高句麗軍に攻められ、都の漢城（ソウル近郊）を失い、蓋鹵《がいろ》王は戦死し、その子文周王は都を南の錦江中流の熊津《くまなり》（今の公州）に遷した。

『日本書紀』雄略二十年条は、高麗王が百済を滅したとの本文のあとに「百済記」を引き、乙卯《いつぼう》年（四七五）に百済は狛《こま》の大軍の七日七夜の攻撃を受け、王都尉礼《いれ》を失い、国王・大后・王子らが敵に殺されたと注記し、翌二十一年（『書紀』紀年で四七七）条に、雄略天皇が久麻那利《くまなり》（熊津）を汶洲《もんす》王（文周王）に賜い、国を再興させたと記録する。もちろん雄略天皇が熊津を割き与えたというのは『書紀』の見方で史実ではないが、百済は一旦滅び、遷都は、『三国史記』のいう漢城落城と同年ではなく、二年後の四七七年だった可能性もある。

さらに二十三年（四七九）条には、「百済の文斤《もんこん》王が死し、雄略天皇は日本にいる昆支《こんき》王の五人の子のうちの末多《また》王が若くて聡明なので、慇懃《ねんごろ》に教え諭して王となし、筑紫国の軍士五百人に護衛させて百済に送った、これが東城《とうせい》王である」とする。文斤王とは文周王の子の三斤《さんきん》王らしく（『書紀』には即位記事がない）、雄略紀によれば、日本にいた百済の王族が送られて即位したことになる。百済の再興に大和朝廷が深く関与したことになり、いかにも日本中心の史観で『書紀』の創作の感じもするが、はたして信じられるだろうか。

末多（東城）王は、『書紀』武烈《ぶれつ》四年（五〇二）条に、王は無道で暴虐だったので国人はこれを除き、嶋王を立て武寧《ぶねい》王としたとみえる。そこに「百済新撰」が引用され、武寧王は、諱《いみな》は斯麻《しま》王、琨支《こんき》王子《せしむ》の子であり、琨支が倭に向かうとき、筑紫嶋に到って生まれ、本国に還し送った。嶋に生まれたので斯麻と名づけたと記している。

これについては、雄略天皇五年条に、百済の加須利《かすり》君（蓋鹵王）が弟の昆支（軍君）を日本に遣わすことにし、自分の婦を昆支に嫁したこ

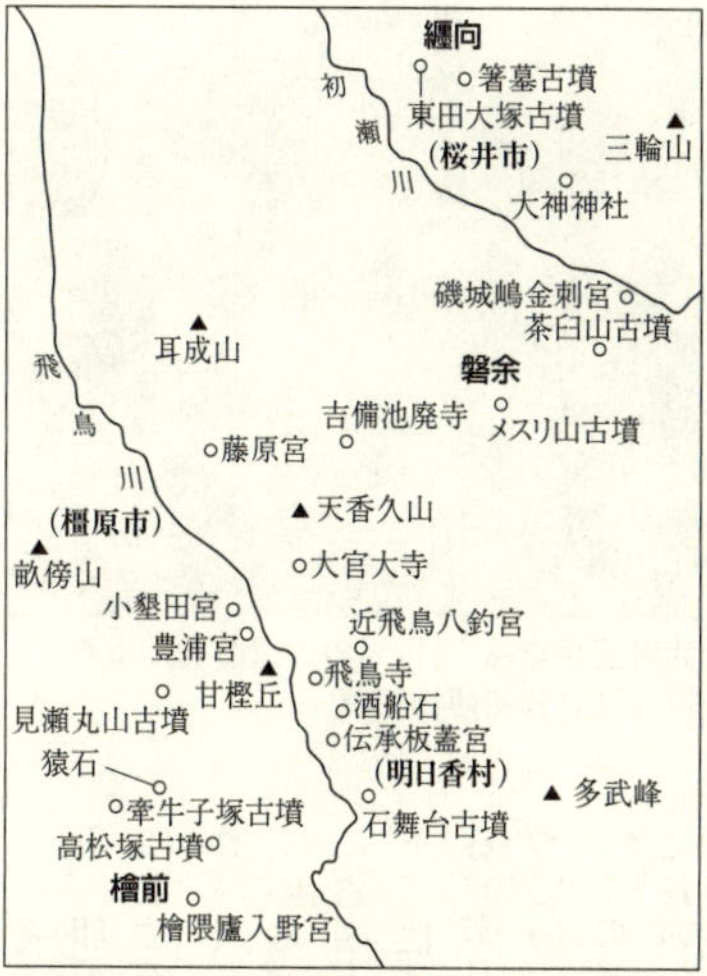

宮が置かれた飛鳥周辺図（宮は伝承地を含む）

武寧王墓誌銘　『世界の大遺跡10』より
韓国国立公州博物館蔵

と、その婦は妊娠していて筑紫の各羅嶋《かからのしま》で児を生み、加須利君にいわれたように、嶋君と名づけて船に乗せて本国に送ったこと、やがて昆支は入京したが、そのときにすでに五人の子があったことを記している。そこにも「百済新撰」が引かれ、「辛丑《しんちゅう》年に蓋鹵王が弟昆支君を遣わして、大倭にもうで『天王』に侍らせ、兄王との好みを修めさせた」とある。辛丑は四六一年で雄略五年の『書紀』紀年に合っている。

この武寧王の陵墓は、韓国忠清南道公州の宋山里において、一九七一年に発掘された。古代朝鮮史だけでなく東アジア史での大発見である。金製の冠飾・耳飾・頸飾などが発見されたが、注目されるのは墓誌である。

寧東大将軍百済斯麻王、年六十二歳
癸卯年五月丙戌朔七日壬辰崩（下略）

ここにみえる「斯麻」という諱は「百済新撰」と一致する（『三国史記』は斯摩とする）。

癸卯《きぼう》年（五二三）に六二歳で崩じたので、四六二年生まれとなる。『書紀』によれば四六一年に昆支を日本に遣わし、その年に婦が嶋君を生んだとするが、翌年のこととすれば合致する。武寧王陵の発掘は、「百済新撰」やそれを基礎にする『書紀』の百済関係記事が一定の事実を含むことを示したのである。

雄略天皇の時代に、百済の蓋鹵王は、弟の昆支を倭にいわば人質として送り、両国の関係を強化していたこと、昆支には五人の子どもがいたが、四七九年に文斤王が死亡したあと、倭にいたその子どもの一人が本国に送られて東城王として即位したことなどは事実なのだろう。倭と百済はきわめて密接に交流しており、百済の一時的滅亡もあり、王族とともに多くの技術者集団が渡来し、それにより朝廷の官僚組織が作られていくのだろう。

5　王権の祭祀

アマテラス・天皇家・伊勢神宮

大和王権の祭祀の起源を伝える伝承に触れておこう。「記紀」の神話部分にも伝承があるが、多くは一定の信憑性のある雄略、あるいは応神よりも古い部分、崇神・垂仁・景行天皇の時代のこととされていて、信頼性もほとんどなく、またいつのことなのか、確定的なことを論ずるのは困難である。

ここでは、天皇家の祖先神である伊勢神宮と、大和盆地にそびえる三輪山の神、現在の大《おお》神神社《みわ》をとり上げよう。

伊勢神宮については、七世紀後半の壬申《じんしん》の乱のときに、天武が遥拝《ようはい》し勝利に貢献し、天武以降、律令国家において格段の地位の向上がみられる。そこから伊勢神宮が天皇家の皇祖神として成立するのは天武朝になってからで、ごく新しいとする説まで存在する。実のところ、天皇制と密接に関係する伊勢神宮の祭祀については、いつ成立したのか、謎だらけである。

もちろん『日本書紀』にはその起源は説明されている。まず崇神天皇六年に、それまで天皇の大殿《みあらか》の内に天照《あまてらすおおみかみ》大神と倭《やまとのおおくにたま》大国魂の二つの神を並び祭っていたのだが、神の勢いを畏れ共に住まわせるのは良くないとし、天照大神は豊鍬入姫《とよすきいりひめ》（崇神皇女）につけて、倭の笠縫邑《かさぬいむら》に祭らせ、磯堅城《しかたき》の神籬《ひもろき》を立てたという。

なお倭大国魂神は、渟名城入姫《ぬなきのいりひめ》につけて祭らせたが、やせて髪落ちて祭ることができなかった。これはのちに市磯長尾市《いちしのながおち》によって祭られて、後述の大田田根子《おおたたねこ》による三輪山祭祀とともに成功する。大和《おおやまと》神社の祭祀の起源譚であり、倭国造倭《やまとのあたい》直氏が祭る大和国の農業神である。現在は天理市に鎮座するが、古くは城上《しきのかみ》郡の纏向遺跡に接する地に祭られていたとされる。

さらに垂仁天皇二十五年三月条に、アマテラスを豊鍬入姫より離し、皇女倭姫《やまとひめ》につけた。倭姫は、大神を祭るのに適当な所を求めて、菟田《うだ》から近江・美濃を経て伊勢に到った。そこでアマテラスは倭姫に、「この神風の伊勢国は、常世の浪の重浪帰《しきなみよ》する国なり。傍国《かたくに》の可怜《うま》し国なり。この国に居らむと欲《おも》ふ」といったので、祠《ほこら》を伊勢国に立て、斎宮《さいぐう》を五十鈴川のほとりに建て、大神を祭ったとする。

かつては、天皇の宮の中で祭っていたアマテラスを、伊勢に移して祭ったという。それを崇神天皇から垂仁天皇の時期に置くことは、『古事記』『日本書紀』とも崇神天皇の時代に神祇祭祀が整備されたという大まかな構想のもとで話が作られていることもあり、その時期に――そもそもいままで述べてきたように応神以前の「旧辞」に信憑性はないのだが――特定することは、ほとんど学問的な意味がない。

もう一点、天皇の祖先神を、アマテラス――伊勢神宮であるとするのを当然の前提とすることは、神話の分析で触れたように、必ずしも自明ではない。

アマテラスよりもタカミムスヒが本来の祖先神、高天の原における司令神であり、しかもタカミムスヒがアマテラスと同じ太陽神であったとする溝口睦子氏などの説をふまえれば、祭祀の対象が宮中において祭っているタカミムスヒから、伊勢にて祭るアマテラスにある時期に替わったと考えることができる。

あるいは『書紀』の論理を重んずれば、アマテラスの祭祀を敬遠して宮中から伊勢に遷し、タカミムスヒは依然宮中に残ったのかもしれない。

タカミムスヒは、八世紀においても、『日本書紀』本文がそうであるように、相変わらず皇室の祖先神であった。『延喜式』においては、宮中の神祇《じんぎ》官西院《かんさいいん》の「八神殿」で、専属の大御《おおみ》巫《かんなぎ》（宮廷巫女）によって祭られる宮中八神の一つである。六月と十二月に行なわれる月次祭《つきなみ》において、祝詞《のりと》の初めに宮中八神の名を挙げ、「天皇の御世を、永遠に豊かに繁栄する御世であるように守り祝福して下さるので、我が皇祖神であられる神々に、皇御孫《すめみま》である天皇の幣帛を捧げる」と宣する。

宮中八神のうちカミムスヒにつぐ二番目にタカミムスヒは挙げられるが、『古語拾遺』では、アマテラス・タカミムスヒの二神の詔によって、神籬を建てて祭ったとする神々は、

タカミムスヒ（高皇産霊）・カムムスヒ（神産霊）・タマツメムスヒ（魂留産霊）・イクムスヒ（生産霊）・タルムスヒ（足産霊）・オホミヤノメノカミ（大宮売神）・コトシロヌシノカミ（事代主神）・ミケツカミ（御膳神）。已上、今御巫の斎ひ奉れるなり。

と記され、そのトップにタカミムスヒが位置づけられ、五神のムスヒの神が祭祀の中心にあったことがわかる。タカミムスヒは、他のムスヒの神とともに、天皇の宮の中において平安時代にいたるまでずっと祭られていたのだろう。

アマテラスは大和地方で祭られていた？

伊勢神宮には、未婚の皇女が天皇の代替わりごとに派遣されて祭祀に奉仕する斎宮の制があることが有名である。最初に述べたヒメ・ヒコ制の伝統といえる。『書紀』の伝承では、垂仁朝に倭姫が斎宮を創ったのち、景行二十年に五百野《いおの》皇女を遣わして天照大神を祭らせた

との記事があるのち、しばらく斎宮の記事はない。

次にみえるのは、雄略朝以降のことになる。『書紀』雄略元年三月条には、雄略の皇女稚《わか》足姫《たらしひめ》（またの名栲幡《たくはた》姫）に「伊勢大神の祠に侍す」とあり、同継体元年三月には、皇女荳角《ささげ》に「伊勢大神の祠に侍す」（『古事記』では皇女佐々宜《ささげ》王が「伊勢神宮を拝く」）とあり、この頃に伊勢大神に仕える斎宮の制が実質上成立したと考えられている（直木孝次郎説）。

さらに欽明《きんめい》天皇代には磐隈《いわくま》皇女、敏達《びだつ》天皇代には菟道《うじ》皇女が伊勢神宮に侍したことが記され、用明《ようめい》天皇代の酢香手《すかて》皇女については、「この天皇の時より炊屋姫《かしきやひめ》（推古）天皇の世に逮《およ》ぶまで、日神の祀に奉《つかえまつ》る」（用明即位前紀）とあり、用明・崇峻《すしゅん》・推古の三代に奉仕した。

七世紀に入ると天武天皇まで斎宮の記事はみえなくなるのだが、六世紀後半にはほぼ連続して斎宮が置かれていたことがわかる。

雄略朝に置かれた栲幡姫皇女は、しかし雄略三年四月条には、阿閉臣国見《あへのおみくにみ》に「栲幡皇女は廬城部連武彦《いおきべのむらじたけひこ》に姧《けが》されて妊娠している」と告発され、雄略が遣使して審問すると、皇女は疑惑を否定しながら、神鏡を持ち出して五十鈴川のほとりで自殺したという奇怪な話を伝えている。

この伝承がどの程度事実を伝えているかわからないが、あるいはこの頃に伊勢での斎宮の制が始められ、しかしうまくいかなかったことを示すのかもしれない。六世紀に入って継体朝くらいから斎宮は機能していくのかもしれない。とすれば、五世紀末にはアマテラスも夕

三輪山のふもとにある檜原神社　社殿はなく、鳥居の奥に神籬と磐座を祭る。豊鍬入姫が天照を祭ったところと伝承される

カミムスヒもともに大和地方で祭られていた可能性がある。

三輪山の神とオオクニヌシ

箸墓《はしはか》や纒向《まきむく》遺跡の眼前に円錐形に美しくそびえる、ヤマトの語源ともなっている大和の三輪山については、その祭祀が日本の神話の中に明確に位置づけられている。

『古事記』には、国作りを進めるオオクニヌシの神が困って「自分一人でどのようにしてこの国を作れるだろうか。どの神が自分と協力してこの国作りができようか」と悩んでいると、海を照らして近づいてくる神があった。その神は、「私の御魂をよく祭るならば、自分がいっしょに国作りを完成させよう。そうしなければ成功しないだろう」と告げた。オオクニヌシは「それならば祭祀の形をどうしたらよいでしょうか」と問う。その神は、「私をば倭《やまと》の青垣の東の山の上に斎《いつ》き祭りなさい」と答えた。

この神こそが御諸山《みもろやま》（三輪山）の上に鎮座する神である。オオクニヌシは三輪山の祭祀を約束させられるのである。

『日本書紀』では、本文にはみえないが、八岐大蛇《やまたのおろち》退治の章に引く第六の一書に、オオナムチが「自分とともに天下を治める者があるか」と語ったとき、あやしい光が海を照らし浮かびくる者があった。「私がいなければあなたはどうしてこの国を平《む》けることができよう」というのでオホナムチは誰かと問うと、その神は「あなたの幸魂《さきみたま》・奇魂《くしみたま》である」と答え、「私は日本国の三諸山に住もうと思う」と述べたので、宮をそこに作り、それが大三輪の神であるという伝承を載せている。

オホナムチはオホクニヌシと同一神とみなされるが、三輪山の神はオホナムチの魂の働きとしての幸魂・奇魂だとしているのが違いであり、おそらく別の神とする『古事記』の伝承の方が本来のものだろうが、オホクニヌシの国作りに協力した神なのである。「紀」の一書にはオホナムチの別名としてオホモノヌシをあげるが、『書紀』ではこのあとの三輪山伝承ではオホモノヌシの神名が用いられていく。

『書紀』崇神八年十二月条に、天皇が大田田根子（オホモノヌシの児）に大三輪神を祭らせるとし、天皇に神酒《みわ》を挙《ささ》げたときの歌として次の歌を載せている（紀一五番）。

此の神酒《みき》は　我が神酒ならず　やまと成す　大物主の　醸《か》みし神酒《みき》　いくひさいくひさ

（この神酒は、私の神酒ではない。大和の国を造りなしたオホモノヌシが作った神酒である。いく久しく栄えよ、栄えよ）

これには二首の唱和の歌が諸大夫《まえつきみ》と天皇によって歌われている（「味酒《うまさけ》　三輪の殿の　朝《あさ》

門《と》にも　出でて行かな　三輪の殿門《とのと》を」「味酒　三輪の殿の　朝門にも　押し開かね　三輪の殿門を」）。これらは大田田根子や崇神天皇が実際に詠んだ歌ではなく、宴会において神に酒を捧げ、酒をほめる歌であり、宮廷に伝えられてきたのだろう。そこではオホモノヌシは、「やまと」、ここでは日本ではなく大和の国作りをした神と認識されているのである。

三輪山祭祀の起源伝承とタタリ

和田萃氏に「三輪山祭祀の再検討」という論文がある。三輪山・大神神社の祭祀は、三輪君氏（神君・大三輪朝臣・大神朝臣とも表記）が司っているが、『三輪高宮家系図』という三輪氏の系図を分析し、そこにみえる逆《さかう》・小鷦鷯《おさざき》・文屋《ふみや》・色夫《しこふ》などが、小治田宮・岡本宮・斑鳩宮（山背大兄王の宮）・志賀宮と推古～天智朝に朝廷に奉仕・供奉《ぐぶ》したと記すことを指摘し、逆の前代の特牛《こというし》のところに、「金刺宮御宇元年四月」つまり欽明元年に大神を祭らせ、それが四月祭（大神祭）の起源であると注記されている。他に、中臣氏は欽明・敏達朝にいたって、中央政界において宮廷祭祀の分掌者として重要な位置を持つようになったことなどと関係させ、三輪君による三輪山祭祀は、六世紀中葉の欽明朝になって開始されたのではないかと推測している。

　それではそれ以前はどうなっていたかといえば、大王自身による祭祀が行なわれていたと推定する。

『書紀』崇神四十八年正月条に夢占いの話がある。崇神天皇は、皇子の豊城命《とよきのみこと》と活目尊《いくめのみこと》に、どちらを嗣《ひつぎ》とするか見た夢で占おうと命じた。二人の皇子は沐浴して寝て夢を得た。兄の豊城命の見た夢は、「自ら御諸山に登りて東に向きて、八《や》廻弄槍《たびほこゆけ》（槍を突き出す）し、八廻撃刀《たちかき》（刀を空に振る）す」であり、弟の活目尊の夢は、「自ら御諸山の嶺《たけ》に登りて、縄を四方に絚《は》へて、粟を食む雀を逐《や》る」であった。天皇は夢占いして、兄は東に向いたので東国を統治するようにと命じ、豊城命は上毛野君《かみつけののきみ》・下毛野君《しもつけののきみ》の始祖となった。弟はことごとく四方に臨んだ夢だったので皇位を継ぐようにと命じ、皇太子となり、のちの垂仁天皇となる。

活目尊の三輪山山頂で四方に臨んだとの夢は、おそらく四、五世紀に大和朝廷の大王が三輪山で国見儀礼を行なっていたことを伝える伝承と考えられ、素朴な太陽神信仰があったのではと和田氏は推測している。

また崇神十年条には、先に箸墓のところで触れた、倭迹迹日《やまとととび》百襲《ももそ》命《ひめ》に三輪山の神が妻問いする伝承が載っている。神は夜に妻問いしたので顔がみられない。姫が姿をみたいと言うと、神は明朝姫の櫛笥《くしげ》（くし入れ箱）に入っていよう、私の姿に驚かないようにといった。姫は夜明けを待って櫛笥をみると、美しい小《こ》蛇《おろち》が入っていて、長さ大きさは衣紐《したひも》のようだった。姫は思わず驚きの叫びをあげると、神は恥じてすぐに人の形となり、御諸山に登っていったという話である。

『古事記』崇神天皇段にも同様の説話があるが、ここでは神の妻はイクタマヨリヒメである。姫が身ごもったのを怪しんだ両親は、麻糸を巻いたのを針に通して妻問いする神の衣に刺させる。翌朝神が帰ったあと、糸をたどっていくと、美和山に到り、神の社にとどまっていた。そこで姫が身ごもった子は三輪山の子であったことがわかり、麻糸が三勾《みわ》残っていたので、その地を美和と呼ぶとする。

これらは伝説の側面が強いが、神を祭る巫女《みこ》と神との神婚譚が基本である。イクタマヨリは「活魂依」であり、神の魂のよりつく巫女の意味である。倭迹迹日百襲命は孝霊《こうれい》の娘とされるが、大和王権の大王の女が三輪山祭祀に奉仕したことを伝えているのだろう。

しかし彼女たちは、神が依りつく巫女であり、神そのものを祭る司祭・祭女でないことにも注意しなければいけない。

『書紀』崇神天皇七年二月条には倭迹迹日百襲命が神憑《かみがか》りした話がある。天皇は自分の治世にしばしば災害が起きるので、自分の政治に欠陥があり、神々から咎めを受けたのではないかと、神亀で占って災をなす原因を究明しようとした。すると姫に神が憑き、「よく私を敬い祭れば必ず平らぐだろう」と託宣した。天皇がこう言うのはいずれの神かと問うと、「我はこれ倭 国《やまとのくに》の域《さかい》の内に所居る神、名を大物主神といふ」と答えた。しかし、神の教えに従って祭祀をしたが、効果はなく、崇神天皇の夢にオホモノヌシがあらわれ、わが児大田田根子を祭らせるようにと述べ、大田田根子を探しだして祭らせたところ疫病がやんだとする。

大田田根子を、オホモノヌシを「祭る主」（『古事記』では「神主」）となし、三輪山の祭祀を主宰させ、三輪君の祖（『古事記』では神君《みわのきみ》・鴨君《かものきみ》の祖）であると伝える三輪君の起源説話である。ここでは天皇の命令を受けて倭迹迹日百襲命に神憑りしたことに注目したい。

つまり神憑りした巫女と、神に問いを発して名告《なの》り、託宣を聞き出す天皇の存在が示され、これはヒメ・ヒコ制以来の天皇のあり方、天皇がヨリマシとなる皇女を神憑らせて神を顕現させる、呪能者・「司霊者」としての存在をよみとることができる（斎藤英喜説）。

三輪山の神が国つ神の依代《よりしろ》であり、崇神にタタリをなし、三輪君の祖によって祭祀が行なわれてようやく治まったという話から、三輪山の神と大和政権や大王とは対立、敵対関係にあったと考える説が多い。これは、かつて三輪山のもとで始まった三輪王朝・崇神王朝があり、やがて五世紀に河内を中心に勢力を持った政権（河内王朝・応神王朝）が大和に進出して旧王朝を打倒したという王朝交替論の枠組みの中で、新しい王朝と、旧王朝のシンボルであった三輪山祭祀との間に軋轢が大きかったと理解されることが多い。また説得的である。

しかし神がタタリをなすことは本当に王権と対立的なのだろうか。近年の思想史の研究によれば、――実は古く折口信夫《おりくちしのぶ》や柳田国男《やなぎたくにお》がすでにいっていたのだが――「タタリ」とは神意があらわれるという意味であり、神の本質は、タタルことである。したがって天皇の祭祀としては、たえず天皇の身体にどのような神のタタリがあるかを占う――それを御体御卜《おおみまのみうら》という――ことが重要だという議論がある（中村生雄・岡田荘司氏など）。

第一章で挙げた神功《じんぐう》皇后の伝承では、仲哀《ちゅうあい》天皇が神託を信じずに没したので、神功は「祟る所の神」を知ろうと罪をはらえ、斎宮を造らせ、自ら神を祭り、どの神が神託したのか名を知ろうとした。すると伊勢五十鈴宮の神をはじめ、住吉三神などが順に名をあらわし、これら祟り神を祭ることによって、新羅を伐つことに成功するのである。守護神であるべき伊勢神宮に祭られるアマテラスもまた、天皇にタタリ、仲哀天皇は死にいたったのである。

　中村氏の論を引けば、神のタタリにより災いがもたらされ、巫女の憑依《ひょうい》・託宣《たくせん》により随時祭られる、そのような始源の祭祀を〈発生としての祀り〉と呼べば、祭祀の方式が恒常化し、守り神（祖神）をヒコである祭主により定期的に神事を行なうのを〈制度としての祀り〉と呼ぶ。ふつう考えられるように、祟り神と守り神は対立する概念なのではなく、〈発生としての祀り〉から〈制度としての祀り〉へ変化していく、人間と神との交渉技術である祀りの段階のちがいだと論じている。

　『書紀』崇神七年十一月条では、大田田根子を大物主神を祭る主とし、長尾市《ながおち》を倭大国魂神を祭る主としたあとで、他神を祭ることを占うと吉と出たので、八十《やそ》万《よろず》の群神を祭り、「仍りて天社・国社、及び神地《かんどころ》・神戸《かんべ》を定む」とある。タタリをなしたオホモノヌシ、ヤマトノオホクニタマの大和国の二神を祭る体制を整えたことをはじめとし、やがて全国の神々を祭る体制が確立されたというのが『書紀』の論理である。「神地」「神戸」はもちろん後世的な潤色であるが、全国の天つ神・国つ神の神社を祭るようになったことを示しているのだろう。それにより「ここに、疫病《えのやまい》始めて息みて、国内漸《ようやく》に謐《しずま》りぬ。五穀既に成りて、百姓《おおみたから》、饒《にきわ》ひぬ」と、豊作がもたらされたのである。

味酒、三輪の山

七世紀後半、六六七年の近江遷都にあたって、額田王《ぬかたのおおきみ》が三輪山を詠んだ有名な長歌・反歌が『万葉集』にある。

味酒《うまさけ》　三輪の山　あをによし　奈良の山の　山の際《ま》に　い隠るまで　道の隈《くま》　い積《つ》もるまでに　委曲《つばら》にも　見つつ行かむを　しばしばも　見放《みさ》けむ山を　情無《こころな》く　雲の　隠さふべしや

（三輪の山よ。奈良の山の山の端に隠れるまで、道の曲がり角が幾重にも重なるまで、十分に見つづけて行きたいのに。たびたび眺めたい山なのに、無情にも雲が隠してよいものか）

三輪山と額田王歌碑　山の辺の道

三輪山をしかも隠すか　雲だにも情《こころ》あらなも隠さふべしや

（三輪山をこのように隠すのか。せめて雲だけでも心があってほしい。隠してよいものか）　（巻1・一七、一八）

額田王は、近江へ下り住みなれた大和を離れていくときに、雲が隠さずに三輪山の姿をみせてほしいと歌ったのである。『万葉集』の左注には、山上憶良《やまのうえのおくら》の『類聚歌林《るいじゅうかりん》』にこれらの歌は「都を近江国に遷す時に、三輪山を御覧《みそなわ》す御歌《みうた》なり」とあると記す。つまり天智天皇の作歌だというのだが、実際は額田王が天皇に代わって作った儀礼的な歌であり、それが初期万葉の時代の特色なのだろう。意味としては天智天皇の歌であり、公的な歌である。

大和から近江へ下るとき、奈良と京都府県境の奈良坂か歌姫越で乃楽山《なら》を越えるが、峠で三輪山が見えなくなるときに、三輪山を祭る行事があり、そのときに詠《よ》まれたのだろう。飛鳥を中心に生活していた万葉人にとって「味酒　三輪の山」は、切り離すことのできない、自分たちを守ってくれる守護神・地主神であったと考えられる。

第三章　大和朝廷と天皇号の成立

1　継体から欽明へ

雄略天皇のあと

雄略《ゆうりゃく》天皇は、その二十三年、後事を大伴室屋《おおとものむろや》と東漢《やまとのあや》掬《つか》に遺詔《いしょう》して没する。すると吉備氏出身の稚媛《わかひめ》がすすめて雄略の子星川《ほしかわ》皇子が反乱をおこすが、その制圧を経て、雄略の第三子、葛城韓媛《かずらきのからひめ》の生んだ白髪《しらか》皇子が翌年正月に即位して清寧《せいねい》天皇となる。雄略が没したのは『書紀』紀年では四七九年（己未《きび》）であるが、『古事記』は己巳《きし》年＝四八九年の崩年干支を伝え、こちらの方が正しいかもしれない（ただし伝える没年は一二四歳という荒唐無稽なものである）。

しかしこの後継体《けいたい》の即位にいたるまでの「記紀」の伝承は、どこまでが事実か判断が難しい。清寧の治世は四年だが、事績の内容は乏しい。子がいなかったので王位が絶えてしまう。雄略がライバルをすべて殺害したためである。

一時飯豊《いいどよ》女王が忍海角刺宮《おしぬみつのさし》で朝政をとったのだが、かつて雄略が殺害した市辺押磐《いちのへのおしは》皇子の二人の遺児オケ（億計）・ヲケ（弘計）が播磨国にいるのが発見され、弟・兄の順に即位して顕宗《けんぞう》・仁賢《にんけん》天皇となる。さらに仁賢の子が、大伴金村《おおとものかなむら》らの力を得て即位して武烈《ぶれつ》天皇となるが、また皇子がなく仁徳の皇系は断絶する。応神《おうじん》五世の孫とされる男大迹《おおど》王が、越前三国から迎えられて即位して継体天皇となる。

顕宗の治世はわずか三年、仁賢は一一年とされるが、内容は朝鮮半島関連の記事といくつかの伝承である。オケ・ヲケ王の伝承は『風土記』にも見えて有名な話だったらしいが、オケ―ヲケという命名もきわめて物語的である。和田萃《わだあつむ》氏は、名代《なしろ》が伝えられないことから顕宗は実在しなかったかと推測している。

次の武烈は、『書紀』には暴君として暴虐ぶりを伝える。妊娠した女性の腹をさいて胎児を見たり、人に木登りさせてその木を切って落として殺し、女を裸にして板の上に座らせて馬の交尾を見せて楽しんだという。しかし早く津田左右吉《つだそうきち》が指摘したように、これは中国古典を使って作文したもので、継体の即位を印象づけるために武烈を悪逆な大王として描いたのであり、事実ではないだろう。

武烈の即位の前に、大臣平群真鳥《おおおみへぐりのまとり》が国政をほしいままにして国王になろうとしたと記す。さらに小泊瀬《おはつせ》皇子（武烈）が、大連《おおむらじ》物部麁鹿火《もののべのあらかい》の女影媛《かげひめ》をめとろうと真鳥の子鮪《しび》と歌垣の場で争ったが、敗れたので大伴金村と謀って鮪を殺し、さらに金村は真鳥を滅ぼして武烈が即位したと記す。ところが『古事記』では、これは二代前の顕宗即位の前の話であり、ヲケ王が平群臣の祖志毘《しび》と菟田首《うだのおびと》の女大魚《おおうお》という美人を争って歌垣で歌を闘わせ、翌朝、兄のオケとともに軍を興して志毘の家を囲み、殺したとある。

多少の違いはあるが歌はほぼ同じであり、宮廷に伝えられていた歌物語なのだろう。『古事記』の方が古い形の伝承であり、後に手が加えられて、『日本書紀』の大伴氏による平群氏の討伐と武烈の擁立という政治的物語が作られたのだろう。とすれば『日本書紀』にしか見えない大臣の平群真鳥の実在性は疑わしく、五世紀、応神以降に平群氏が政治的に大きな力を持っていたとする通説は疑わしいと笹山晴生《ささやまはるお》氏が述べている。

武烈天皇は、ヲハツセノワカサザキという名前や後述する名代の存在から実在したとしても、平群氏滅亡の話も後世のものとすれば、具体的事績は何も伝わっていないのである。

飯豊皇女

不明な部分の多い過程で注目されるのは、清寧天皇死後の飯豊皇女の存在である。

『古事記』には、「かれ、天皇崩《かんあが》りましし後に、天の下治めたまふべき王なかりき。ここに日継《ひつぎ》知らす王《みこ》を問ふに、市辺忍歯別王《いちのへのおしはわけのおおきみ》の妹、忍海《おしぬみ》の郎女《いらつめ》、またの名は飯豊の王《おおきみ》、葛城《かずらき》の忍海の高木角刺《たかきのつのさし》宮に坐しき」とあり、飯豊皇女（忍海郎女とも）が忍海角刺宮にいて、大王に代わって政治を行なったように記す。

このあとに播磨国からオケ・ヲケ王が発見される話がつづくのであるが、『日本書紀』では異なっている。オケ・ヲケ王が清寧の治世中に発見されたが、死後に二人は位を譲りあって時間がたつので、顕宗の姉の、飯豊青皇女《いいどよのあお》が忍海角刺宮で「臨朝秉政《みかどまつりごと》」したとする。一一ヵ月後に亡くなるがそれを「崩」と記し、「葛城埴口丘陵《かずらきのはにくちのおか》」に葬ったとあるので、天皇と同じ扱いであり、『扶桑略記《ふそうりゃつき》』（平安末の成立）には、「飯豊天皇二十四代女帝」とある。

飯豊の出自は、市辺押磐の妹とする『古事記』の方が正しいだろう。この兄妹は、履中《りちゅう》と黒比売《くろひめ》（葛城襲津彦《かずらきのそつひこ》の子葦田宿禰《あしだのすくね》の娘）との子であり、葛城氏の血を受け継いでいたので、葛城の忍海にある高木角刺宮にいたのだろう。

折口信夫《おりくちしのぶ》は、『古事記』を「ここに日継知らさむ王を、（中略）忍海の郎女に問ふ」と読むべきだとし、臣下たちが飯豊に王位継承者を問いかけたとする。飯豊はヒツギノミコを霊媒によって告げるシャーマンであったことになる。

清寧紀三年七月条には、飯豊が初めて夫と交わり、「女の道を知ったが、終世男と交わることを願わない」と語ったという不思議な記事もある。折口は、これを一般の結婚ではなく、祭祀上の神との結婚だと言っている。これは折口流の直感であり、実証するのは困難だろうが、卑弥呼以来のシャーマン、巫女的伝統をうけて、飯豊皇女の女帝的存在があったことは疑いないだろう。

継体の登場

武烈天皇が亡くなって、継体天皇が即位する。応神天皇の五世孫といわれるが、実は血縁関係はなく、新たな王朝が出現し王朝を簒奪《さんだつ》したという王朝交替論が唱えられたりする。新たな王朝といえるのだろうか。

『書紀』によれば、男大迹《おおど》王は、彦主人《ひこうし》王の子で応神天皇五世の孫とする。母は垂仁《すいにん》天皇七世の孫にあたる振媛《ふりひめ》であり、近江国高島郡の三《み》尾別業《おのなりどころ》から彦主人王は振媛に使いをやって結婚して王を生むが、彦主人王が死亡すると振媛は郷土の越前の高向《たかむこ》に帰って、王を育てた。

武烈天皇が八年の治世で没すると、大連の大伴金村はまず仲哀《ちゅうあい》五世の孫の倭彦《やまとひこ》王が丹波国桑田郡にいるのを迎えようとした。しかし王は迎えの兵を見て逃げてしまう。そこで翌年金

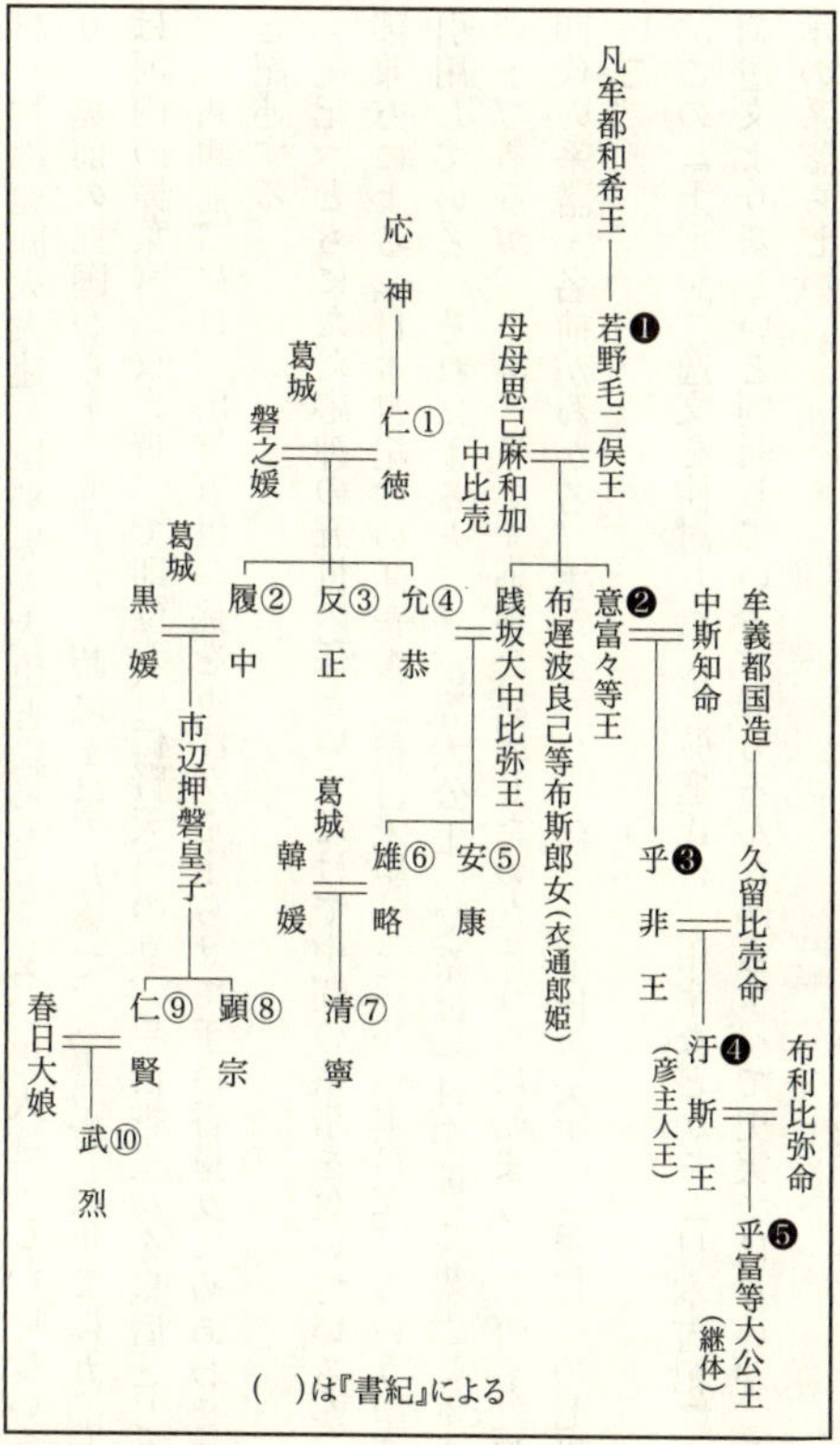

継体天皇の系譜　井上光貞『飛鳥の朝廷』を参考に作図

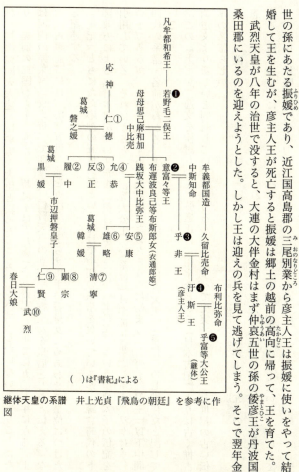

村が物部麁鹿火大連・巨勢男人大臣と議《はか》ったところ、男大迹王しかいないということになり、越前の三国から王を迎える。時に王は五八歳で、『書紀』紀年では五〇七年になる。王は河内の樟葉《くすは》宮（枚方市）で即位し、仁賢天皇の女、手白香《たしらか》皇女を皇后としたと伝える。なお『古事記』には、応神五世の孫を近江から上らせて手白香皇女にめあわせて皇位につけたと記述する。

「記紀」ともにただ応神の五世の孫というだけで中間の系譜を欠いているが、鎌倉時代の卜《うら》部兼方《べのかねかた》による『日本書紀』の注釈書『釈日本紀』には、『上宮記』という聖徳太子の伝記を引用している。それによると、乎富等大公王の父系は「凡牟都和希《ほむつわけ》王」（ホムツワケは垂仁の子であるが、ホムダワケ＝応神を誤記したのだろう）に始まり「若野毛二俣《わかのけふたまた》王」以下中間四代の系譜・名前がわかる。また母方は「伊久牟尼比古大王」（垂仁）の七世孫だと記している。

この『上宮記』逸文を検討した黛《まゆずみ》弘道《ひろみち》氏は、用字などから『日本書紀』よりは古く推古朝遺文より新しいと判断している。もちろんだからすべて史実ではないが、七世紀の古い伝承の系譜らしい。

父系二世の大郎子（意富々等《おほほど》王）の妹としてみえる践坂《おしさかの》大中比弥《おおなかつひめ》王は、允恭《いんぎょう》のキサキの忍坂大中姫のことである。そこでこれを中心に天皇家を加えた系図（井上光貞氏による）を作ると前頁のようになる。これをみると若野毛二俣王家も、葛城氏ほどとはいわないにしても、安康《あんこう》・雄略に対して有力な外戚家であったことがわかる。

継体とその父汙斯王《うし》（彦主人王）は近江に勢力を持つ豪族らしいが、忍坂大中姫の妹布遅波良己等布斯郎女《ふじわらことふしのいらつめ》は、「記」には藤原之琴節郎女《ことふし》とあり、允恭紀に衣通郎姫《そとおし》と伝えられるのと同一人物である。その美しさから天皇が召したところ「時に、弟姫《おとひめ》（妹の衣通郎姫）、母に随ひて近江の坂田に在り、弟姫、皇后の情《こころ》に畏みて参向《まうこ》ず」と、近江に在って参入を固辞したとある。何代も前から近江に勢力を築いていたらしい。

したがって、武烈のあと、大伴金村らが継体を迎えたのは、決して唐突なことではなかった。『古事記』中つ巻の末尾、応神段の最後に、わざわざその御子の一人、若野毛二俣王の子孫の系譜が記されるのは、（継体へつながることは記されていないが）、この一族が有力な皇族であったことを示しているのだろう。継体が越前・近江から突然入って王権を簒奪した豪族だと考えるのは誤りであろう。

押坂部と息長氏

『書紀』には、允恭天皇（一九代）が忍坂大中姫を皇后にした時、「この日、皇后の為に刑部《おしさかべ》を定む」とある。『古事記』には「大后《おおきさき》の御名代として刑部を定め」とあり、刑部（押坂部とも）は、五世紀に大王家の后妃のための名代として各地に設定されたと伝える。名代・子代《こしろ》は、王族の生活を支えるために宮に奉仕・貢納する人間集団と考えられる。

この押坂部が、大化改新《たいかのかいしん》にあたり大化二年（六四六）三月に、皇太子中大兄《なかのおおえ》皇子が返上した「皇祖《すめみおや》大兄御名入部《おおえのみなのいりべ》」という厖大な所領の中心であることを明らかにしたのが薗田香融《そのだこうゆう》氏である。これは、敏達《びだつ》の子である押坂彦人《おしさかのひこひと》大兄《のおおえ》皇子の私有する部で、その子舒明《じょめい》天皇を経て孫の中大兄皇子に伝領されたものである。

押坂部は、忍坂大中姫のために設けられたが、その死後は皇室内部で管理され、大中姫の母家（？）の息長《おきなが》氏が管理に重要な役割を果たし、忍坂宮《おしさかのみや》が領有主体となったと考えられる。押坂彦人大兄は、大中姫ゆかりの忍坂宮（隅田《すだ》八幡神社人物画象鏡にもみえる）に居住し、母方の息長氏との関係で押坂部を伝領した。生母の広姫は息長真手《まて》王の女であり、墓（「息長墓」）は近江国坂田郡にある。

息長氏は、『古事記』応神段によれば、忍坂大中姫の兄「意富々杼《おほほど》王」を始祖とする氏で、天武八姓では真人《まひと》（皇親に与えられる）が与えられた。『新撰姓氏録《しんせんしょうじろく》』には、左京皇別《さきょうこうべつ》の筆頭で稚渟毛二俣王の後と記す。これを信じれば伝統ある皇親氏族の代表で継体も出身したとなる。

しかし、オホホド王を始祖とするのは後世の造作で、広姫以外の息長氏の后妃伝承も造作であり、息長氏は王権と血縁のない近江の地方豪族にすぎない、と倉本一宏氏が論じている。継体の擁立勢力として功績をあげ、敏達朝に後宮《こうきゅう》に進出したこと、そして壬申《じんしん》の乱の主戦場近江で活躍したことにより、皇親氏族を称するようになったらしい。

名代・子代

ここで諸説一致をみないが、名代・子代とは何かに触れておこう。

刑部は、名代であり、皇后（忍坂大中姫）のために設けられたことが「記紀」に明記されている。おそらく天皇や后妃の生活費にあてるために設定された一種の私的財産で、名代の集団が天皇や后の宮に貢納・奉仕するので、宮の名がつけられ、伝領されたと考えられる。

継体元年二月条には、白髪天皇《しらかのすめらみこと》（清寧）が後嗣がいないので後世に名を伝えるために白《しら》髪《か》部舎人《べのとねり》・白髪《しらか》部供膳《べのかしわで》・白髪《しらか》部靫負《べのゆけい》を置いたという記事がある。天皇の死後設置されたようにも見えるが、実は清寧天皇二年二月条にも同じく白髪部の三種の名代を置いたとあり、天皇在世中の宮にあてるためで、後に名を伝えるという理由は事実ではないだろう。

ただしここで継体即位直後に白髪部設置の記事があるのは、手白香《たしらか》皇女が皇后になったことと関係がある。手白香は、仁賢天皇皇女であり、彼女を后とすることで継体は履中の皇統を継承するのであるが、手白香の母方は雄略の孫になり、母は清寧の妹である。手白香皇女という名から、おそらくは清寧の名代の白髪部を継承し、皇后宮に奉仕させたので、継体の立后記事に並んで白髪部設定が記されるのだろう。

なお子代は、諸説あるが、やはり皇子の資養料として設けられたものだろう。とはいえ皇子のために設定されても大王に即位すれば名代になってしまい、両者の区別は難しい。

また薗田氏は、子女の養育は母家の任務であり、皇子の養育を口実に、后妃を出す豪族が部民を設定することができたと想定する。春日氏出身の后妃が皇子を出産すれば、子代は春日部となり、蘇我氏であれば蘇我部であり、豪族所有の部民と区別が難しいのだろう。

薗田氏が、刑部（押坂部）の意義を明らかにしたことは、允恭天皇の后妃として忍坂大中姫が実在したことを示すことになる。同じくその妹の藤原之琴節郎女＝衣通郎姫を招き、藤原宮に居たので、諸国造に命じて「藤原部」を定めた（允恭紀十一年三月）。五世紀中頃、允恭の頃キサキのための名代の制ができたらしい。

『古事記』には仁徳の代に、大后石之《いわの》日売《ひめ》の「御名代」として葛城部を定め、太子伊《い》耶《ざ》本《ほ》和《わ》気《け》（履中）の名代として壬生部《みぶべ》などを定めたと記す。しかし葛城部は葛城氏の私有民であるし、壬生部という、固有名詞のない皇太子の生活費にあてる名代は、七世紀になって推古十五年（六〇七）二月に設置されたものである（『書紀』）。そこにみえる大日下《おおくさか》部《べ》・若日下《わかくさか》部《べ》も、のちに雄略の皇后草香幡梭《くさかのはたび》姫《ひめ》皇女のための名代として日下部が定められたものであろう。

安康《あんこう》天皇は、石上穴穂《いそのかみあなほ》宮を宮としたので、穴穂《あなほ》部《べ》（孔王部とも）は名代と考えられる。次の雄略十九年三月に「詔して穴穂部を置く」とある。アナホという王名を付けているので王の私的領有であると考える説は誤りで、王や妃の宮号を冠するのが名代の特徴であることを狩野久《かのうひさし》氏が強調している。

『古事記』によれば、雄略は長谷《はせ》部舎人《べのとねり》を置き、これは長谷朝倉宮の宮号に由来する。次の清寧のためには白髪部を置き、これは白髪皇子の王名によると考えられているが、磐余甕栗《いわれのみかくり》宮とされる宮の地名がシラカであった可能性があると説かれる。一代おいて『書紀』によれば仁賢には石上部舎人《いそのかみべのとねり》が置かれ、石上広高《いそのかみひろたか》宮の宮名に由来し、次の武烈には小泊瀬舎人《おはつせのとねり》（「記」は小長谷部）を置くとするが、これは泊瀬《はつせ》列城《なみき》宮に由来するのである。この間の顕宗天皇＝ヲケには名代設置が知られず、実在性が疑われるのである。なお先の雄略の皇后のために置かれた日下部も、『古事記』は大后が「日下《くさか》」にいたと伝え、河内の日下（東大阪市）の住地（宮号は伝わらない）に由来するのだろう。

狩野氏は、名代は皇族の私的所有というより、宮に所属し奉仕する公的性格が強いと説く。五世紀中頃から、皇族出身のキサキや大王の宮の公的性格が強まり、国家的な財政の裏付けが与えられ、王権の強化がなされたのである。

継体紀の史料批判

日本史の年表は、六世紀、五〇一年以降、一年ごとの年表にすることが一般的である。五〇七年が『書紀』では継体天皇即位の年であり、継体紀に入ってから継体何年に何が起きたという記述をほぼ信用して年表が作られることが多い。直前の清寧紀から武烈紀の部分が内容が乏しく信用性が低いことは前述したが、本当に継体紀に入れば年次が信頼できるのだろうか。

継体紀の最大の問題は、継体崩御の年である。本文では二十五年（五三一）二月に天皇の病と崩御を記すが、分注には、或本に二十八年（五三四）歳次甲寅《こういん》崩とあるのに、ここに二十五年歳次辛亥《しんがい》崩としたのは、「百済本紀」を取って文としたのであるとして、「百済本紀」の文章までを引用している。

『書紀』編纂にあたり崩年は二種あり、当初は二十八年にかけていたのを、のちに「百済本紀」によって三年くり上げたと考えられる。そのことは次の安閑期の年紀が、即位のみを継体二十五年辛亥に記すが、つづく壬子《じんし》・癸丑《きちゅう》の二年をまったくの空白にし、甲寅を元年としていて、二年の空位があることから裏付けられる。当初安閑の即位を甲寅にかけたが、あとから継体紀が三年くり上がったものの、安閑紀は年紀を修正できなかったのである。

『書紀』編者は天皇の崩年の年紀についてさえ確かなデータがなく信用できなかったので、そのほかの年紀についても国内記録については事実と認められないと、『日本書紀』文献研究の第一人者である坂本太郎氏は述べている。元年即位ののち、五年に山背の筒城《つつき》（綴喜）に、十二年には弟国《おとくに》（乙訓）に、二十年に磐余玉穂《いわれのたまほ》宮に遷都し、大和に入るまで二〇年を要したと記しているが、年月だけでなく個々の遷都にどの程度信用性があるかは疑わしいとするのは傾聴すべきであろう。

継体六年（五一二）に、百済は使節を遣わし、「任那国」の上哆唎《おこしたり》・下哆唎《あるしたり》・娑陀《さだ》・牟婁《むろ》の「四県」を譲ることを求め、朝鮮半島に派遣されていた穂積押山《ほづみおしやま》と大連の大伴金村がそれを認めた——いわゆる「任那四県割譲」であるが、実際は南下政策をとる百済が、倭と関係の深かった半島西南端の全羅南道の地域を実力で支配下においたということだろう。

また翌七年には百済が五経博士《ごきょうはかせ》の段楊爾《だんように》を貢上するとともに、伴跛《はへ》国（大加耶）がわが国の己汶《こもん》の地を略奪していることを訴え、十年には百済が使者を派遣して「己汶の地を賜ることを謝し」、五経博士漢高安茂《あやのこうあんも》を貢って交代させた——実際には百済がさらに東方の己汶（全羅北道南原・長水地域）へ支配を拡大したのだろう。

これらの「百済本紀」を用いて書かれた記事と、新羅による金官国など加耶南部への侵攻を伝える外交記事（継体二十三〜二十四年）が多少の矛盾を含みながらある程度史実を伝えているが、他に継体紀の記事で史実といえるのは、継体二十一年（五二七）に筑紫を本拠とする豪族筑紫君磐井《つくしのきみいわい》が反乱を起こしたことくらいなのだろう。

安閑から欽明へ

継体ののち、安閑《あんかん》・宣化《せんか》から欽明天皇までも紀年上の謎が多い。先に述べたように『書紀』では、継体没後二年の空白があり、安閑元年を甲寅（五三四）とし、宣化元年を丙辰《へいしん》（五三六）と明記し、欽明天皇の元年を庚申《こうしん》（五四〇）と明記し（即位はそれぞれ前年）、安閑天皇・宣化天皇の二年と四年の治世があるとする。

欽明天皇は『書紀』紀年の三十二年、辛卯《しんぼう》（五七一）に崩ずるのだが、『上宮聖徳法王《じょうぐうしょうとくほうおう》帝説《ていせつ》』（七世紀中頃の古い史料を編集した聖徳太子の伝記）には、辛卯年崩は同じだが「志《し》帰島《きしま》天皇治天下四十一年」と記す。すると欽明天皇の即位年は五三一年、継体天皇の崩年に一致する。さらに仏教公伝の年を、『書紀』は欽明十三年（五五二）とするが、『法王帝説』は「志癸島天皇御世戊午《ぼご》年（五三八）」の伝来とし、『元興寺《がんごうじ》伽藍縁起幷流記資財帳』にも、欽明天皇の治世、「蘇我大臣稲目《そがのおおおみいなめ》宿禰仕へ奉りし時、治天下七年歳次戊午」に仏教が伝来したとし、五三八年を欽明七年とすれば、欽明元年は五三二年となる。継体崩後、欽明が即位したとする考え方があったことになる。

ちなみに仏教公伝については、教科書にも五三八年説をとることが多いが、そこに百済の聖明王《せいめい》が欽明天皇に伝えたと書いてしまうと、五三八年は『書紀』では一代前の宣化天皇の世であり、『書紀』の皇統譜や紀年と大きく矛盾していることになる。

こうした問題点から、かつて喜田貞吉《きださだきち》は、次のように推測した。継体天皇には大和に入る前に尾張連《おわりのむらじ》の女目子媛《めのこ》をめとって生んだ安閑・宣化があり、大和に入って手白香皇女との間に欽明をもうけた。天皇は安閑を即位させようとしたが、天皇の死後朝廷は二つに分かれ、欽明が即位した。しかし二年後他の一派が安閑の即位を実現し、六年後の宣化の死まで「両朝併立」が続いた、と。

さらに林屋辰三郎《はやしやたつさぶろう》氏は、朝鮮半島支配の動揺と磐井《いわい》の反乱が中央豪族に反映して皇位争奪という政治事件になったと考えた。安閑・宣化には大伴氏が、欽明には蘇我氏が支持者となっていて「継体・欽明朝の内乱」が起き、継体朝の朝鮮政策や内乱の責任者である大伴金村を政界から追放することにより、欽明の統一政権が樹立されるとした。魅力的な仮説といえるだろう。

「内乱」といえるほどの対立があったにしては、『日本書紀』にその痕跡をうかがうことができない。しかし林屋氏がいうような皇位の争いとそれにともなう派閥争い、大伴・蘇我両氏の対立があったことは認めてよいだろう。没時に安閑は七〇歳、宣化は七三歳と『書紀』は伝えるので、即位時にすでに六〇歳代後半であり、母は地方豪族の尾張連であり、その即位を認めない中央豪族も多かったのだろう。とはいえ対立と妥協の中で安閑・宣化は即位したようで、それぞれの宮名による勾舎人部《まがりのとねりべ》・勾靫部《まがりのゆきべ》（勾金橋《まがりのかなはし》宮）、檜隈舎人部《ひのくまのとねりべ》（檜隈廬入《ひのくまのいおり》野《の》宮）も置かれている。

仁賢の女の手白香皇女を母とする欽明が五三九年に即位して朝廷が統一されるが、それとともに政治を主導する大臣《おおおみ》に、蘇我稲目、蘇我氏が登場してくる。『書紀』によれば宣化の即位に際して、稲目が突如として大臣に任じられ、欽明朝の大臣を務める。また稲目は堅塩《きたし》媛《ひめ》と小姉君《おあねのきみ》の二人の娘を欽明に嫁がせて、関係を深めた。

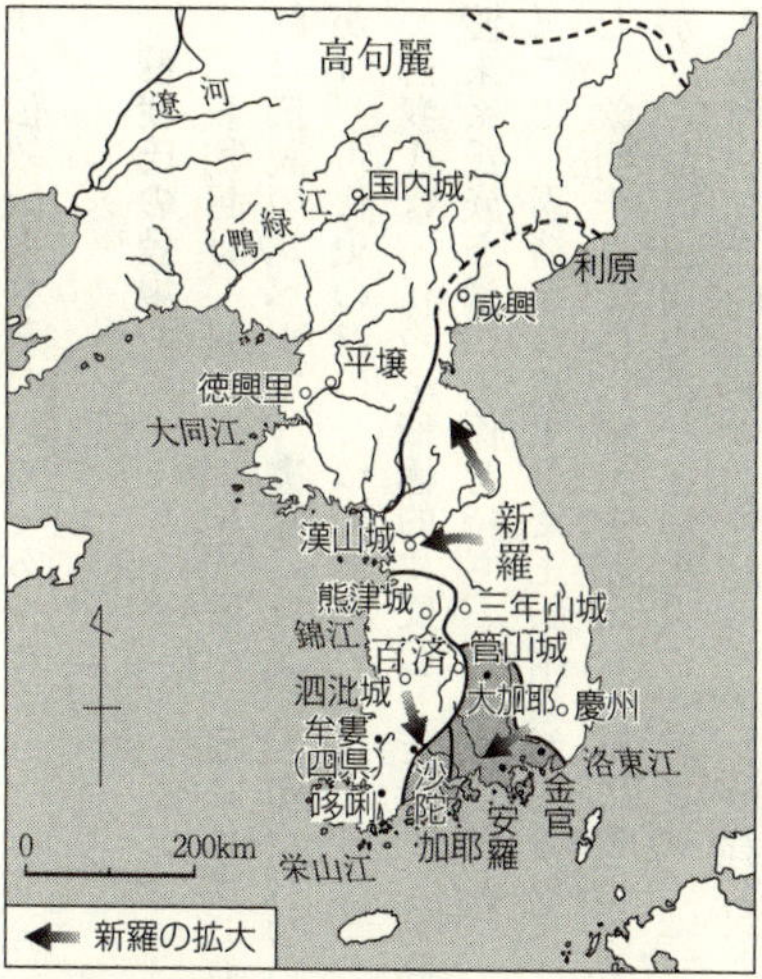

６世紀の朝鮮半島　熊谷公男『大王から天皇へ』より作図

継体～欽明朝には、「任那」といわれる加耶地方が、百済と新羅によって侵攻され、支配が強化される。そのひきかえに、百済から、儒教の学者を五経博士として交代で貢上してもらう制となり、日本に学問が本格的に輸入される。欽明十五年には他に易博士・暦博士・医博士・採薬師・楽人を倭からの要望によって貢上している。五三八年（五五二年）の聖明王による仏像と経論の献上、いわゆる仏教伝来もその一つであった。

蘇我氏の登場

蘇我稲目は、宣化の即位の時に大臣に任命されて、突然登場する。稲目以前の蘇我氏の活躍は伝説のレベルで、実際はほとんど知られない。どこから蘇我氏が来て、なぜ活躍するのかは、古代史の謎の一つである。

蘇我氏は、仏教を積極的に受容したことで名高いが、その背景にはおそらく稲目以前から渡来系氏族と深い関係を持ち、彼らを指揮していたことがある。稲目は、欽明十四年（五五三）に、百済から渡来した王辰爾《おうじんに》（船氏らの祖）を派遣して船にかける賦《みつき》を計算させているし、欽明十六年には稲目を派遣し吉備に白猪屯倉《しらいのみやけ》を置き、翌年には備前に児島屯倉《こじまのみやけ》を置いたが、これは白猪史《しらいのふひと》氏など帰化人に管理させて「丁　籍《よほろのふみた》」という戸籍のような籍を用いて経営するなど先進的な経営を行なったことで有名である。また倭　国《やまとのくに》の高市郡《たけち》には、韓人大身狭《からひとのおおむさの》屯倉《みやけ》・高麗人小身狭屯倉《こまびとのおむさのみやけ》を設け、飛鳥の帰化人を屯倉として編成している。『古語拾遺』には、雄略天皇の代に、蘇我氏の祖先とされる蘇我麻智《まち》宿禰が斎蔵《いみくら》・内蔵《うちくら》・大蔵《おおくら》の三蔵を検校《けんぎょう》したと記す。これは伝承にすぎないが、多数の帰化人を配下において財政部門を掌握し、先進的な手法で屯倉経営を行ない、開明的な性格を持ったことが蘇我氏の発展の理由だろう。

蘇我氏の本拠は、一つは飛鳥周辺の高市郡蘇我であり、東　漢《やまとのあや》氏は蘇我氏と密接な関係を持ち、のちに東漢直駒《やまとのあやのあたいこま》に崇峻《すしゅん》天皇の殺害を実行させたように、一種の私的武力ともなっていた。また奈良時代には石川朝臣と呼ばれたように河内の石川流域（太子町から富田林市周辺）も本拠としたが、ここも帰化人が集住していて古代寺院址も多いところである。

推古三十二年（六二四）には、蘇我馬子《そがのうまこ》が以下のように天皇に奏上している。

葛城県《かずらきのあがた》は、元《もと》臣が本居《うぶすな》なり。かれ、その県に因りて姓名《かばね》を為せり。是を以て冀《ねが》はくは、常《ときわ》にその県を得《たまわ》りて、臣が封県とせむと欲《ねが》ふ。

また皇極《こうぎょく》元年（六四二）是歳条には、

蘇我大臣蝦夷、己が祖廟を葛城の高宮に立てて、八佾《やつら》の儛をす。

とあって、葛城が蘇我氏のウブスナであり、葛城の高宮に祖廟を立てていることから、この地も本拠であった。不明な点が多いが、何らかの意味で葛城氏と関係があったことが推定される。馬子の母親が葛城氏出身だったとの推測もあるが、少なくとも蘇我氏には葛城氏への帰属意識があり、その後継としての意識があったように思う。

葛城氏が雄略に降伏する時に「葛城の宅七区」（「記」には「五処の屯宅《みやけ》」「五村の屯宅」）を奉献しているが、これを蘇我氏は管理し、また高宮の地の帰化人集団を監督したのではな

見瀬丸山古墳　欽明天皇と堅塩媛の陵墓とする説が有力だが、蘇我稲目の墓とする説もある。墳長310mで後期前方後円墳として最大規模。奈良県橿原市

いかとも推測されている。

　蘇我氏がウヂとして活躍する根拠は、やはりウヂの始祖である。始祖は蘇賀の石河宿禰であり、『日本書紀』には詳しい系譜がないが、『古事記』には詳しく記されている。欠史八代の孝元《こうげん》天皇（八代）の子比古布都《ひこふつ》押之《おしの》信《まこと》の子が建内宿禰《たけしうちのすくね》であり、『古事記』では建内宿禰の系譜を詳しくのせる。その子九人のうち三番目が蘇賀の石河宿禰で、「蘇我臣・川辺臣・田中臣・高向《たかむく》臣・小治田《おはりだ》臣・桜井臣・岸田臣等の祖」と記す。なお二番目の許勢《こせ》の小柄《おから》宿禰は巨勢臣らの祖、四番目の平群《へぐり》の都久《つく》宿禰は平群臣らの祖であり、八番目には、葛城の長江《ながえ》の曾都毗古《そつひこ》、つまり葛城ソツヒコが挙がっているのである。蘇我氏などほとんどの臣姓氏族、さらに葛城氏を含む同族系譜が建内宿禰系譜であり、それが孝元天皇の孫（『書紀』は曾孫）に位置づけられるのである。

　建内宿禰（武内宿禰）は、『古事記』では成務《せいむ》・仲哀・応神・仁徳朝の大臣《おおおみ》（『書紀』では景行《けいこう》〜仁徳）であり、『書紀』では三〇〇歳もの長寿を保ったことになり、伝承上の人物で

ある。しかし代々大臣として奉仕し、応神天皇を即位に導くなど忠臣の代表であり、蘇我氏など臣姓氏族の活躍の根拠となったのである。

　蘇我稲目は二人の娘を欽明天皇の妃に入れたが、その姉堅塩媛はのちの用明《ようめい》天皇・推古《すいこ》天皇などを生んだ。推古二十年（六一二）二月に堅塩媛を檜隈大陵（欽明天皇陵、見瀬丸山古墳にあてる説が有力である）に改葬し、軽《かる》の街《ちまた》で誄《しのびごと》（一種の弔辞）の儀礼が行なわれた。まず推古天皇の誄が読まれ、ついで諸皇子の誄、大臣蘇我馬子の誄とつづくが、最後に馬子自身が「八腹臣《やはらのおみ》等」を率いて、境部臣摩理勢《さかいべのおみまりせ》に「氏姓之本《うじかばねのもと》」を誄させたとある。

　八腹臣は、多数に分かれた支族の意だが、石河宿禰を祖とする蘇我臣から岸田臣の七氏族をさす可能性が高い。とすれば「氏姓之本」は巨大な始祖建内宿禰の伝承であり、蘇我氏によって神話的英雄の像がこうした天皇の母の葬儀の場において作られていったと横田健一氏が論じている。

　建内宿禰伝承については、中臣鎌足のイメージとの関係を説く説もあるが、やはり蘇我氏の発展を支えるものとして作られ、氏族系譜や伝承の成立には、天皇とウヂの奉仕を確認する葬儀の場が大きな役割を果たしたのである。

2　大和朝廷の形成と国造制

大臣・大連制確立の画期

大臣《おおおみ》・大連《おおむらじ》制は、大和朝廷の最高執政官として有名であるが、初めからあったわけではない。伝承では右にあげた建内宿禰が大臣の初めとされるが、もちろん実在しない。履中から安康代に葛城円大使主《かずらきのつぶらのおおおみ》が大臣として伝えられる。葛城氏が大王家に匹敵する大豪族だったことは疑いないが、ウヂ名もカバネも未成立であり、大臣・大連が諸豪族を率いて国政にあたるという体制が成立していたとは考えにくい。

『日本書紀』雄略即位前紀十一月甲子《かっし》条に、

> 天皇、有司に命せて、壇《たかみくら》を泊瀬《はつせ》の朝倉《あさくら》に設けて、天皇位に即《つ》く。遂に宮を定む。平群臣《へぐりのおみ》真鳥《まとり》を以て大臣とす。大伴連室屋《おおとものむらじむろや》・物部連目《もののべのむらじめ》を以て大連とす。

と、雄略天皇が即位にあたって大臣と大連を任命した記事がみえる。

また次の清寧元年正月壬子《じんし》条は、「壇場《たかみくら》」を磐余甕栗《いわれのみかくり》宮に設けて即位し宮を定め、

> 大伴室屋大連を以て大連とし、平群真鳥大臣をもて大臣とすること、並に故《もと》のごとし。

臣・連・伴造等、各職位《つかさくらい》の依《まま》につかへまつる。

と大連・大臣を再任したことがみえる。先述のように平群臣が大臣になったことは信用性がないのだが、このように大連や大臣を即位にあたり任命することがこの頃行なわれたのだろう。従来大臣や大連は、世襲的な身分としての執政官であると考えられていたのだが、吉村武彦氏が天皇の代替わりに大臣・大連は留任であってもあらためて確認される（臣・連・伴造も）行為が必要であることを指摘した。

おそらく雄略・清寧朝には、大伴室屋が、執政官である大連として権力を握ったのだろう。物部目も大連だった可能性がある。とはいえ、制度化したものというより大王に仕えるウヂの連のうちで最も力を持っていたので大連とよばれたのだろう。

継体元年紀には、即位にあたって大伴金村を大連とし、許勢男人《こせのおひと》を大臣とし、物部麁鹿火《もののべのあらかい》を大連とすること元のごとし、とみえる。大伴金村が継体を迎えた主導者だったことは先にみたとおりであり、物部麁鹿火も磐井の反乱の鎮圧に向かったように継体朝に大きな権力を持っていた。ただし許勢男人については、巨勢氏の祖先伝承を分析した直木孝次郎氏はその実在性を疑い、「大臣」就任は後代の造作だとしている。

安閑は即位にあたり大伴・物部の両大連を再任したことを記すが、宣化元年二月朔条に、

大伴金村大連を以て大連とし、物部麁鹿火大連をもて大連とすること、並びに故《もと》のごと

し。又蘇我稲目宿禰《そがのいなめのすくね》を以て大臣とす。阿倍大麻呂《あべのおおまろ》臣をもて大夫とす。

として、新たに蘇我稲目が大臣として登場する。欽明の即位記事には、金村・物部尾輿《もののべのおこし》と蘇我稲目の大連・大臣への再任が記されるが、稲目が欽明を支えて以後大きな権力を持った。蘇我氏以前の大臣は実在が疑わしいので、稲目は史上初めての大臣であった可能性が高く、宣化・欽明朝の稲目の権力掌握が、制度的確立の画期であったのではないかと考えられる。以後、敏達《びだつ》元年（五七二）に即位にあたって、物部弓削守屋《もののべのゆげのもりや》を大連に、蘇我馬子を大臣に任じたことがみえ、用明元年（五八六）には、蘇我馬子と物部守屋を再任したことがみえる。その後用明二年仏教崇拝をめぐって蘇我馬子らにより守屋は滅ぼされることになり、以後大化改新まで蘇我氏による大臣の体制がつづく。崇峻《すしゅん》即位前紀（五八七）には、

炊屋姫尊《かしきやひめのみこと》と群臣《まえつきみたち》と、天皇を勧《すす》め進《たてまつ》りて、天皇の位に即《つ》かしむ。蘇我馬子宿禰を以て大臣とすること故のごとし。卿大夫《まえつきみたち》の位、また故のごとし。

と、即位に伴って馬子の大臣再任とともに「卿大夫」（マヘツキミ）の位の再任がみえている。

大夫とよばれる豪族の合議

大夫《まえつきみ》に注目して分析したのは関晃《せきあきら》氏であった。それまでは政府の首脳としてあげられるのは大臣・大連だけであった。『書紀』をみると、大化のころに「大夫」と記される一定の上流豪族層があったことは確かであるが、「大夫」の語があてられるマヘツキミ（マチキミ）とよばれる実体があり、一定の政治的地位を示す語であることを論じたのである。

その職務としては、後述の推古死後に蘇我大臣蝦夷《えみし》が大夫を集めて次の皇位継承者を誰にするかを議した事例をとり上げ、大夫は議政官であること、また天皇と臣下の間にあって奏《そう》宣《せん》を行なったことを述べ、その地位は冠位十二階の大徳と小徳の者によって占められ、『翰《かん》苑《えん》』に引用される括地志《かっちし》に、十二等の官の第一に「麻卑兜吉寐《まえつきみ》、華言に大徳」とあり、大徳冠がマヘツキミ（大夫）に対応することを示すと、今から五〇年前に論じたのである。

関氏は、大夫制がいつ成立したかは明らかにしなかったが、加藤謙吉氏は、大和および周辺の在地豪族の国政参加要求をみたす制度として六世紀前半には成立し、六世紀後半から末にかけて豪族の政治力伸長とともに大夫制が政治体制の中枢にすえられたと述べる。大夫に任ぜられる家柄として二六のウヂをあげ、そのうち六世紀に大夫の地位にあったウヂとして、阿倍臣・大伴連・物部連・中臣連・三輪君・紀臣・巨勢臣・膳臣・葛城臣・平群臣・坂本臣・春日臣をあげている。

これら各氏族から代表各一人が大夫として選ばれ、大臣・大連の下で会議に参加して政事を議したのである。六世紀末の例としては、用明二年（五八七）には仏教受容をめぐって、天皇、群臣《まえつきみたち》に詔して曰はく、「朕、三宝に帰《よ》らむと思ふ。卿等議《はか》れ」とのたまふ。群臣、朝に入りて議る。

と、天皇がマヘツキミに仏教崇拝について議すように命じた。会議では、物部守屋大連と中《なか》臣連勝海《とみのむらじかつみ》はどうして国神に背くのかと公然と反対したが、蘇我馬子大臣は詔に随《したが》い天皇を助けるべきだと述べ、ついに勝海を殺し、物部氏を滅ぼすにいたったのである。また崇峻四年（五九一）には「任那」復興について諮問がなされた。

天皇、群臣に詔して曰はく、「朕、任那を建てむと思ふ。卿等何如に」とのたまふ。群臣奏言して、「任那の官家《みやけ》を建つべきこと、皆陛下の詔したまふ所に同じ」とまうす。

ここにみえる「卿」「群臣」はマヘツキミをさしており、こうした大夫の会議は、序章でも触れたように、律令制の太政官合議制へつながる古代天皇制の特徴といえるだろう。宣化元年に阿倍臣大麻呂を大夫に任ずることが記され、もちろん一人だけを大夫にしたというのは不審であるが、六世紀中葉には大夫制が形成されていると考えてよいだろう。

群臣の合議や諮問は、実は『日本書紀』の中のもっと古い、史実性の乏しい伝承の部分にもみられる。一、二例を挙げよう。

景行四十年七月には、天皇は群卿に詔して、今東国は安定せず蝦夷が叛いているので誰を遣わして乱を平らげればよいかとたずねたが、群臣は誰を遣わすべきかを知らず、日本武尊《やまとたけるのみこと》は自分の兄の大碓皇子を推したことがみえる。仲哀八年九月には、天皇が「群臣に詔して、熊襲《くまそ》を討たむことを議らしめたまふ」。その時に神功皇后に神がかりして、熊襲は討つに足らず新羅を討つべきだと神が告げたが、仲哀天皇はそれを信じずに熊襲を討ったので死んだと伝える。また同九年九月（神功摂政前紀）には新羅出征にあたり群臣に対して、「若《も》し事成らば、群臣共に功有り。事就《な》らずは、吾独り罪有れ。既に此《こ》の意有り、それ共に議らへ」と誓約しているなど、「群臣」「群卿」と議したとする例は枚挙にいとまがない。

このことは、もちろんヤマトタケルや神功皇后という時代に、群臣の合議があったことを示すのではない。『日本書紀』が編纂された時期、七世紀後半から八世紀初頭にかけて、天皇のあり方がそのようなもの、つまりマヘツキミ（太政官《だいじようかん》）の合議によって支えられていると考えられていたことを示すのだろう。八世紀の奈良時代に議政官の合議のあり方を伝える史料はないので、太政官合議の役割を評価しない説もあるのだが、『日本書紀』の伝承はそうでないことを語っている。

皇位決定権を持った大夫の会議

推古天皇が三十六年（六二八）に七五歳で亡くなると、皇位が定まらなかったために、大臣蘇我蝦夷のもとで大夫の会議が開かれる。『書紀』舒明《じよめい》即位前紀にその会議の様子が詳しく記されている。

蝦夷は、一人で皇位後継者を定めたいと思ったが、マヘツキミたちが納得しないことを恐れ、阿倍臣麻呂とはかって、マヘツキミを自宅で饗して大夫の会議を開いた。議題は「今いずれの王を以て嗣《ひつぎ》とすべし」というもので、推古の田村皇子（彦人大兄《ひこひとのおおえ》男）に対する「天下を治めることは大任であり、たやすく言うべきものでなく、慎め」という遺言と、山背大兄王（聖徳太子男）に対する遺言「ひとりさわがず、必ず群臣の言に従うように」を紹介して、いずれを天皇にすべきかを問うた。

マヘツキミは沈黙が続いたが、再三の問いかけに大伴連鯨《おおとものむらじくじら》が、「天皇の遺言に従うべきで、群臣の意見を聞くまでもない、天皇の意は田村皇子だ」と発言し、采女臣《うねめのおみ》摩礼志《まれし》・高向《たかむこ》臣宇摩《のおみうま》・中臣連弥気《みけ》・難波吉士身刺《なにわのきしむざし》の四人の大夫は、大伴連の言に異存なしと述べた。これに対して巨勢臣大麻呂《こせのおみおおまろ》・佐伯連東人《さえきのむらじあずまひと》・紀臣塩手《きのおみしおて》の三人は、「山背大兄王、これ天皇とましますべし」と山背大兄を推し、蘇我倉麻呂《そがのくらのまろ》一人だけは意見を保留した。そこで大臣はマヘツキミの意見が一致せず、決められないことを知り退出したとある。大臣蝦夷の下で、大夫の阿倍臣の司会により一〇人の大夫が議して、全員が自らの意見を述べたことがわかる。

ここに名前がみえないので大夫ではなかったらしいが、山背大兄を強く推していたのは境《さかい》部臣摩理勢《べのおみまりせ》（蘇我馬子の弟、蝦夷の叔父か）であった。山背大兄はこの議を聞いて、蝦夷にその内意を聞いたが、蝦夷は、一人で決めているのではなく、遺詔《いしょう》を群臣に告げて群臣の意見に従っているのだと、大夫を遣って伝えさせた。もちろん蝦夷は自分の立場を正当化しているのだが、ここからも皇位決定権が大夫の会議にあったことがわかる。山背大兄は天皇の遺命は自分が聞いたところと違うと問いただしたが、大臣は、阿倍臣・中臣連・河辺臣などを遣わして、自分は賢くないが群臣はしっかりしていて誤っていないと伝えた。そこでは、

　磯城《しき》島宮《しまのみや》御宇《にあめのしたしらしし》天皇《すめらみこと》の世より、近世に及《いた》るまでに、群卿《まえつきみたち》、皆賢哲なり。

と述べていることから、倉本一宏氏は、磯城島宮＝欽明天皇のころから、大臣のもとにマヘツキミによる合議制が機能して権力集中が行なわれたと論じている。

蝦夷は改めて境部臣摩理勢に大夫を遣わして同意を求めたが、彼は意見を変えずに、かえって怒って乱行をつくし、結局蝦夷は兵をおこして同族の境部臣を殺す。最有力の反対者が滅んだことにより、大夫の意見もまとまり、田村皇子に即位を要請する。蝦夷は最初から田村皇子に決めていたのだが、大臣であっても大夫の会議の意見がまとまらないと皇位は決められなかったのである。

相互に承認しあう大王―ウヂの関係

舒明元年（六二九）正月丙午《へいご》条に、「大臣及び群卿、共に天皇の璽印を以て、田村皇子に献る」とあり、即位する。第一章でも引用したように、大臣・大連と大夫が皇位継承者を推挙し、レガリアである鏡・剣を献上して即位するというシステムができている。右の大夫の会議は、皇位継承者がいないというきわめて特殊な場合であり、大夫が次の大王を選んだの

は例外的なことである。多くの場合には継承者が順当に即位するのだが、この即位儀礼は、そうした場合でも群臣の推挙・承認によって大王位につくこと、即位することができたことを示そう。

次の表は、吉村武彦氏が作ったものであるが、雄略から継体・欽明にかけて即位式が整備されたと考えられる。

即位式は以下の要素よりなり、古く遡ることが岡田精司氏により明らかにされている。

①群臣＝大臣・大連・大夫が、レガリアである鏡・剣の二種の宝物を新大王に献上して、即位を要請する。

②即位式の場に壇、のちには高御座《たかみくら》を設け、そこに新大王が登って即位する。ここで天《あま》つ日嗣《ひつぎ》の資格をえる。

③壇を築いた場所を宮に定める。

④拝賀・寿詞《よごと》など臣下の服従と忠誠を誓う行為があり、大臣・大連・大夫などを任命する。

⑤正月即位の伝統があり、元旦に行なわれる天皇を拝する朝賀と同じ形式である。

大伴金村が主体となって探し出し、即位にいたった継体天皇も、即位にあたって、「大臣・大連・将相・諸臣・咸《ことごと》に寡人《おのれ》を推す。寡人敢へて乖《たが》はじ」と宣言している。この「将相」もマヘツキミを指していて、マヘツキミ以上の推戴《すいたい》を受けたことがわかる。

天皇の即位にあたって、マヘツキミ層の推戴・承認が必要であったが、それに対応して諸

	前　任	即位時の群臣等の動向	レガリアの献上	群臣の任命
1神武				
2綏靖				
3安寧	皇太子			
↓				
14仲哀	皇太子			
15応神	皇太子	群臣		
16仁徳				
17履中	皇太子			
18反正	皇太子			
19允恭		群卿・妃忍坂大中姫	天皇之璽(璽符)	
20安康		群臣		
21雄略				大臣・大連新任
22清寧	皇太子	大伴室屋大連・臣・連等	璽	大連・大臣留任
23顕宗		大臣・大連等		
24仁賢	皇太子			
25武烈	皇太子	大伴金村連		大連新任
26継体		大臣・大連・将相・諸臣	天子鏡剣璽符	大連・大臣留任
27安閑	大兄	(譲位)		大連留任
28宣化		群臣	剣鏡	大連留任・大臣新任
29欽明		群臣		大連・大臣留任
30敏達	皇太子			大連留任・大臣新任
31用明	大兄			大臣・大連留任
32崇峻		敏達皇后・群臣		大臣・卿大夫留任
33推古	元皇后	百寮	天皇之璽印	
34舒明		大臣・群卿	天皇之璽印	
35皇極	前皇后			大臣留任
36孝徳		譲位	璽綬	[左右大臣制]
37斉明	重祚			
38天智	皇太子			
40天武	皇太弟			
41持統	前皇后		神璽剣鏡	

天皇即位と群臣　吉村武彦『日本古代の社会と国家』より

氏族も④で大王の代替わりに際して、大臣・大連・大夫などの地位を承認してもらうことが必要だった。ウヂは世襲だといわれるが、大王の代替りごとにウヂのツカサの確認が必要であった。後述の大王死亡時の殯宮《もがりのみや》では、諸臣による誄《しのびごと》の奉上も行なわれ、天武の殯宮ではそれぞれ先祖（始祖とそれ以来）の奉仕を述べていて、ツカサを確認するのだろう。大王―ウヂは、相互に依存しあう関係だったのである。

大夫になったウヂは先に挙げたが、三輪山祭祀を司る三輪君《みわのきみ》や帰化系で外交にあたった難《なに》波吉士《わきし》を除けば、臣と連のカバネを持つウヂである。臣姓氏族は、蘇我（橿原市曽我町）・阿倍（桜井市阿部）・巨勢（御所市古瀬）・平群（生駒郡平群町）など、本拠地の大和の地名をウヂ名とする氏族で、五世紀の葛城氏に代表されるように、土着の豪族であり、もともと大和王権と同盟を構成していたのだろう。

一方の連姓氏族は、大伴・物部・中臣・佐伯などのウヂであるが、基本的に特定の職務を負い、その職務をウヂ名とし、大王家に早くから臣属し、職務を遂行してきた氏族である。

大伴氏は、軍事力である大伴部を率いる軍事氏族と言われるが、「トモの大なるもの」で、広く伴造やトモを統轄する地位にあったらしい。物部氏は、武士《もののふ》や武具《もののぐ》のモノに由来し、物部を率いて軍事を担当した。中臣氏は、神と人の仲をとりもつ臣（ナカツオミ）の意で、祭祀を職掌とした。ごく一部だが膳《かしわで》臣のように臣姓でありながら、食膳を担当して職掌をもって奉仕するウヂもある。連姓氏族の本拠地は、大和と河内の両方に分布していることが多く、これは王権によって計画的に配置されたと熊谷公男氏は考えている。

大和と河内を本拠とするウヂが大王のもとに大夫や伴造として結集し、その外側の地方豪族を従属させる体制を作り上げ、それを大和朝廷の成立ということができる。より地域を厳密にすれば畿内政権の成立ともいえる。

殯宮儀礼の成立と日嗣

安閑・宣化・欽明朝には、大王の喪葬儀礼も整備されていく。もちろん五世紀の倭の五王の時代には巨大な前方後円墳が作られていたのだから、巨大な儀礼が行なわれたに違いないが、ほとんど知られない。かわって六世紀に入ると、死者の遺体を埋葬するまで安置する殯宮で皇位継承にかかわる儀礼が行なわれ、諡号《しごう》が献呈されるようになる。

殯宮は、和田萃氏が分析して明らかになったが、その場所は崩御のあった宮の近くに設けられることが多く、土師《はじ》氏と遊部《あそびべ》が殯宮を司り、皇后や妃など女性は天皇の殯宮に籠った。殯宮での儀礼としては、亡き大王への拝礼として匍匐礼《ほふくれい》（はらばいでの拝礼）が行なわれ、先述の誄《しのびごと》が男性により奉られ、最後に皇統譜というべき日嗣《ひつぎ》が読み上げられ、和風諡号が献上された。

誄は、敏達天皇十四年（五八五）の殯に際して、蘇我馬子大臣・物部弓削守屋大連・三輪《みわ》君逆《きみさかう》が誄したのが初見であり、血縁者（皇子）のほか、大臣・大連など執政者が誄を奉上したのである。和風諡号は、第二章でも触れたように、安閑のヒロクニオシタケカナヒ、宣化のタケヲヒロクニオシタテ以下麗々たる和風諡号が成立する。

このことから大王を対象にする殯宮儀礼が成立し、和風諡号が献呈された最初は安閑天皇の殯宮であろうと和田氏は推定している。継体が新王朝で血縁が断絶していた事実を、和風諡号と日嗣の奉上によって応神以前の系譜につながっていると主張したと考えているが、もし血縁がつながっていたとしても、かなり遠い関係となったことが、儀礼が整備される必要を生んだのだろう。

皇極《こうぎょく》元年（六四二）十二月に舒明天皇の殯宮が八日間営まれ、二日目に息長山田公《おきながのやまだのきみ》が「日嗣」を誄した。「日嗣」とは皇祖以来の皇統譜であり、諡号の献呈は亡き大王の名を新たに日嗣に付け加えることを意味したのである。

「日嗣」とは、先述のように『古事記』に「帝皇の日継」とあり、「帝紀」である。喪葬儀礼の中で（即位儀礼でも？）「帝紀」＝皇統譜が形成されていったのであり、津田左右吉が「帝紀」の成立を継体から欽明朝頃としたことは、儀礼の整備過程とも合致している。

畿内の豪族が大王のもとに結集したと述べたが、結集の核は、「日嗣」つまり大王が皇祖神以来つながり、神話を背負っていることだろう。即位儀礼において新大王が登る壇も宗教的・神話的意味を持つ。タカミクラと言われるが、奈良時代には「天つ日嗣高御座」とも言われ、「天つ日嗣」に連なる皇統の継承者であることを象徴するのがタカミクラであった。

登壇即位は、岡田精司氏によればニニギが高千穂の峰に降臨した天孫降臨神話に対応する。即位式は、天孫としてアマテラス（あるいはタカミムスヒ）に地上の世界（豊葦原《とよあしはら》の水《みず》穂《ほ》の国）の統治を委任されて地上に降臨したことを再現したのである。さらに熊谷氏は、新大王は壇に登って神を祭ったと推測している。

筑紫国造磐井の反乱

大和朝廷の形成と同時に、この時期に地方への支配機構も形成される。地方豪族を従属させ、中央に貢納させる体制ができてくる。

その国造制・屯倉《みやけ》制が成立してくる一つの画期となったのが、六世紀前半に九州北部で起きた筑紫国造磐井の反乱である。継体天皇二十一年（五二七）、朝廷は「任那」での倭国勢力後退を防ぐため近江毛野《おうみのけの》の率いる六万の軍兵を朝鮮半島に派遣した。これに対して筑紫（筑前・筑後）を本拠とする磐井は、火《ひ》（肥前・肥後）・豊《とよ》（豊前・豊後）二国の勢力を集めて反乱を起こし、毛野の軍をさえぎって渡海できないようにした。朝廷は大連の物部麁鹿火を大将軍として派遣し、翌年磐井を斬り、その子の葛子《くずこ》が糟屋屯倉《かすやのみやけ》（福岡市東部）を献上して贖罪を願うことで、磐井の乱は終わった。

仁賢《にんけん》以降は系譜だけで本文がない『古事記』だが継体天皇段に、「竺紫君石井」が無礼なことが多かったので、物部荒甲《あらかい》・大伴金村の二人を遣して殺したという記事があり、反乱は大規模だったことは疑いない。

しかし坂本太郎氏が述べるように、継体紀の記述がどこまで信頼できるかは疑問がある。磐井が新羅と通じて反乱を起こしたとする話は、おそらく史実ではないだろう。毛野軍への動員・参加をふくめ、この時期の朝鮮半島への軍事進出にともなう負担が北部九州に不満を

靫を負う石人　岩戸山古墳

岩戸山古墳　福岡県八女市上空より

生んだことが背景にあるが、広く言えば、雄略朝の吉備氏の反乱と同じ大和政権による地方首長への支配強化の流れの一例である。

福岡県八女《やめ》市の八女丘陵上に岩戸《いわと》山《やま》古墳がある。墳丘は全長一三五メートル、後円径六〇メートル、前方部幅九二メートルで、周囲に空濠《からぼり》、さらに外堤《がいてい》がめぐり、北部九州で最大規模の前方後円墳である。写真のような後円部の東北隅に一辺四三メートルの方形の区画があり、他に例のない特色である。

この古墳は六世紀のものとされ、埋葬者がわかる。『筑後国風土記』逸文に筑紫君磐井の墓について以下の記述がある。

石人・石盾が各六〇枚あって交互に行列をなして四面をめぐる。東北の角に一別区があり、衙《が》頭《とう》（政所をさす）という。その中に一石人が堂々と立っていて、解部《ときべ》（裁判官）という。その前に一人の裸の男が地に伏していて、偸人《ぬすびと》という。側に石猪四頭があり、贓物《ぞうぶつ》（盗品）という。そこに石馬三匹・石殿三軒・石蔵二軒が立ち並ぶ。

岩戸山古墳の方形の区画がこの別区であると考えられ、そこに石人などにより衙頭（磐井による裁判・政治の場面）が再現されていた。墳丘や別区から石人・石盾・石靫・石馬などが出土していることから、この古墳が風土記の作られた奈良時代には磐井の墓と考えられていたことは疑いない。

在地首長としての権力を持つ国造

国造《くにのみやつこ》とは、国のミヤツコ（御奴）であり、伴造《とものみやつこ》と並んで、国をもって大王に奉仕するしもべという意味である。在地の有力豪族が世襲的にその職についた地方官である。国造制は大化前代の国制の基礎であるが、その本質は、王権への服属と奉仕にあり、ミツキ・エダチという貢納・労役を行ない、一定の領域を支配した。

『古事記』成務《せいむ》段に「大国・小国の国造を定め賜ひ、また国々の堺、及び大県《おおあがた》・小県《おあがた》の県主《あがたぬし》を定め賜ひき」とあるように、「記紀」は成務朝に国造制が成立したとするが、それは編者の構想である。かつては新野《にいの》直吉《なおよし》氏など四世紀末から五世紀初めに国造制が成立したとするのが通説だったが、石母田《いしもだ》正《しょう》氏は五世紀末から六世紀代とし、吉田《よしだ》晶《あきら》氏は磐井の乱後、六世紀中葉以降に成立したとする。かつて筑紫・豊・火の広汎な地域を支配した筑紫君を、乱後も筑紫君一族の筑紫での首長的地位を否定することなく、豊・火にも国造を置き、国造制を施行し、屯倉制も施行し、畿内勢力の全国支配を進めていったと述べている。

国造は、服属と一定の奉仕と引きかえに地方の統治を委ねられるので、在地における首長としての権力が前提であり、相違が大きい。磐井の乱が九州の国造制にとって大きな画期であろうが、明確な統一的制度でないので、いくつかの段階を経て全国的に成立するのだろう。

岩戸山古墳の石人が磐井の裁判を再現していたように、国造は（磐井は国造になっていない可能性がある）独自に裁判を行なった。石母田正氏は、国造制の内容として国造法という概念を設定する。在地首長層の法慣行が、中央権力との関係で制度化された法であり、領域的支配の法でもあるとし、その内容としては、裁判・刑罰権をはじめ、徭役賦課《ようえきふか》・徴税権、勧農をはじめとする行政権、そして祭祀権を挙げ、原則として部民・非部民の区別なく、クニ内部のすべての民に及んだとしている。

屯倉の支配権と国造―朝廷関係

磐井の乱の記事で注目されるのは、反乱のあとで磐井の子筑紫君葛子が糟屋屯倉を献上していることである。垂仁《すいにん》～履中《りちゅう》紀にも屯倉設置の伝承があるが、この糟屋屯倉は最初の信頼できる記事といえる。

国造が罪を贖《あがな》うために屯倉を献上した話は他にもある。安閑元年四月には、真珠を伊甚《いじみ》（房総半島南部）に求めさせたところ、伊甚国造稚子直《わくごのあたい》は入京が遅れたため、とらえられて推問され、彼は後宮《こうきゅう》の寝殿に逃げ匿《かく》れた。そこで闌入《らんにゅう》罪の重罪に問われ、伊甚屯倉を献上して罪を贖《うるう》ったというものである。

また閏十二月には、武蔵国造笠原直使主《かさはらのあたいおみ》と同族の小杵《おき》が長年国造の職を争ってきたが、小杵は上毛野君小熊《かみつけののきみおぐま》に助けを求め使主を殺そうとした。使主は逃げ出して京にいたり、朝廷の裁きで国造の地位を得て、小杵を殺し、感謝して朝廷に横渟《よこぬ》・橘花《たちばな》・多氷《おおい》・倉樔《くらす》の四処の屯倉を献上したという話もある。これも内紛のわびに国造任命と同時に屯倉を献上したのである。

さらに安閑二年五月には、筑紫から駿河にいたる二六の屯倉を設置した記事がある。安閑朝に屯倉設置を一括してまとめたものだろうから、どこまで安閑朝の史実かは微妙だが、六世紀中葉に多くの屯倉が置かれたようである。

屯倉というのは、朝廷の直轄地といわれ、田地と倉庫があり、農業経営が朝廷の支配下で行なわれたと考えられることが多い。しかし、蘇我氏が帰化人を率いて経営した白猪・児島屯倉や、主に推古朝に大規模な池溝《ちこう》開発をともなう開発、設置された畿内の屯倉は畿内政権の基盤となる直轄地となったが、このように服属や贖罪によって国造が献上した屯倉について、中央から田領《でんりょう》が派遣されたり、あるいは遠国の屯倉から米が中央に運ばれることがどれほどあったかは疑問がある。

先の伊甚屯倉《いじみのみやけ》については『書紀』に今の上総国伊甚郡になったと明記されているが、武蔵国造の献上した屯倉も、多氷は多末《たま》の誤りとすれば多麻郡、倉樔も倉樹《くらき》とすれば久良《くらき》郡であり、横渟は横見郡をさし、橘花は橘樹郡と武蔵国の令制郡名につながる。翌年に一括で記されるうちの緑野《みどの》屯倉も、上毛野君（上毛野国造）が武蔵国造の争いに介入して敗れた結果、贖罪して領土の一部を献上したものと考えられるもので、これも上野国緑野郡へつながる。また筑紫の糟屋屯倉も、筑前国の郡名である。

いずれもかなり広い領域であり、こうした屯倉は、中央支配の拠点というよりも、国造領内を分割してそこからの収取分を朝廷に差し出すという性格が推測できる。実際の支配権は依然として各国造が掌握していて、国造による貢納―奉仕関係の中に屯倉制も包摂されていたと考えられる。

東国国造の実態と舎人の貢上

国造制は、個々の豪族の特徴によって差も大きい。一つのタイプは、吉備臣・出雲臣、あるいは筑紫君・毛野君など、臣・君姓を持つ国造で、伝統的にきわめて大きな力を持ち、反乱の伝承もあるように、大王家と対等の関係を持つ地方豪族だったのだろう。これに対して圧倒的に多いのは、直姓《あたい》を持つ国造で、紀直・伊予直など地名（クニ名）＋直の姓が多く、これは地方官として、ある程度画一的に制度化されたものだろう。

その中で特色を持つのが東国（ここでは三河・信濃以東）の国造である。『常陸国風土記』にみえる茨城《うばらき》国造の壬生《みぶ》連、那珂《なか》国造の壬生直、下総国の上海上《かみつうながみ》国造の他田日奉部《おさだひまつり》直、印波《いんば》郡領（印波国造の後裔）の丈部直など、国造のウヂ名が名代・子代などの部の伴造

天皇・宮	舎人名称	所在（出典）
安閑天皇 勾金橋宮	勾舎人部	設置記事（紀 安閑2年4月）
宣化天皇	檜前舎人直	上総国海上郡（続紀 神護景雲元年）、上海上国造か
檜前廬入野宮	檜隈舎人直	武蔵国加美郡（続後紀 承和7年）
	檜前舎人	駿河国志太郡少領（天平10年駿河正税帳）
		武蔵国那珂郡（万葉集 防人歌）
	檜前舎人部	遠江国城飼郡主帳（続紀 宝亀2年）
		伊豆国田方郡（平城木簡22-26）
欽明天皇 磯城嶋金刺宮	金刺舎人	駿河国駿河郡大領（続紀 延暦10年）
		〃　〃 少領（平城木簡19-21）
		〃　〃 主政（天平9年駿河正税帳）
		駿河国益頭郡（続紀 天平宝字元年）
		信濃国伊那郡大領（類聚三代格 弘仁3年）
		〃 埴科郡大領（三代実録 貞観4年）
		〃 水内郡（女孺）（続紀 宝亀3年）
		〃 諏方郡（近衛将監）（三代実録 貞観5年）
	金刺舎人部	駿河国駿河郡（平城木簡22-24）
敏達天皇	他田舎人直	（中央出仕の女官）（続紀 養老7年）
訳語田幸玉宮	他田舎人	駿河国有度郡散事（天平10年駿河正税帳）
		〃　〃（平城木簡31-25）
		信濃国小県郡権少領（三代実録 貞観4年）
		〃　〃 国造丁（防人歌）
		〃 筑摩郡大領（調庸墨書銘、天平勝宝4年）
		〃 伊那郡（続紀 神護景雲2年）
来目皇子 （用明皇子）	久米舎人	信濃国小県郡（類聚国史 延暦14年）
〈参考〉 名代	他田日奉直	下総国海上郡大領・上海上国造 （天平20年他田日奉部直神護解 続紀 延暦4年、三代実録 仁和元年）
	檜前公	上野国那波郡（近衛将監）（続後紀 承和14年）
	檜前君	〃 佐位郡・上野国造（続紀 神護景雲元年）
	檜前部君	〃 佐位郡大領（調庸墨書銘、天平感宝元年）
	他田部君	〃 新田郡擬少領（調庸墨書銘、天平勝宝4年）

東国における舎人一覧　笹山晴生『日本古代衛府制度の研究』より加筆

注1　紀は『日本書紀』、続紀は『続日本紀』、続後紀は『続日本後紀』、三代実録は『日本三代実録』の略。

注2　平城木簡22-26とは『平城宮発掘調査出土木簡概報』22、26頁の略。

注3　最後に同時期（安閑～敏達）の名代の伴造姓を、郡司級豪族に限って参考として掲げた。

であることが多く、クニ名が姓となったのは毛野・那須ぐらいで少ない。

井上光貞氏が指摘するように、東国国造は、一つのクニの長であると同時に皇室・皇族の私有民の伴造でもあった。クニは朝廷への服属によって成立したが、たとえば出雲国は、国造は出雲臣と称して自由民であり、クニは公的な団体である。これに対して国造が同時に名代・子代の伴造であるこれらのクニは、皇族の私有の団体でもあり、朝廷への隷属度がいっそう濃厚であるといえる。東国では伴造―部民制は国造制の中に包括されていることが多い。

そうした中で、東国は朝廷の軍事力の供給源として舎人《とねり》を貢上させていたことに特色がある。六世紀前半になると、単なる某部ではなく、勾《まがりのとねり》舎人・檜前《ひのくま》舎人・金刺《かなさし》舎人・他田《おさだ》舎人など宮号＋舎人という舎人が設定されている。

それまでの名代は、宮に直接奉仕する場合もあるが、長谷部・白髪部など、地方に設定された部民の多くは、宮に出仕するトモのための生活費を負担し、宮に貢納する部である。「記紀」には長谷部舎人、白髪部舎人の設置記事がある。この「某部舎人」は、しかし氏姓名としては文献にみえない。これは名代としての某部によって資養される舎人の意で、トモの集団名であり、直接某部と舎人の間に関係はない。それぞれの舎人は、おそらく畿内の中小氏族から選ばれ、それぞれ固有の氏姓を持っていたのだろう。

これに対して宮号を付した舎人は、某宮に奉仕する舎人の意であろうが、表にみえるように氏族名・カバネとなっている。しかも舎人造―舎人直―舎人―舎人部という身分組織がみられ、駿河・信濃をはじめとする東国に分布し、国造の後裔とみられる郡司《ぐんじ》の子弟が多い。

このことは、六世紀前半の安閑・宣化朝以降、東国国造による組織的な王宮守衛の体制が作られ、国造が舎人直や舎人のカバネを持ち、その子弟を舎人として貢上し、舎人を出した国造配下の人民を舎人部として舎人の生活の資を貢納させるという、奉仕―貢納の体制が作られたことを示すのである。

律令制では、左右兵衛府《ひょうえふ》の兵衛（ツハモノノトネリ）は、⑴郡別に一人郡司子弟の弓馬に巧みな者を選ぶ、⑵内六位以下八位以上の嫡子の中等の者をとると規定されるが、⑴は東国国造の子弟が舎人として奉仕し、⑵は畿内の中小氏族が舎人として奉仕した系譜を引いていると笹山晴生氏が推定している。

東国国造だけにより王宮守衛体制が作られたことは、この時期に東国だけに国造制が施行されたためと考えるのが合理的である。畿内や近国、西国においては、もう少し早い時期から国造は置かれ、王権と一定の関係を持っていた可能性があるだろう。

朝廷の軍事的基盤としての東国

こうして東国は、古代王権の軍事的基盤となった。奈良時代には、兵衛《ひょうえ》の制の中に継承されたほか、神亀《じんき》五年（七二八）に聖武《しょうむ》天皇の親衛軍として設けられた中衛府《ちゅうえふ》の中衛三〇〇人は「東舎人《あずまのとねり》」とも称され、権力を支える軍事力は東国出身者により担われた。神護景雲《じんごけいうん》三年（七六九）には、「東人《あずまひと》は常に云はく、『額《ひたい》には箭《や》は立つとも背《せ》には箭は立たじ』と云ひて、君を一心をもちて護る物そ」と、その忠誠がうたわれている。

日本古代の反乱の特色は、必ず東国へ脱出して東国の勢力を味方につけようとすることである。壬申の乱で天武《てんむ》天皇が東国に入って勝利したことは有名だが、皇極二年（六四三）に蘇我入鹿《いるか》に滅ぼされようとした山背大兄王は東国への脱出を勧められたし、平安時代初期の薬子《くすこ》の変では平城《へいぜい》上皇は東国に向かおうとしたなど、例を挙げればきりがない。

東国の国造は、大和朝廷に対して強力な服属—奉仕関係を保ち、それは国造が一種の後進性ゆえに一元的な領域権力として自立性が強かったためだろう。東国は全体として「アヅマ」と呼ばれ、伝承上は、天《あめ》—東《あずま》—夷《ひな》（雄略記の天語り歌、記一〇〇番）のような一種の世界観の一要素であり、東国統治が天皇位と対になって想定されている伝承もある。

おそらく東国に対しては服属儀礼がくり返し要求されたので、「東国の調」というミツキ貢納の儀式も六世紀末にはみられる。

『万葉集』巻一四には、二三〇首の「東歌《あずまうた》」が収録されている。単純な民謡を収録したものではなく、中央集権的国家秩序を示すという議論があるが、律令国家にとって、東歌は王権への奉仕として不可欠な意味があったのだろう。平安時代においても宴会や儀式において、近衛府《このえふ》によって「東国の歌」や歌舞である「東遊《あずまあそび》」が奏され、神社に奉納される。この近衛府は、奈良時代の中衛府が発展したもので、東国国造の舎人の系譜を引いている。

3　推古天皇

崇仏・破仏と政治対立

欽明天皇がその三十二年（五七一）に没すると、敏達、用明、崇峻と欽明の子どもたちが兄弟で皇位を継承していく。『日本書紀』は、欽明十三年条に仏教伝来を記し、天皇が群臣に対して礼拝の可否を諮り、蘇我稲目は賛成したが、物部尾輿《もののべのおこし》と中臣鎌子《なかとみのかまこ》が反対したので、天皇は稲目に私的に礼拝するのを許し、稲目は向原《むくはら》の家を浄めて寺とした。ところが疫病がはやって死者が多かったので尾輿らは天皇の許可を得て、仏像を難波の堀江に捨てたと記す。

しかし『元興寺《がんごうじ》縁起』や『上宮《じょうぐう》聖徳法王帝説《しょうとくほうおうていせつ》』によると己《き》丑《ちゅう》年（欽明三十年〈五六九〉）に稲目が没し、その翌年庚寅《こういん》年（五七〇）に仏殿を焼き、仏像を難波堀江に流したとあり、蘇我氏が仏教保護に力を尽くしていたことがわかる。

その後、敏達天皇十三年（五八四）、鹿深臣《かふかのおみ》（甲賀臣）が百済より弥勒の石像一体をもたらしたのを機に、蘇我馬子が仏教を再興する。馬子は、高句麗僧恵便《えべん》を播磨からさがして師となし、鞍部《くらつくりの》　村主《すぐり》司《し》馬《ば》達等《たつと》の娘など三人を出家させ、仏殿を宅の東方につくり、弥勒石像を安置した。『書紀』は「仏法の初め、これより作《な》れり」と記している。

ところが翌年大野丘での法会《ほうえ》の後に馬子が病になり、占うと仏の祟りと出た。再び疫病がはやり、物部守屋《もののべのもりや》と中臣勝海《なかとみのかつみ》が奏上して、敏達の同意のもと、塔を切り倒し仏像は難波堀江に捨てられるなど、二度目の破仏となった。なお、『元興寺縁起』では止由良佐岐《とゆらさき》での大法会の時に、「他田《おさだ》天皇、仏法を破らんと欲し」塔の柱を伐り、仏像と殿を破り焼いたとあり、敏達天皇自身が破仏の主体であったことを伝えている。こちらが真実であろう。

こうした崇仏・破仏は、大王を含めた政治対立である。敏達は、欽明の皇后石姫《いしひめ》の第二子である。兄の箭田珠勝大兄《やたのたまかつ》皇子が亡くなったあと皇太子となり、即位した。大王となった欽明の子のうちで唯一母が蘇我氏でないことと関係があるだろう。

敏達はその年（五八五）八月に亡くなる。殯宮《もがりのみや》を広瀬（北葛城郡広陵町）に建て、殯宮儀礼が行なわれる。蘇我馬子大臣と物部守屋大連とが誄を奉ったが、その様子をお互いに「矢のささった雀のようだ」「（ふるえていて）鈴をかけたらよい」と侮辱しあった。

九月に欽明の第四子大兄《おおえ》皇子が即位し、用明天皇となる。用明の母は稲目の娘堅塩媛《きたしひめ》であり、蘇我氏の支持があった。用明二年（五八七）四月には、天皇が病におそわれ、先述のように仏教への帰依を表明し、マヘツキミに合議させた。そこで崇仏派と排仏派の対立が再燃することになり、物部守屋と中臣勝海は一党を集め、太子彦人大兄皇子（敏達の皇子、母は広姫《ひろひめ》）と異母弟竹田《たけだ》皇子の人形を作って呪った。

用明は病を得てわずか七日で没した。翌月に物部守屋は穴穂部《あなほべ》皇子（欽明の皇子、母は小《お》姉君《あねきみ》）の即位を企てたが、六月に馬子は敏達皇后の豊御食炊屋姫《とよみけかしきやひめ》に詔を出させ、穴穂部皇子を襲わせ、殺した。

七月には馬子は、諸皇子と群臣とによびかけ物部守屋討滅の軍を興すことを謀った。それにこたえた皇子の名に、泊瀬部《はつせべ》皇子（欽明の皇子、母は小姉君）・竹田皇子・厩戸《うまやど》（聖徳）皇子（用明の皇子）などがみえ、ついに彼らと諸氏族を率いて、物部守屋を滅ぼした。こうして八月に、豊御食炊屋姫は群臣とともに泊瀬部皇子を皇位につけ、崇峻天皇となった。なお皇位継承者だったはずの押坂彦人大兄皇子《おしさかのひこひと》は、守屋討伐軍に名がみえない。用明死後の緊迫した情勢の中で死亡したものと推測される。

こうして朝廷からは排仏派が一掃され、政権は蘇我氏が権力を独占する。以後は仏教が蘇我馬子と厩戸皇子を中心に興隆し、飛鳥文化が花開くことになる。

大后制の成立と太陽神祭祀

敏達天皇は、息長真手王《おきながのまて》の娘、広姫を皇后となし、押坂彦人大兄皇子と二人の女子を生んだ。さらに『日本書紀』は敏達四年（五七五）十一月に広姫が薨《こう》じたので、翌年に敏達の異母妹（母は蘇我稲目の娘堅塩媛）の豊御食炊屋姫（額田部《ぬかたべ》皇女）を立てて皇后となし、竹田皇子・尾張皇子の二男と五女を生んだと記している。

翌六年（五七七）二月に「詔して日祀部《ひまつり》・私部《きさい》を置く」とある。

日祀部は日奉部《ひまつりべ》とも書き、太陽神祭祀に関わる部民と考えられ、このころの伊勢神宮祭祀の展開により置かれたのだろう。中央には伴造氏として日奉造・財《たから》日奉造・佐伯《さえき》日奉造などがあり、日奉舎人部というのもある。前にふれた東国には、下総の海上国造氏の姓に他田日奉部直があり、敏達天皇の宮が訳語田《おさだの》（他田）幸玉宮《さきたまのみや》であり、他田宮に奉仕する名代とこのときの日奉部が複合され、何らかの祭祀や斎宮《さいぐう》などの費用に充てられたと考えられよう。

私部はキサイベと読むが、本来キサキツベであるので皇后（后を私と書く）のための部民である。岸俊男氏は「それまで個々の特定后妃に、おもに宮号を付して与えられていた名代を、ある時期から后妃の私有部として定立化し、それを『私部』といういわば普通名詞に統一した」と述べ、宮廷組織の整備が進み、多くの后の中で特定の一人を大后《おおきさき》とする大后制（ただし『書紀』は皇后とする）が成立することを指摘した。

吉田晶氏は、殯宮儀礼において、大后は大王の死後殯宮に籠もって大王霊を奉斎し、即位にあたってその大王霊を次代の大王に付与するもので、殯宮の期間中は大王に準ずる地位をしめたと想定し、そのためには大王家の血統にもっとも近い王族の出身であることが必要であるとし、殯宮が安閑・宣化朝に成立したことから、安閑の大后、春日山田《かすがのやまだ》皇女に大后制は始まると、その成立を遡らせている。

しかし豊御食炊屋姫が画期であることも、私部という財政基盤ができたことから明らかであろう。彼女は敏達の大后でありその殯宮に奉仕したが、次の用明の代にも大后であり、用明の死後には蘇我馬子は彼女のミコトノリを奉じて穴穂部皇子を討ったり、炊屋姫が群臣とともに泊瀬部皇子（崇峻）を天皇位に推挙している。ここから小林敏男氏は、大王とともに共治もしくは輔政《ほせい》という立場に立てるようになったことが大后制の成立の本質だと述べている。

大王のキサキは、おそらくヒメ・ヒコ制以来の聖俗の分担の伝統を引いているが、そこから政治的に発展して大后の地位が確立したのだろう。同時に成立した日奉部も、ヒメの太陽神祭祀への奉仕が、大后から分離して確立していったことを示すのかもしれない。

大王の輔政としての大兄

推古が即位すると、大后だけでなく皇太子のための名代・子代も同様に改められた。推古十五年（六〇七）二月に「壬生部《みぶべ》を定む」とある。

壬生部は、乳部《みぶ》ともあり、皇太子（厩戸皇子）という地位にあてられる財政基盤として、国家秩序に組みこまれた。大化改新によって従来の名代・子代は廃止されるが、養老禄令《ろくりょう》には、中宮湯沐《とうもく》二〇〇〇戸と東宮雑用料が規定されている。私部と壬生部は八世紀の律令制の中へ継承されていくのである。

六、七世紀には、押坂彦人大兄皇子や中大兄皇子など、大兄の名がつく皇子が多い。井上光貞氏によれば、大兄は一種の制度で嫡長子をさし、皇位継承の最上の資格者である。しかし皇位継承の慣習には、長子相続とならんで兄弟相続の原則も重んじられ、複雑であり、二人以上の大兄が皇位継承の候補になることは多かった。

たとえば敏達の死後の皇位継承を考えてみると、天皇の直系として、敏達とその大后広姫の生んだ押坂彦人大兄皇子がもっとも有力である。一方兄弟相続の面では、欽明の皇子で蘇我稲目の娘、堅塩媛の生んだ長子の大兄皇子（異母弟）が最有力であった。現実には大兄皇子が即位して用明天皇となった。

敏達は生前に大兄皇子を皇嗣に定め、そのあとを彦人大兄と決めていたのだろうとの推測もあるが、即位儀礼のあり方で述べたように群臣の推戴《すいたい》によって次の大王が決められたので、大兄は候補者ではあっても、皇太子のような定まった次期大王予定者にはなりえなかったことに留意すべきである。大兄皇子は母を蘇我氏とし、一方彦人大兄の母広姫は大后だったとしても早く亡くなっていたので、蘇我氏の影響力からいっても、大兄皇子が即位するのはある意味で当然だった。

一方で、小林敏男氏は、大兄は、継体朝の勾大兄皇子《まがりのおおえ》（安閑）に始まり、政治史的に位置づけるべきで、大王が自己の輔政の地位に長子をすえたもので、それを大兄と称させたのではないかと述べている。大兄が皇位継承に関わってくるのはその結果生じたことだとするのである。

『書紀』は、推古天皇即位元年（五九三）に、
厩戸豊聡耳皇子《うまやどのとよとみみ》を立てて、皇太子とす。仍《よ》りて録《つぶ》さに摂政《まつりごと》らしむ。万機を以て悉に委《ゆだ》ぬ。

と、聖徳太子が「皇太子」について、摂政となったと明記する。皇太子制は聖徳太子に始まるというのは通説であるが、さまざまな問題もある。「皇太子」が正式に定められるのは、律令により制度化されてからだろうが、壬生部が定められたことからも太子とか「ひつぎの

みこ」とか称される一定の実体があったように思われる。
『隋書《ずいしょ》』倭国伝《わこくでん》には、「太子を名づけて、利（和《わ》）歌弥多弗利《かみたふり》と為す」とあり、唐代の類書『翰苑《かんえん》』に「王の長子を和哥弥多弗利と号す。華言の太子なり」とあり、厩戸がワカミタフリと呼ばれていたことがわかり、それが太子に相当するので一定の政治的地位であったといえる。

　聖徳太子の像は信仰の対象として神格化されていて、『日本書紀』においてすでに潤色が進んでいる。とはいえ推古朝の政治においては「皇太子及び大臣」「皇太子・嶋大臣」のセットが多くみえ、蘇我馬子大臣と太子とよびうる地位にあった厩戸皇子とが共同で政治を行なったと考えられる。聖徳太子の伝記である『上宮聖徳法王帝説』にも、「上宮厩戸豊聡耳命、嶋大臣と共に天下の政を輔《たす》く」と記している。

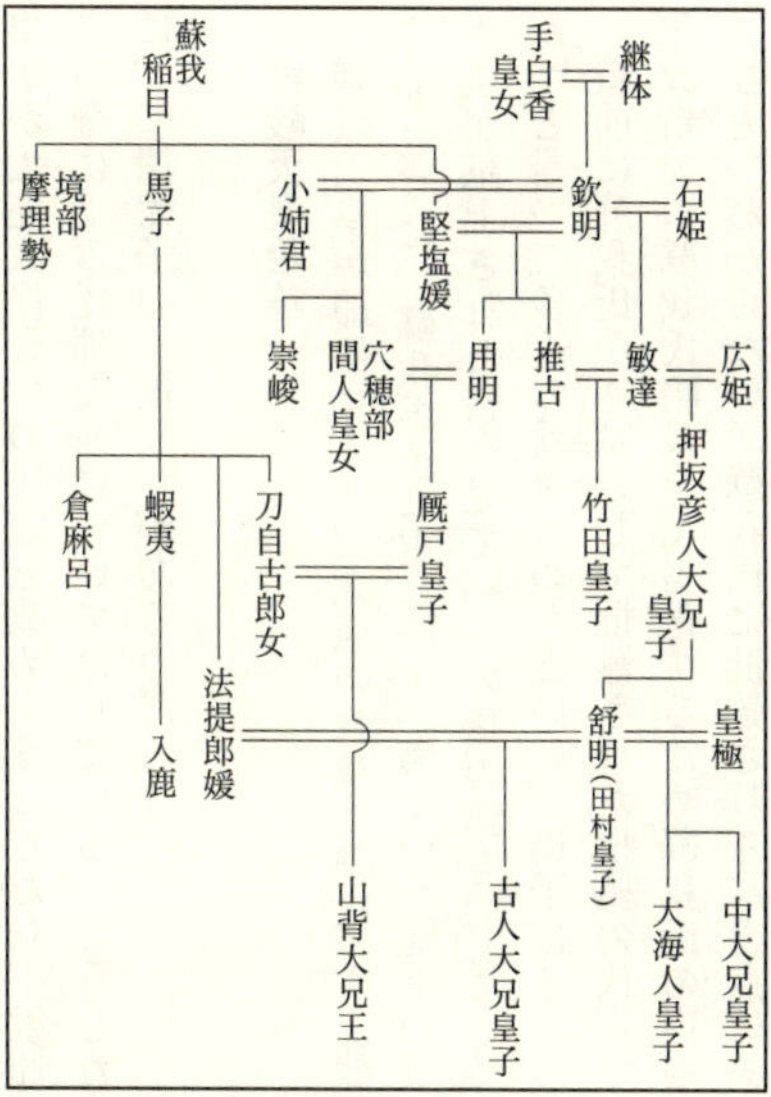

蘇我氏と天皇家の系図

　継体朝には、その皇子勾大兄

皇子が大連大伴金村の決定を改めようとしたり、敏達天皇は彦人大兄皇子と大臣馬子に対して新羅による任那復興について命じている。こうした大兄による大王の輔政の伝統の延長上に、聖徳太子の「摂政」があるのだろう。

崇峻天皇暗殺

崇峻天皇が即位すると、大臣の蘇我馬子による独裁的体制が成立する。しかしその五年(五九二)に、蘇我馬子は東 漢 直 駒《やまとのあやのあたいこま》という配下の東漢氏に命じて天皇を暗殺してしまう。天皇が献上された猪を見て「この猪の頸を切るように、いつか嫌な男の首を切りたいものだ」と言って多くの兵を集めたといい、馬子はそれに対して先手を打ったらしい。

戦前に蘇我氏が逆賊《ぎゃくぞく》として批難された根拠の代表であるが、そもそも『日本書紀』は、大化改新での蘇我氏暗殺を正当化するため蘇我氏の専横を誇張して書いてあるので、真相はいまひとつわからない。蘇我氏に批難されるべき点はあるだろうが、帰化人を組織して国家機構を充実させていき、また先んじて仏教を受容したことなど、開明的かつ積極的に時代をリードしたことを評価すべきであろう。

なお暗殺事件のとき、馬子は「今日、東国《あずま》の調《みつき》を進《たてまつ》る」と群臣を偽ったという。東国の調は、東国の国造が服属の証しとして進上するミツキであり、領内に設定された屯倉の分も入っているかもしれない。国造は大王に対して服属するので、重要な国家的行事であり、大王の出御《しゅつぎょ》が不可欠だったのだろう。

とはいえ、大王の暗殺は異様な事態である。『日本書紀』には「嗣位《みつぎのくらい》既に空し」と記すが、これは皇位継承者がまったくいなくなったという意味である。つまり崇峻で、欽明の皇子の世代の兄弟継承が終わるのである（だから馬子とそりがあわなくても即位したのだろう）。

その次、欽明の孫の世代では、最有力なのは敏達の長子押坂彦人大兄皇子であり、最年長であった。しかし彼については不明なことが多く、崇峻朝以降まったくみえず、用明末年の抗争の中で暗殺されたか、病死したのだろう（用明の急逝は天然痘だったらしく流行したらしい）。推古朝にも生存していたとの説もあるが、『日本書紀』の書き方に合わないと思う。

次には、敏達の皇子で、大后炊屋姫が生んだ竹田皇子がいる。彦人大兄とあわせて物部守屋らに呪詛《じゅそ》されたくらいで、血筋も抜群である。しかし彼も守屋討伐軍に参加したのを最後に姿が見えず、やはり病没した可能性がある。推古が愛した皇子だったらしく、推古は遺詔で自らの陵を作らず竹田皇子の陵に合葬するように命じている。おそらく推古即位の時点ではすでに亡くなっていたのだろう。次の用明男の厩戸皇子は崇峻暗殺時には一九歳であり、まだ若かったらしい。

かくして群臣は、敏達の大后、額田部皇女（豊御食炊屋姫）に即位を請うことになった。大后は辞譲したが、三たび即位を要請し（中国での慣行で作文であろう）、ようやく受け入れてレガリアをうけて豊浦《とゆら》宮で即位する。推古天皇、女帝の誕生である。

古代女帝の本質

古代の女帝の本質については、一つは折口信夫《おりくちしのぶ》の説く巫女《ふじょ》、シャーマン説がある。卑弥呼や飯豊《いいどよ》皇女などがあり、ヒメ・ヒコ制などに触れてこれまで述べてきた。

もう一つ、井上光貞氏が提唱した中継ぎ説がある。井上氏は、推古・皇極・斉明《さいめい》・持統《じとう》の女帝と、春日山田《かすがのやまだ》皇女（安閑の大后）と倭姫《やまとひめ》（天智の大后）の即位を請われた二人をとり上げ、いずれも天皇または天皇になり得べき人の娘であったこと、さらにすべてが皇太后であったという顕著な特色を指摘し、「古代には、皇位継承上の困難な事情のある時、先帝または前帝の皇后が即位するという慣行があったのであり、それが女帝の本来のすがたであった」と論じている。シャーマン型の女帝は五世紀までは例があるが、六世紀の女帝はそれとは違い、先帝の皇后であり、推古女帝はこの型の女帝の始めであると述べている。

たしかに、六、七世紀は卑弥呼に比べてはるかに世俗化した、文明化された時代であり、原始的なシャーマンとは違うが、シャーマン的性質がまったくないわけでもないだろう。また男性の皇位継承が困難な場合に大后・皇后が即位する慣行は事実であるが、では皇后にはどのような特色があるのか、考えておく必要もある。

奈良・平安時代に、天皇は重要な祭祀にあたっては「帛衣《はくい》」という白の御衣を着したが、皇后にもまた「助祭」として「帛衣」を規定する。皇后も、天皇が祭祀を行なう場で、天皇を助けた。また律令国家の最重要儀礼である元日朝賀《ちょうが》においても、天皇だけでなく大極殿《だいごくでん》には皇后の座を設け、皇后も本来は帛衣を着て、群臣の拝礼を受けた。おそらく大后・皇后は、大王・天皇の祭祀を支え宗教的役割を担ったのだろう。伊勢神宮に派遣される斎宮がもちろん朝廷の祭祀を担ったが、大和で祭祀を助けたのは大后だったのだろう。

興味深いのは、倉塚曄子《くらつかあきこ》氏が指摘しているように、斎宮の制度が整った天武朝以降において、元正《げんしょう》天皇（聖武の成長を待つための中継ぎだった）を除いて、元明《げんめい》・孝謙《こうけん》・称徳《しょうとく》という女帝が即位している期間は斎宮が派遣されていないらしいことである。つまり女帝であれば斎宮はいらなかったのであり、媒介者なしに自らアマテラスの神意を聞くことも可能だったのである。

推古女帝をこのような文脈の中に置くと、第一章でとり上げた推古十五年（六〇七）二月戊子《ぼし》の「（前略）今朕が世に当りて、神祇を祭《いわ》ひ祀ること、豈《あに》怠ること有らむや。故《かれ》、群臣、共に為に心を竭《つく》して、神祇を拝《いやびまつ》るべし」という詔も理解できよう。

六日後には「皇太子と大臣と、百寮を率て、神祇を祭ひ拝ぶ」と、聖徳太子と馬子が率先して神を祭った。本条については、仏教色の濃い推古紀の中で孤立していることからこれを造作とする説もある。しかしそうではなく、仏教儀礼の展開の中で、新たに神祇祭祀儀礼の創出が

豊浦宮跡　奈良県明日香村豊浦

推古により目指されたのだろう。

だが、それにしてもシャーマン的女帝と仏教とはかみあわない感じがする。特に推古は、『元興寺縁起』によれば、仏教伝来以来、蘇我稲目が池辺皇子《いけのべ》（用明）と額田部皇女（大大王＝推古）とに特に託して仏教を護らせたとし、額田部皇女の後宮の豊浦宮《とゆら》に釈迦像が安置されたなど、仏教保護に積極的にかかわっていた。

倫理学の佐藤正英氏は、「〈たま〉神としての釈迦仏」などと論じ、初めてもたらされた仏教は、「蕃神」「他神」であり、異国からもたらされた神だったと述べている。司馬達等の娘善信尼《ぜんしんに》などが初めて正式な出家者比丘尼《びくに》となって帰国し（崇峻三年）、ついで推古元年（五九三）に豊浦宮を尼寺として豊浦寺にしたという。わが国最初期の仏法は、学問尼に受容され、最初の寺院も尼寺で、いわば巫女による仏法であったとし、推古は、神祇祭祀だけでなく、釈迦仏を祭祀する学問尼も統轄していたのである。こうした宗教的特質は女帝の本質を継承していて、推古女帝は仏教興隆に大きな役割をはたしたのである。

冠位十二階

推古十一年（六〇三）十月に、推古天皇は豊浦宮から小墾田宮《おはりだ》に宮を遷す。この十二月に「始めて冠位を行ふ」として十二階の冠位を定め、翌年正月に冠位を諸臣に賜い、四月に「皇太子親《みずか》ら肇《はじ》めて憲法十七条作りたまふ」と矢継ぎ早に官人の秩序を定めた。

冠位十二階は、大徳・小徳・大仁《だいにん》・小仁《しょうにん》・大礼《だいらい》・小礼《しょうらい》・大信・小信・大義《だいぎ》・小義《しょうぎ》・大智・

小智からなり、徳という儒教の最高の徳目に、仁・礼・信・義・智の五常の道を加えて一二にしたもので、儒教をもとにした名称である。これは『隋書』倭国伝にも「内官に十二等有り」として記されていて、推古朝に制定されたことは疑いないが、『隋書』は徳のあと仁義礼智信の順にしていて、かえって中国での常識的順序に誤って記している。中国にも通用するように儒教徳目を用いたのだろう。

律令制へ展開していく位階制の始まりであるが、具体的には冠である。それぞれの色を定め、その色に染めた絁《あしぎぬ》で作ったもので、元日には「髻花《うず》」という花の飾りをさしたとある。『隋書』に「隋に至りて、その王始めて冠を制す。錦綵《きんさい》を以て之を為《つく》り、金銀を以て花を鏤《ちりば》め飾りと為す」とあり、金銀の薄板に花の文を作り、冠の上につけたのだろう。

従来、ウヂに対する臣・連・造などのカバネの秩序があっただけだったが、ここで個人を対象に、また昇進も可能な冠位ができたことは、豪族が分掌する氏姓制度の中に個人単位の官人が生まれてきたことを示す。その起源は中国でなく朝鮮三国にある。高句麗には十二等の官位、新羅に十七等の官位があり、いずれも冠があり、身分の差を色で表わすなど類似している。

もっとも影響をうけたと考えられるのは百済である、十六品あり、左平《さへい》以下、達率《だちそち》・恩率《おんそち》・徳率《とくそち》・杆率《かんそち》・奈率《なそち》の第六等以上は冠に銀花をもって飾り、第七等将徳以下施徳・固徳・季徳・対徳とつづき、それぞれ紫・皁《くろ》・赤・青・黄・白と帯の色で位を示したのである。

冠が機能するのは、やはり儀礼の場である。元日には髻花をさすとあるので、元日の大王を拝する朝拝・朝賀の儀礼が重要だったことがわかる。即位儀礼と元日儀礼は内容が同じだったらしく、大王と群臣が互いの地位を確認しあうもっとも重要な儀礼であった。そのことは、翌推古十二年正月の元日に冠位を初めて諸臣に賜ったことからわかる。

また岸俊男氏によれば、この年造営された小墾田宮は、のちの朝堂院の原形になるような、北から大殿―大門―朝廷（左右に庁がある）―南門という左右対象の平面構造を持ち、大王が大殿に出御して南面し、官人が朝廷に立ち並ぶので、天皇の都城と宮の歴史の中で画期的なものであった。位階の本質は天皇との距離であるから、儀礼の場で朝廷に列立するときに、冠位制は視覚的に表示されるのである。

推古十五年（六〇七）には「大礼小野臣妹子《おののおみいもこ》を大唐に遣はす」とあり、翌年九月の国書には、「大礼蘇因高《そいんこう》・大礼乎那利《おなり》」（妹子と吉士雄成《きしおなり》）を遣わすとあり、『隋書』には「小徳阿輩台」「大礼哥多毗」を遣わして裴世清《はいせいせい》を迎えさせたと記されている。外交の場において冠位は不可欠であり、隋との国交の中で礼的秩序を導入したことがわかる。

この冠位は、しかし中国的な律令位階制と違いも大きい。黛弘道氏の研究によれば、まず聖徳太子など皇親と蘇我馬子などの大臣には授けられなかった。蘇我氏は伝統的な紫冠を用いていて、授ける側にいたらしい。皇親は織冠か繡冠を有していたらしい。また実例をみると施行地域は畿内とその周辺に限られていたようで、国造など地方豪族は対象外であった。大和朝廷での中央豪族の組織化を主眼としていたのである。

冠の髻花には、徳冠には金、仁冠には豹尾、礼冠以下には鳥（雉か）尾を用いるとあり

（推古十九年五月）、三つの階層があった。大徳・小徳は、マヘツキミという訓があり、畿内有力豪族の代表として合議に加わる大夫に与えられたらしい。仁冠は、臣・連豪族のうち大夫に任ぜられていない者や、品部《しなべ》を率いて朝廷の職務を分担する伴造氏族のうちの有力者に与えられ、礼冠以下にはそれ以外の中小氏族が対応していたと考えられている。

小野妹子のように功績によって抜擢されて昇進する場合もあったが、基本的には従来の大和朝廷の氏族秩序をもととして官人を位置づけようとしたものだった。

憲法十七条という法秩序の性格

「和を以て貴しとなす」で日本人なら誰でも知っている憲法十七条については、古来より偽作説がある。一つには、皇太子が作ったという記述について聖徳太子がひとりで作ったのではないとするものである。ただ、後世聖徳太子に仮託された可能性はあるとしても、あるいは推古十二年に作成されたのではないとしても、推古朝のものと考えてよいだろう。

偽作説の論拠の一つは、「国司」がみえることで、律令制以前にはないとするものである。地方豪族が国造に任じられていたのである。しかし大化改新の時の「東国国司」のように、中央から地方に派遣され、屯倉の管理や国司を監督する臨時の使者は（クニノ）ミコトモチとよばれ国宰・宰などの字があてられる官があり、『日本書紀』編者がそれを「国司」と記したと考えればよいだろう。

聖徳太子信仰もあり、「和を以て貴しとなす」や「篤く三宝を敬へ」（二条）など仏教思想が中心のように考えられることがあり、また道徳の訓誡ととらえられることもあるが、やはりこれは儒教を中心において国家の法として考えなければならない。推古朝の国家・官僚制の創出期においては、法が訓誡のような形をとらなければならない段階だったということであろう。

憲法十七条について、石母田正氏の議論によってみていこう。その基本的内容が「君」または「王」と「群卿百寮」「王臣」「群臣」との関係、すなわち君臣間の新しい秩序を確立することにあったことは明らかである。「群卿百寮」について、「群卿」は大夫＝マヘツキミ層、「百寮」は朝廷の実務を分掌した中下級の伴造氏族かと考えられるが、「群臣共に信あらば、何事か成らざらむ、群臣信無《な》くは、万《よろず》の事悉《ことごと》に敗れむ」（九条）、「事を執れる群卿《まえつきみ》、賞罰を明らかにすべし」（十一条）など、推古朝には形成されていたマヘツキミ集団の組織規範として制定されたといえる。

それまでのカバネにより氏族の世襲的分掌体制から官僚を生み出していくにあたって、「詔を承《うけたまわ》りては必ず謹め。君をば天とす、臣をば地とす」（三条）とか、「群卿百寮、早く朝《まい》りて晏《おそ》く退《まか》でよ」（八条）など、天皇のもとに仕える官人としての基本的なあり方を教えている。

しかし当時は、組織された行政組織機構（官司）は未熟であり、「人各任有《よさし》り。掌ること濫れざるべし」（七条）程度の分掌体制でしかなかった。そこでは天皇と官人の間、あるいは官人相互間の、直接的あるいは人格的な関係が重要であるから、人倫的・道徳的規範が強調されるのである。機構や制度によって支配者集団を組織することよりも、王権の周囲に群臣を人格的に組織することがめざされている。こういう段階に対応する新しい法秩序ということができる。

一方で憲法十七条は、君臣だけでなく、その両者と「百姓《おおみたから》」「民」との関係を規定しているところに特色があり、五ヵ条に及んでいる。

十二条は、「国司・国造、百姓に斂《おさめと》ることなかれ。国に二君非ず、民に両主無し」と、国司・国造が「百姓」から過度に収奪することを禁止している。「率土《そつど》の兆民《ちょうみん》は、王を以て主とす」と、六世紀以来の国造の百姓支配のあり方を承認したうえで、その主は天皇と明言し、税の収奪に一定の枠をかぶせている。

また「民を使ふに時を以てするは、古《いにしえ》の良き典《のり》なり」（十六条）と、百姓・民の使役の方式も規定する。大和政権内の氏姓秩序にとどまらず、国造を媒介するとはいえ「百姓」にまで法が及んでいくこと、「百姓」という身分が国家統治の客体として登場することが、この時期の法の、あるいは国家の展開を示している。

このときに古典（古之良典）、具体的には『論語』学而「節用而愛人、使民以時」を持ちだすこと、「群臣礼有るときは、位の次乱れず。百姓礼有るときは、国家自《おのずか》らに治まる」（四条）と、礼の秩序を群臣のみならず「百姓」にまで及ぼすことが注目される。当時の国際秩序に入るために、冠位十二階と同じく中国的秩序＝礼の導入が課題だったことがわかる。六条に「悪を懲らし善を勧むるは、古の良き典なり」とあり、「百姓」統治の新しい秩序を作るために、儒教の古典（『春秋左氏伝』）を持ちださざるをえなかったことは、文明化あるいは律令制形成の第一歩であったという面を持っている。

4　天皇号の成立と遣隋使

六〇〇年前後の東アジア情勢

長く南北に分裂していた中国は、五八九年にいたって北朝出身の隋の文帝《ぶんてい》によって統一された。文帝は科挙《かきょ》による官僚の登用を定め、北魏の均田《きんでん》制や府兵《ふへい》制を採用し、律令制による強力な国家を作り上げたのである。高句麗と百済は隋が成立すると（五八一年）、すぐに朝貢して冊封《さくほう》を受けたが、地理的に離れていた新羅はすぐには隋に朝貢しなかった。

日本では崇峻朝、権力を独占した蘇我馬子は念願の「任那」回復を企てた。崇峻四年（五九一）に、天皇は「任那」再建を群臣に諮《はか》り、賛成を得て、紀臣男麻呂《きのおみおまろ》を大将軍とする二万余の軍を筑紫に駐屯させ、使者を新羅と任那に送って「任那の事」を詰問した。翌年崇峻天皇が暗殺されたときも、駅使を筑紫にやってわざわざ「内乱によって外事を怠るなかれ」と注意している。五九四年になって新羅はようやく隋に朝貢し、楽浪《らくろう》公新羅王に封ぜられ、翌推古三年に将軍は筑紫よりもどり、ようやく軍を引いた。

この年、高句麗僧の恵慈《えじ》が来朝する。高句麗はこの前後しばしば僧侶を派遣し、修好を求めているが、隋との対立を深め、新羅の強大化にも対抗するため、倭国との接近をはかったのである。恵慈はこの後二〇年滞在し、聖徳太子の仏教の師となったことで有名で、同年に百済から来朝した慧聡《えそう》とともに、推古朝の「三宝《さんぼう》の棟梁《とうりよう》」と称されて飛鳥寺に住んだと『書紀』に記される。

しかし恵慈の滞在期間は、遣隋使の派遣期間に重なり、高句麗国王は推古十三年に飛鳥寺丈六《じようろく》仏の資金として黄金三〇〇両を献上したように、高句麗の外交ともつながっていたのであり、恵慈は高句麗外交の象徴的存在であり、聖徳太子の外交上の師でもあり、この時期の倭の外交は高句麗とつながっていると李成市氏が論じた。

隋と高句麗が衝突した直後の六〇〇年に新羅が「任那」の地を侵したとして、境部臣《さかいべのおみ》（蘇我氏の一族）が将軍として一万余の軍勢を率いて海を渡ったのも、高句麗との連繫が背景にある。

六〇〇年、隋に使者を送った倭王

この六〇〇年、推古八年は、隋の文帝の開皇二十年にあたるが、『書紀』には記載がないものの『隋書』に記述があり、それによれば倭がはじめて隋に遣使朝貢したのである。新羅も隋に冊封されていたので、隋を中心とする国際秩序の中に入らざるをえなくなったのだろう。

六〇〇年の第一次遣隋使は、『隋書』に、

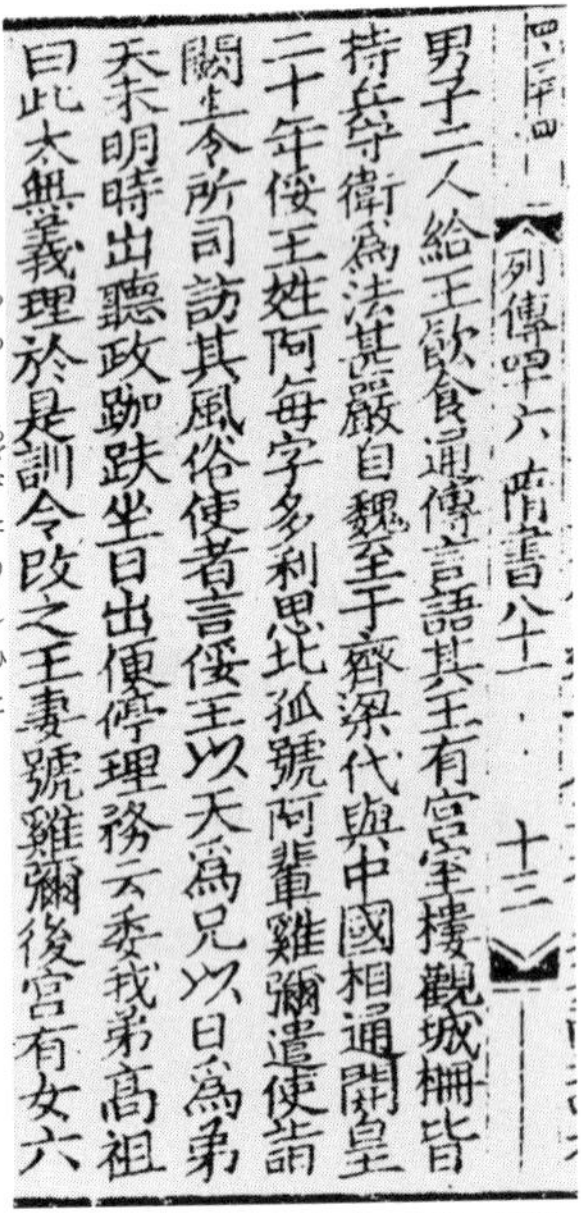
四庫全書　〈列傳四十六　隋書八十一〉　十三
男子二人給王飲食通傳言語其王有宮室樓觀城柵皆
持兵守衛爲法甚嚴自魏至于齊梁代與中國相通開皇
二十年倭王姓阿每字多利思比孤號阿輩雞彌遣使詣
闕上令所司訪其風俗使者言倭王以天爲兄以日爲弟
天未明時出聽政跏趺坐日出便停理務云委我弟高祖
曰此太無義理於是訓令改之王妻號雞彌後宮有女六

『隋書』倭国伝　中央上部に「倭王姓阿毎」とある

倭王、姓は阿毎《あめ》、字《あざな》は多利思比孤《たりしひこ》、阿輩雞弥と号す、使を遣はして闕《みかど》に詣《いた》らしむ。

とある。アメとタリシヒコを姓と名とするが、これは受けとった側の解釈で、本来「アメタリ（ラ）シヒコ」という倭王の称号と考えられる。意味は天の満ち足りた男子の意で、欽明天皇の諡号《しごう》にも「天《あめ》」を含むことから、この時「アメタラシヒコ」という称号があった。大王を天つ神の子孫とする思想が成立していたことをも傍証するというのが通説であろう。

しかしこれについては、東野治之氏が、古く辻善之助が述べた解釈を引いて反論している。即ち遣隋使（このときではないが）となった小野妹子の祖先が「天帯彦国押人命《あめたらしひこくにおしひと》」だったところから対応した隋側が君主の名と間違って記録したとする。小野妹子の祖先名と合致するのはまったくの偶然とはいえず、また当時の推古や聖徳太子の名に比定できればよいが、尊称・称号とすると下の「阿輩雞弥」と重複する感じが残るので、アメタラシヒコに天皇に先立つ君主号として存在したと主張するのはやや弱いだろう。

一方の「阿輩雞弥」については、オホキミとよむ説と、アメキミと読む説がある。後者は、『通典《つてん》』などに「華言に天児なり」という注記があることからくるが、アメキミという称号があったとするのは落ち着かない。天皇ないし大王の意味を説明したものだろう。同じ『隋書』に「小徳阿輩台」に迎えさせたとあるのが「大河内直《おおしこうちのあたい》 糠手《ぬかて》」の姓を記していることなどから、やはりオホキミで、当時の日本の君主号大王を記しているのだろう。

倭王は使者に「天をもって兄となし、日をもって弟となす。夜が明ける前に出て政治を聴き、日が昇ると仕事をやめて、弟に委ねたと云う」と述べさせたが、隋の文帝に「これ太《はなは》だ義理無し」として改めるように命じられた。この遣使自体が『書紀』に載っていないのは、倭王が未開の段階にあるとして隋の皇帝に叱られたことを恥じたためだろう。この段階では大王と称していたこと、天を兄とする言い方からは、すでに高天《たかあま》の原《はら》の天の神話を背景とする権力が成立していたことがわかる。

煬帝を怒らせた国書とその後の表現

第二回は、隋の煬帝《ようだい》が即位した後の大業三年、六〇七年で、今度は形式が整っている。『隋書』によれば、使者は「海の西の菩薩天子が仏教をふたたび興隆させているのを聞いたので、使者を遣わし、僧侶数十人に仏法を学ばせてほしい」として有名な国書を提出する。
その国書に曰はく「日出づる処《ところ》の天子、書を日没する処の天子に致《いた》す、恙無《つつがな》きや、と云々《ぶん》」。帝これを覧《み》て悦《よろこ》ばず、鴻臚卿《こうろけい》に謂《い》ひて云はく「蛮夷《ばんい》の書、礼無き者有り。復《ま》た以て聞するなかれ」と。

煬帝はこの国書をみて無礼だと怒ったのである。何故怒ったかについては、一つは、倭が日が昇り、隋が日が沈むとして倭が上だといったからとする説がある。しかしこれは俗説で、日出づると日没するは東と西の方角を示しているにすぎない。

東野治之氏によれば、『大智度論《だいちどろん》』に「日出づる処は是れ東方、日没する処は是れ西方」とあり、仏典にもとづく表現であった。そもそも「海西の菩薩天子、重ねて仏法を興す」と述べたのは、仏教を崇拝し自ら菩薩戒を受けた隋の文帝の歓心を買おうとした表現だったらしい。仏教色を強調することにより、仏法に帰依する国王として対等をめざしたと考えられている。

しかし問題は、倭王が「天子」と名のったことだった。中華思想では、天子とは天帝《てんてい》の天命を受けて、天の子として世界（天下）を統治する者であり、世界の中心であり、一人しかいないのである。もう一人天子がいれば革命になってしまうので、しかも辺境の蛮夷の首長が使ったのだからとうてい認められなかった。

倭は隋と対等という主張をしたのだが、では対等の外交だったといえるだろうか。『日本書紀』は推古十五年七月に「大礼小野臣妹子を大唐に遣はす。鞍作《くらつくりの》福利《ふくり》を以て通事《おさ》とす」とだけ記し、この国書の内容は、次の遣隋使のものは載せるのに、書いていない。『書紀』編者が『隋書』を見ていなかったので脱落したという解釈もあるが、『隋書』は唐太宗《たいそう》が命じて六三六年に完成した、『書紀』編纂当時最新の中国正史であり、『書紀』の本文には『隋書』の文章を利用しているところもあるので、見ていないということはありえないだろう。東野治之氏が述べるように、『日本書紀』が意図的に載せなかったのであり、倭王が「天子」を名のる立場を撤回したためだったのだろう。それは、八世紀の日唐関係につながっていく。

このような夜《や》郎《ろう》自《じ》大《だい》な倭の国書に、煬帝は怒ったのだが、しかし翌年裴世清《はいせいせい》を小野妹子に伴わせて倭に派遣した。これは倭が新羅・百済から大国と敬い仰がれているという主張や、隋と高句麗が緊張関係で戦争の準備をしている中で、意外に厚い待遇を受けたのである。八月に唐客が入京し朝廷において出した国書は、『日本書紀』に記されている。それは「皇帝、倭皇を問ふ」で始まる、皇帝が蛮夷の首長に対して下す形式の国書であった（原文は倭王だったのだろう）。この裴世清ほか一二名を送り返すためにもう一度妹子を遣わしたのが、六〇八年の第三次遣隋使である。

このときの国書は、『日本書紀』に載せられている（『隋書』にはみえない）。

東の天皇、敬《つつし》みて西の皇帝に白《もう》す。使人、鴻臚寺《こうろじ》掌客《しょうかく》裴世清等至りて、久しき憶《おも》ひ、方《まさ》に解けぬ。季秋、薄《ようやく》に冷し。尊何如に。想ふに清悆《おだいか》にか。此は即ち常の如し。今大礼蘇《そ》因高《いんこう》、大礼乎那利《おなり》等を遣はして往でしむ。謹みて白す、具《つぶ》さならず。

この国書は、書簡体であるが、尊い人に恭しく差し出す形式である。「つつしみてもうす」は、へりくだった言い方で、前年の「書を致す」という対等の言い方に比べて、軌道修正したことは明らかである。書き止め文言の「謹白、不具」も丁重な書式である。手紙の書き出しや書き止めには、敬意と身分に応じて書き方が定まり、中近世には書札礼《しょさつれい》といって重視され、現代でも一部残っている。古代の東アジアでの外交文書は、慰労詔書・慰労勅書といわれる、書簡体をもとにして作られた文書様式であり、右のように敬意や上下関係が表現されるのである。

この国書によって隋への対応を軌道修正したことを、『日本書紀』は表現しているのだが、問題になるのは、ここにみえる「東天皇」である。これは後に書き改められたもので、本来は「大王」とか「天王」とかであったという説と、このときに天皇という文字が使われたという説に分かれるのである。天皇号はいつ成立したかという問題である。

天皇号成立は推古朝か天武朝か

天皇号の成立に学問的な検討を加えたのは津田左右吉であった。「記紀」では神武天皇以来天皇をもってよばれるが、それは「記紀」の編者によって書かれたもので、いつから使われたかの証拠にはならない。推古朝の金石文《きんせきぶん》に天皇号がみえることをもって、推古朝に天皇号が用いられたのは確実であるとしたのである。法隆寺金堂の薬師像の光背銘《こうはいめい》に「池辺《いけのべ》大宮治天下天皇」「小治田《おはりだ》大宮治天下大王天皇」（用明・推古）がみえ、これは丁卯《ていぼう》（推古十五年）に造られたと記されている。

しかし福山敏男氏は、「記紀」編纂以前とされる『上宮記』逸文では「大王」「大公主」などと記し、「天皇」と記さないことを述べ、丙寅《へいいん》六六六年の野中寺《やちゅうじ》弥勒《みろく》像銘が天皇号の確実な初見だと論じた。薬師信仰が盛んになるのは天武朝であることからも、法隆寺薬師像の光背銘は、天武朝またはそれ以降に書かれたものだと主張した。美術史の様式論からも、この薬師像は同じ金堂の釈迦像より新しいと想定され、福山説は補強されてきた。

さらに天智朝初見の根拠とされた金石文についても、丙寅年銘がある河内国野中寺弥勒像の台座銘には「中宮天皇」とあるが、元嘉暦《げんかれき》による暦日を「旧」としていることから、唐の儀鳳暦《ぎほうれき》が採用された持統四年（六九〇）十一月以降の製作と考えるべきで、中宮の語からも后妃の制を定めた飛鳥浄御原令《あすかきよみはらりよう》以降がふさわしいことが東野治之氏によって指摘されている。

また戊辰《ぼしん》年（六六八）に葬られた船王後《ふねのおうご》墓誌《ぼし》には「阿須迦宮《あすかのみや》治天下　天皇」（舒明）などの天皇号がみえるが、官位相当制の浸透を示す「官位」の語がみえ、自己の一族を闕字《けつじ》で記すことからも、天武朝半ば以降の製作かと推測されている。

このように、推古朝、さらに天智朝の金石文にいずれも疑問が示され、天武・持統朝に天皇号が成立したとの説が提示され、近年では教科書にも記され多くの研究者の支持を得ている。

天武朝説の積極的根拠の第一は、唐の高宗《こうそう》が六七四年（上元元年、天武三年）に君主号として天皇号を用いたので、それを日本でも模倣した、または影響を受けたとする説である。

第二は、天皇は北極星を指していて、古くからの道教の神格あるいは最高神であり、天武朝には道教思想が浸透していたのでそれを用いた、という説である。天武天皇の諡号「天渟《あまのぬ》中原瀛真人《なはらおきのまひと》」は、仙境瀛州に住む真人（神仙）の意がこめられているとされる。

第三には、天皇と対となって今でも用いられる皇后号は、天武死後の六八九年の飛鳥浄御原令で制度化されたとの青木和夫氏の指摘があり、天皇号もこのとき同時に制度化されたとする説である。

第四に、状況論であるが、日本の国号成立との関連がある。大宝元年（七〇一）に任命された遣唐使は、七〇二年に唐に渡り、唐に対し初めて「日本」国号を称し、「倭」を改めた。おそらく七世紀後半には用いられていた可能性がある。吉田孝氏は、天皇は、アマテラスの霊威を直接受けついだ「日の御子」であり、「日の御子」の治らす国として「日本」の国号が定められたとし、七世紀後半の国号と君主号の成立の関係を示唆している。

このうちもっとも確かな論拠は、第三の皇后号であろう。皇后、さらに天皇—皇后という対応する称号が法制化されたのが飛鳥浄御原令であることは、ほぼ確実であろう。律令法の形成過程からいっても、天皇号が律令法典で正式に君主号として定められたのもこのときであろう。しかし中国で一般的な皇后号に対応するのはもちろん皇帝である。六七四年に高宗が定めたのは天皇・天后であり、日本ではなぜ天后でなく一般的な皇后号を採用したのか。それまでの大王―大后に替わるものとして、天皇―皇后制となったのはなぜだろうか。

第一の高宗の天皇号の影響を考える説については、坂上康俊《さかうえやすとし》氏により、このときの天皇は君主号ではなくて、高宗本人をさす呼称であり（尊号という）、唐ではその後も君主号は依然として皇帝であったことが明らかにされた。したがって唐の天皇号を日本に導入したとは考えがたく、日本の天皇号は天武朝以前から伝統ある呼称として存在していたのではないかと述べている。

第二の道教の影響についても、その後の天皇制の内実にほとんど道教が見られず、古代日本は中国の道教を拒否していたとの指摘があり問題がある。第四の天皇と日本国号が関係しているとの説も、感覚的には納得するが、論証されてはいない。『古事記』は天皇号を記述するが、しかし日本号は一例もみえない。『古事記』では、天皇は「日本」ではなく「天《あめ》下《のした》」に対応する君主号である。「日本」は天皇より成立が遅れる可能性がある。

以上のように天武朝説にも問題があり、近年では推古朝にやはり天皇号が成立していたとする説が出され、筆者もそれでよいと考えている。

なお天智朝の銘文の野中寺弥勒像銘については、暦表記の再検討から、やはり天智朝のものと考えてよいとする説が出されている。

推古朝説の補強

堀敏一《ほりとしかず》氏は、先の第三次遣隋使の国書について、「日出づる処の天子」で不興をかった第二次国書を受けて、天子に替わる号として「天皇」を考えだしたと述べている。ここに出てくる「天皇」は、もと「大王」や「天王」あるいは和訓が用いられていたのを『書紀』編者が改作したとする説は、具体的に考えるとそれぞれ難点があり、「東天皇」であったと考えるべきで、この国書によって、天皇という君主号を初めて明らかにしたと想定している。『日本書紀』は編纂史料であり、その用語から論ずるのは、どうしても可能性の議論にとどまる。奈良時代には唐に対して「天皇」を用いず「主明楽美御徳《すめらみこと》」と一字一音の漢字をあてでごまかした。隋に対して天皇を使ってはたして受け入れられたかは疑問も残るが、倭王や倭皇では自ら低い地位を認めたことになってしまう。隋に対しては「天皇」で国書を送ったが、問題もあったので、唐に対してはスメラミコトとしたという可能性はある。しかし一般的にいって、対外交渉の場面に、君主号の成立の契機があったというのは、説得的である。

推古朝成立を補強するのは、斑鳩《いかるが》の中宮寺《ちゅうぐうじ》に伝わる国宝の天寿国繡帳《てんじゅこくしゅうちょう》である。美術史の大橋一章氏は、繡帳図像は服制や蓮華などから推古朝の制作と考えられること、図像と銘文は密接に関連し、銘文はごく断片しか現存しないが、中世に記された銘文は正しく本来の銘文を伝えていることを述べ、天寿国繡帳は聖徳太子が死去した推古三十年（六二二）以降、推古末年（六二八）までに完成したと論じている。この銘文には「天皇」が四度書かれている。したがって推古朝に天皇号が成立していたことになる。

また繡帳銘の系譜について、義江《よしえ》明子《あきこ》氏の分析も挙げよう。この系譜は、聖徳太子（豊聡耳命）とその妃　橘　大郎女《たちばなのおおいらつめ》（敏達・推古の孫）とが、〝欽明に始まる王統〟と〝稲目に始まる蘇我氏〟に何重にも両属することを語る。「A、Bを娶りて生めるはC」という形で双方的に広がる複数の祖から発して自己へと収斂する典型的な両属系譜であり、一人の祖から発して一つの集団成員を示すような出自系譜ではない。

推古自身は「今朕は蘇何《そが》より出でたり」と自己認識をしていて（推古三十二年十月）、推古天皇が欽明と稲目の両系統に属していることから、この系譜は推古朝成立の蓋然性がもっとも高いとする。銘文には推古およびその始祖とされる欽明に対してのみ「天皇」の称号を用いていることは、天皇号成立の端緒段階だったと解釈している。

「スメラミコト」の意味するところ

天皇は、奈良時代に何と読まれたかといえば、スメラミコトであった。律令法には、天子・天皇・皇帝の三つを規定するが、天子がスメミマノミコト（おそらく皇御孫の命と同じ）と祭祀などで宣られたのを除けば、ほかはすべてスメラミコトであった。スメラミコトは「天皇」の訓というよりも、本来「天皇」という漢字の君主号と独立に成立した和語だったと考えるべきである。知っていなければ天皇はスメラミコトとは読めない。

スメラミコトは、スメラとミコトに分けられる。スメラは「澄む」や鏡と結びつけて王の清澄、神聖なる性質を述べた語であるとする西郷信綱《さいごうのぶつな》氏の説が有力である。ミコトはニニギのミコトのように貴人に尊敬して付ける語なので、スメラミコトはある種の敬語のかたまりだということになる。

ミコトの本来の意味は「御言」であり、奈良時代に天皇の命令はミコトノリ（詔とか勅の訓）として音声で読み上げられた。詔書は、のちには修辞をこらした中国的漢文のものもあらわれるが、『続日本紀』には奈良時代の宣命《せんみよう》書きという一字一音の漢字で送り仮名を付した和文の詔書（宣命という）を多く載せている。

そこでは「天皇が大命と詔りたまふ大命を聞くように」と定型的に読み上げられるが、「スメラミコトがオホミコト」とは読まず「スメラがオホミコト」と読む。スメラがオホミコトは、スメラミコトと同義であるから、スメラミコトは発された命令そのものでもある。スメラミコトとは、発した言葉と命令を発する主体の神聖性を印象づける語であり、小林敏男氏が折口信夫を引用して述べるように、天つ神の詔命を伝達する最高最貴の御言持《みこともち》ちだったらしい。

古代日本語で法にあたる語はノリしかなく、法・規・律・式・紀などすべて訓はノリで同じである。法とは、上位のものが「宣《の》る」ものであり、本来は神の意を伝えたのだろう。御言持ちとして「宣る」最高の主体がスメラミコトつまり天皇であり、その言葉がミコトノリで古代国家の最上位の法になるのである。

なお、スメラミコトと同類の語として、スメロキ（皇祖）・スメミオヤノミコト（皇祖母尊）・スメカミ（皇祖神）・スメミマ（皇御孫）など、スメの付く語がある。スメ（ラ）は記紀神話を背負う皇統を形容する語らしく、その語はスメラミコトを含めて推古朝以前の成立であろう。こうしたスメラミコトに対応する語として、天皇号が推古朝に考え出されたのだろう。

日本で独自に考え出したとしても、天皇という語が中国語に存在することは前提である。道教の神という意味はあるが、道教の専門家である下出積與《しもでせきよ》氏は、初期道教における天皇は必ずしも最高神の地位にないのでおかしいとして、「『天皇』称号の由来は、日本の天皇は天つ神の子孫として天から降ったものであるという古伝承に基づいて、それに適合する中国の成語として『天皇』というのを借用した」と述べている。たしかに、道教の影響は小さい。『史記』秦始皇本紀に、秦王政《しんおうせい》が天下を統一した紀元前二二一年、王に替わる称号を重臣たちに審議させ、皇帝号が創始される記事があるが、そこに候補として天皇が挙げられている。吉田孝氏は、推古朝の為政者が『史記』を参照して考え出したのではないかと推測している。

天皇号が推古朝に成立したとすれば、その本質は、律令制導入以前の大和朝廷の氏姓制度の中核であり、朝廷の神話や祭祀を支える存在だったということになる。のちに隋唐の律令法を継受して律令国家が成立するなかでも、そうした本質は保たれていくのだろう。

第四章　律令国家の形成と天皇制

1　舒明天皇と唐の成立

『万葉集』巻一の第二番歌は、舒明《じょめい》天皇（高市の岡本の宮に天下治らしめす天皇）の作歌である。雄略《ゆうりやく》に次ぐ第二の画期と考えられていたことがわかる。

大和には群山ありと

天皇、香具山に登りて望国《くにみ》したまふ時の御製歌

大和には　群山《むらやま》ありと　とりよろふ　天《あめ》の香具山《かぐやま》　登り立ち　国見をすれば　国原《くにはら》は　けぶり立ち立つ　海原《うなばら》は　かまめ立ち立つ　うまし国そ　あきづ島　大和の国は

（大和には群山があると、それを周囲にめぐらしている天の香具山に登り立ち、国見をすると、広々とした平野には、煙があちこちからしきりに立ちのぼっている。広々とした水面には、かもめが盛んに飛び立っている。すばらしい国だ。〈あきづ島〉大和の国は）

香具山は、大和三山の一つであるが、『万葉集』中に、中大兄《なかのおおえ》皇子の三山歌、持統《じとう》御製（「春すぎて……」）など多く詠まれ、「天降《あも》りつく天の香具山」（巻3・二五七）とあるように天から降ってきたとされ、「天の」が付加される聖なる山だった。『古事記』神代の天《あめ》の石《いわ》屋戸《やど》の伝承では、天香山《あめのかぐやま》の鹿の肩骨で占い、天香山の賢木《さかき》で祭るなど、祭祀と不可分であり、崇神《すじん》紀の武殖安彦《たけはにやすひこ》の反乱にかかわり、「倭の香山の土」をとって「これは倭国《やまとのくに》の物実《ものしろ》」といったとあり、倭国の象徴であった。この香具山において、天皇の国見が行なわれたことがわかる。

一首の美しさについて、稲岡耕二《いなおかこうじ》氏は「聖なる山香具山に登り立った古代の王者の祈りと希求が、清簡な詩語の間にも行き渡って、高朗潑剌《はつらつ》の気をこの一編にみなぎらせているのが感ぜられるだろう」と評している。また『万葉集』巻一の編纂について、「巻一の原形がこの国見歌を巻頭に据えたものであった可能性も大きい」と指摘している。

天皇の国見は、一面で春の初めの予祝《よしゅく》行事であり、一面で政治的性格を持つ支配者としての儀礼である。この舒明の歌よりあと天皇の国見行事はみえないが、仁徳《にんとく》紀の、高台に登って遠望したところ、烟気《えんき》が立っていないのをみて百姓の窮乏を知ったという伝承など、古くは天皇の支配儀礼として重要な位置を占めていたのだろう。

倭建命《やまとたけるのみこと》の有名な歌（記三〇、紀二二番）、

大和は　国のまほろば　たたなづく　青垣《あおかき》　山隠れる　大和しうるはし

（大和は高く秀でた国だ。青々とした山が重なって、垣のように包んでいる、大和こそほんとうに美しい国だ）

もまた、国見儀礼での国讃《くにぼ》め歌であろう。香具山で行なわれることからも、理念上は諸国に及ぶにしても、現実には大和を対象としていることがわかる。こうした大和の国讃め歌は、天平十五年（七四三）に元正《げんしょう》太上天皇が「そらみつ大和の国は神からか貴くあるらしこの舞見れば」と歌ったように、奈良時代にも伝統として継承されている。天皇の統治権の根源がどこにあったかを示しているだろう。

舒明朝の大規模な宮・寺の造営

舒明天皇は、先の大夫《まえつきみ》の会議でもめて皇位についた田村《たむら》皇子であるが、その治世（六二九～六四一）が画期とされるのは、一つは二年（六三〇）十月に「天皇、飛鳥岡《あすかのおか》の傍に遷りたまふ。是を岡本宮《おかもとのみや》と謂ふ」とあるように、飛鳥に宮を定めたことによるだろう。

従来、歴代遷宮といって、天皇は代ごとに宮を替えるのが原則で、それが藤原宮の成立によって固定すると考えられてきた。しかし飛鳥の発掘の進展と小澤毅氏の研究により、飛鳥岡本宮よりのち、百済《くだら》宮および難波《なにわ》・大津への遷都を除くと、飛鳥板蓋《いたぶき》宮（皇極《こうぎょく》・斉明《さいめい》）・後飛鳥岡本宮《のちのあすかおかもと》（斉明）・飛鳥浄御原《きよみはら》宮（天武《てんむ》・持統）はいずれも同一の地（岡本宮）に営まれたのであり、それは飛鳥寺南方の現在の史跡伝承板蓋宮跡の地であると考えられる。舒明以降、自らのキサキと子である皇極・天武と飛鳥の地に宮を営みつづけ、舒明朝がその始まりなのである。

しかし舒明八年（六三六）六月に「岡本宮に災《ひつ》けり。天皇遷《うつ》りて田中宮に居《ま》します」と、岡本宮は火災にあい、仮宮の田中宮に遷ったが、十一年（六三九）七月に、

詔して曰はく、「今年、大宮《おおみや》及び大寺《おおでら》を造作らしむ」とのたまふ。即ち百済川の側を以て宮処とす。是を以て西の民は宮を造り、東の民は寺を作る。便ち《すなわ》書直《ふみのあたい》県《あがた》を以て大匠《おおたくみ》とす。

伝承板蓋宮跡　奈良県明日香村岡

として百済大宮と大寺の造営を命じ、翌十二年に百済宮に遷り、翌年そこで崩ずる。ついで即位した皇后、皇極天皇は、元年（六四二）九月に大寺の造営を継続し、近江と越《こし》の丁《よぼろ》を発すとともに、詔して飛鳥板蓋宮の造営を命じ、飛鳥岡本宮の地に宮をもどしたのである。

「是の月に起して十二月より以来を限りて、宮室《おおみや》を営《つく》らむと欲《おも》ふ。国々に殿屋材《とのき》を取らしむべし。然も東は遠江《とおとうみ》を限り、西は安芸《あき》を限りて、宮造る丁を発《おこ》せ」

吉備池廃寺跡　左下にＬ字形の金堂基壇の角が見える。桜井市

ここに見える「東の民」「西の民」あるいは「近江」「越」「東は遠江」「西は安芸」を限るという広範囲からの徴発は、かつてなかったものである。遠江・安芸など国造のクニ単位に割り当てられ、国造制が地方支配機構として機能し、クニ単位に力役徴発が可能になっていることが注目されよう。

この大規模な造営がされた宮と寺について百済宮は数年で廃棄されたこともあり不明だが、百済大寺《くだらのおおでら》については九重塔を建てたと伝える。従来百済大寺は、奈良盆地西部の広陵町とされていたが、一九九七年から二〇〇一年の発掘で香久山北東の桜井市吉備《きび》で大寺院址《し》が発見された。吉備池廃寺《きびいけはいじ》と命名されたが、これが百済大寺に比定される。

三七×二八メートルの巨大な金堂基壇《こんどうきだん》、一辺三〇メートルの塔基壇を持ち、飛鳥時代最大の規模である。舒明・皇極から天智により造営され、天皇家の寺として創立され、蘇我氏の氏寺飛鳥寺に対抗しそれをはるかに凌駕するものだった。

さらに百済大寺は、天武二年（六七三）に高市の地に遷され、同六年には高市大寺を改め大官大寺《だいかんだいじ》とされ、第一号の国の大寺となった。この点でも舒明朝に画期があるのだろう。

唐の成立と恵日の奏上

舒明朝が画期とされるのは、なによりも唐が成立したことによる。六一八年に隋は高句麗征討失敗の中で滅び、唐が成立する。舒明朝は唐太宗《たいそう》の貞観《じょうがん》の治《ち》の時期に含まれる。

推古《すいこ》二十二年（六一四）に、第四次遣隋使として犬上御田鍬《いぬかみのみたすき》らを派遣した。この年は煬帝《ようだい》が第三次高句麗遠征を強行した年で、すでに反乱が起きていたが、遠征終了後に本格的蜂起となる。御田鍬らは、翌推古二十三年に百済経由で帰国したと記されるが、おそらく朝貢使の使命は果たさず、隋末期の混乱を目のあたりにしただけだろう。

六一八年に隋煬帝が殺されるが、そのことは『書紀』推古二十六年八月条で高句麗が使者を遣《つか》わし、「隋の煬帝、三十万の衆を興して我を攻む。返りて我が為に破られぬ」と報じ、俘虜《ふりょ》や兵器を貢上している。隋を撃退したので誇っているのだが、わずか五ヵ月で隋の滅亡が伝わったことは、高句麗と倭との外交上の密接さが背景にあるだろう。

唐の高祖李淵《りえん》は建国したものの、当初は群雄との戦いがつづく。武徳四年（六二一）に王《おう》世充《せいじゅう》・竇建徳《とうけんとく》連合軍を破り、同七年（六二四）にほぼ国内は治まり、武徳律令を公布し、隋文帝《ぶんてい》の開皇《かいこう》律令を継承した。

こうした中で朝鮮三国は順次唐に入朝し、六二四年には三国の王はそろって冊封《さくほう》を受け、唐を中心とする東アジア世界秩序が形成され安定した。この年は推古三十二年にあたるが、倭ではその二年前に聖徳太子が、二年後に大臣蘇我馬子《そがのうまこ》が亡くなり（石舞台古墳がその墓だと考えられる）、推古朝末年の倭は対応できなかったのだろう。

推古三十一年（六二三）に、聖徳太子の死を聞いた新羅は使者を遣わして仏像・金塔・舎利などを貢《たてまつ》り、仏像は太秦《うずまさ》の広隆寺《こうりゆうじ》に納め、残りは四天王寺《してんのうじ》へと太子ゆかりの寺院に納められた。このときに、大唐学問僧の恵斉《えさい》・恵光《えこう》、医《くすし》の恵日《えにち》・福因《ふくいん》らが同船して唐より帰国した。福因は六〇八年に派遣された学生倭漢直《やまとのあやのあたい》福因であり、遣隋使で派遣されて動乱の中で帰国できなくなっていた人々が、唐と新羅の通交に従って帰国できたのだろう。

重要なのは、恵日らが朝廷に次の奏上をしたことである。

唐国に留る学者《ものならいひと》、皆学びて業を成しつ。喚《め》すべし。
其の大唐国は、法式《のり》備り定れる珍《たから》の国なり。常に達《かよ》ふべし。

まず、隋に送った留学生・留学僧の召還を勧め、さらに唐は律令など法式の備わった国（実際には武徳律令以前であり、隋開皇律令を踏襲して官制などを定めたことをさそう）であるとし、遣唐使の派遣を勧めたのである。帰国を許した唐朝の意向をくんだものだろう。遣唐使の派遣が、律令を学ぶべきだという文脈で述べられるところに、この奏上が律令制形成の出発点になったことがよみとれる。

また遣唐使により召還された留学生は僧旻《みん》のように大化改新《たいかのかいしん》のブレーンになったので、直接大化改新にもつながっていく。ちなみに学問僧や留学生のほとんどは、倭漢《やまとのあや》氏や新《いまきの》（今来）漢人《あやひと》とよばれる朝鮮半島からの帰化人であった。

唐から冊封を受けない「不臣」の外夷

舒明は即位すると、すぐに二年（六三〇）八月に犬上御田鍬と薬師恵日を第一次遣唐使として派遣する。遣使を提言した恵日自身が奏上を実行し、御田鍬も前回の遣隋使が使命を果たせず、やりなおしたというわけである。

順調にいったとすると、翌六三一年（貞観五年）に唐の長安に到り、第二代皇帝太宗に謁見する。太宗李世民《りせいみん》は実質的に唐を建国した人物で、六二六年に兄の皇太子と弟を殺し父を幽閉するという玄武門《げんぶもん》の変を起こして、即位したのである。太宗の治世は名臣にささえられて、貞観の治と称された。

『旧唐書《くとうじょ》』巻一九九倭国伝には、

貞観五年、使を遣はして方物《ほうもつ》を献ず。太宗その道の遠きを矜《あわ》れみ、所司に勅して歳貢《さいこう》せしむるなし。また新州刺史《しし》高表仁《こうひょうじん》を遣はし、持節《じせつ》して往きてこれを撫《ぶ》せしむ。表仁、綏遠《すいえん》の才《さい》無く、王子と礼を争ひ、朝命を宣《の》べずして還る。

とあり、太宗は、倭の遣使に対して毎歳朝貢する義務を免除した。一般には、これにより倭は唐に対して時々朝貢する、冊封を受けない「不臣」の外夷《がいい》という立場が認められたと考える。しかし西嶋定生《にしじまさだお》氏もいうように、歳貢を免ずるということは、前提として本来は毎年歳貢の義務があったことになり、太宗は倭国を不臣のまま放置することを意図していないのではないだろうか。

『書紀』によれば、翌舒明四年（六三二）八月に「大唐、高表仁を遣はして、三田耜《みたすき》を送らしむ。共に対馬に泊れり」とあり、御田鍬を送る形で、唐は高表仁を派遣して、新羅の送使も付き、学問僧霊雲・僧旻（新漢人日文）なども召還されてともに来日する。新羅が仲介しているのは、隋を継承する唐が高句麗と緊張を強める中で、新羅は唐に近づき、唐の意向を受けて動いたのだろう。

高表仁の父高熲《こうけい》は、隋建国の功臣であり、文帝即位とともに尚書左僕射《しょうしょさぼくや》・納言という最高の地位についた人物である。表仁自身も唐代には尚書右丞《しょうしょうじょう》・鴻臚卿《こうろけい》（三品官）を経て、おそらく左遷されて新州（嶺南道）の刺史（四品官）にいたことを池田温氏が指摘している。当時の朝鮮三国への唐の遣使は五、六品官であるのに対し、このときの高表仁は抜群の貴族で異例の高いランクであり、重要な使命を担っていたと推測できる。

しかし『日本書紀』は十月に難波の江口で唐使を迎える儀礼を行ない、神酒を給ったと詳しく記したあと、翌五年（六三三）正月に「大唐の客高表仁等、国に帰りぬ」と突如帰国の記事に飛んでしまい、不自然な記述である。

朝廷で起きたトラブルを意図的に隠蔽していることは、先の『旧唐書』の「表仁、綏遠の才無く、王子と礼を争ひ、朝命を宣べずして還る」から明らかになる。「綏遠」の綏とは安んじるの意味で、遠国を安んじることができなかったのである。「王子」は、あてはまる適当な人物がいないから、『唐会要』や『新唐書』のテキストにある「王」かもしれない。礼を争うというのは、儀式において席次を争うことをさすことが多い。たとえば天子を代表する唐使が国書を伝える場面では、唐使が上位で、殿上に昇り南面し、蕃国王は殿を降りて唐使に向かい北面して国書を受けなければならないが、舒明はそうした礼を拒んだということだろう。

それにより宣べられなかった朝命とは、西嶋氏が推測するように官爵の授与、つまり倭王の冊封であった可能性が高い。唐朝にとって、入朝した蕃国の王に官爵を与えるのはごく一般的なことだったろう。それに対して舒明の朝廷は、推古朝の隋との関係を継承して、冊封を受けなかったのである。唐太宗がそれで納得したとは思えないが、ひきつづく高句麗との緊張・対立もあり、唐の北方、西方の突厥《とっけつ》・高昌《こうしょう》などへの軍事行動もあり、倭の外交方針を受けいれ、「不臣」の外夷として認められたのだろう。

倭の唐から冊封を受けないという立場はこうして得られた。吉田孝氏はそれが日本の歴史に決定的な意味を持ったと考えている。王以外の君主号を用いて王から超越する「天皇」を称すること、あるいは国号を倭から日本に変更することなど、中国王朝から冊封を受けなかったことと深くかかわるとする。あるいは日本が独自に律令を作ることも、かかわるのだろう。

西嶋定生氏の提唱した冊封体制論については、異論も多く出されているが、日本が冊封から離脱しようと努力したことの意味は大きく（遣唐使の形で朝貢はしていた）、冊封体制論はその意味で日本史研究に有効な仮説であると述べている。

しかしこのあと第二次の遣唐使は、白雉《はくち》四年（六五三）五月の吉士長丹《きしのながに》を大使とする二船の派遣となる。毎年朝貢しなくてよいとされたとはいえ、二〇年以上の空白は異様といえ、太宗の意向を拒んだこともあり、トラブルの余波が残り太宗在位中は遣使できなかったのだろう。太宗が亡くなり太子李治《りち》が即位して高宗《こうそう》となったのは六四九年（貞観二十三年）のことである。

この間、舒明十一年（六三九）に、新羅の送使に従って大唐学問僧恵隠《えおん》・恵雲《えうん》が帰朝し、翌十二年には大唐学問僧の清安《しょうあん》（南淵《みなぶちの》 漢人請安《あやひとしょうあん》）、学生高向漢人玄理《たかむこのあやひとくろまろ》がやはり新羅を伝わって帰国した。このころ唐には高句麗遠征の気運が高まっていて、その緊張を日本に伝えるために帰国が許されたのだろう。唐朝の律令制の確立を自らの眼で見て帰国した留学生は、日本の政治改革の必要を痛感していただろう。

唐が高句麗に圧力をかけることにより、朝鮮半島の緊張は高まった。高句麗は百済と結び、新羅はこの両国に侵略を受けていると、唐に訴えて結びついた。六四〇年代に三国いずれも政変が起き権力集中が試みられている。

唐太宗はついに貞観十八年（六四四）末には、高句麗の無道を誅するとして一〇万の大軍を遼東《りょうとう》に派遣し、翌年には自ら親征をもって高句麗遠征を開始した。太宗が遼河《りょうが》をわたって高句麗領に攻め入ったのが六月のことであるが、ちょうどこの月に大化改新のクーデターが起きたのは、偶然ではない。太宗はさらに六四七年、六四八年と三次の高句麗遠征を試みたが失敗に終わり、次の高宗へ引き継がれることになる。

東アジア世界緊張の中でのクーデター

　舒明は、十三年（六四一）十月に百済宮で亡くなり、宮の北で「百済の大殯《おおもがり》」が行なわれた。このとき東宮の開別《ひらかすわけ》皇子（＝中大兄《なかのおおえ》）が一六歳で誄《しのびごと》したという。東宮とあるので舒明の嫡子の中大兄に皇位継承権はあっただろうがまだ若かった。また舒明即位時と変わらず山背大兄《やましろのおおえ》王は有力な天皇候補であり、また舒明の子でも、法提郎媛《ほほてのいらつめ》（馬子女）の生んだ古人《ふるひと》大兄皇子は、中大兄よりも年長であり、蘇我蝦夷《えみし》としては期待していただろう。いずれも「大兄」と称され有資格者であるが、いずれかに決め難い状況であり、翌年正月に舒明の皇后である宝皇女《たからのひめみこ》が、再び中継ぎの女帝として即位し、皇極天皇となる。

　こうした不安定な状況のためか、殯宮《もがりのみや》は一年以上つづき、翌皇極元年（六四二）十二月に「喪を発し」喪葬の礼を行ない、滑谷岡《なめはざまのおか》（明日香村冬野）に葬したが、さらに二年九月に押坂《おしさか》陵に改葬した。

　舒明天皇陵は、現在の桜井市忍阪《おつさか》にある（段ノ塚古墳）。上円下方墳として指定されているが、径四二メートルの八角形墳であることがわかった。六世紀末の大王（天皇）陵は、河内飛鳥の太子町の用明天皇陵、推古天皇陵がともに一辺約六〇メートルの巨大な方墳であるが、七世紀後半の天皇陵は、天武・持統合葬陵（明日香村）、天智天皇陵（京都市山科区）、さらに斉明天皇陵（娘の孝徳《こうとく》皇后間人《はしひと》皇女との合葬）と考えられる牽牛子塚《けんごしづか》古墳（明日香村

舒明天皇陵　桜井市忍阪。桜井市観光課提供

越）のように、いずれも八角墳である。現舒明陵は江戸時代の記録では長大な横穴式石室の中に石棺が二つあったそうで、母の彦人大兄《ひこひとのおおえ》の糠手《あらて》姫《ひめ》皇女との合葬らしいが、これが八角墳の始まりである。天皇の地位にふさわしい新たな陵墓形式が採用されたのだろう。

皇極元年（六四二）二月には、舒明の死を聞いた百済が派遣した弔使が筑紫に来たが、前年即位した義慈《ぎじ》王がこの年正月に弟王子などの王族・重臣四〇名以上を追放したことを報じ、倭に人質として滞在する百済王弟の塞《さい》上《じょう》の召還を求めた。

また同月に難波に来た高句麗の使者が、前年九月に泉《せん》蓋《がい》蘇《そ》文《ぶん》が栄留《えいりゅう》王および重臣一八〇人余を殺し、宝臧《ほうぞう》王を擁立したことを報じている。このクーデターは六四二年のことなので、『書紀』の係年は誤りで、翌二年六月の高句麗使者の筑紫への来朝のときの話とすべきであるが、東アジアの政変情報がただちに伝わり、緊張が高まっていることが読みとれる。

皇極は即位と同時に蘇我蝦夷を大臣としたが、「大臣の児入鹿《いるか》更《また》の名は鞍作。自ら国の政を執りて、威《いきお》ひ父に勝れり」とあるように、その子蘇我入鹿が実質上の権力を握ると、蘇我氏の専横が目立つようになる。たとえば、蘇我氏の祖廟を葛城の高宮に建てて、天子だけが行なえる八佾《やつら》の儛をしたとか、諸氏の部曲《かきべ》にも課して今来に双墓《ならびのはか》を造り、蝦夷のを大陵、入鹿のを小陵といったとか、上宮王家（聖徳太子家）の乳部《みぶ》、すなわち壬生部《みぶべ》を墓所で使役したとか、さらに蝦夷が病により朝廷に出なくなり、私《ひそか》に大臣の紫冠を入鹿に授けたりした。

さらに入鹿は「独り謀りて」山背大兄王を廃して古人大兄皇子の即位を断行しようと、皇極二年（六四三）十一月に、巨《こ》勢臣《せのおみ》徳太らをして斑鳩《いかるが》宮を襲わせた。逃れた山背大兄王は東国に脱出して、乳部を本に兵を興せば勝てるとの進言もあったが、結局斑鳩寺に入って自刃した。『日本書紀』は感情的反目が原因だと述べるが、『藤氏家伝』には「外甥《がいせい》の親《しん》」ではあるが「国家の計を成す」ため、国の政治的安定のためだと記していて、入鹿なりの権力集中への企てだったらしい。しかし蝦夷・入鹿は飛鳥の甘檮岡《あまかしのおか》に「上の宮門《みかど》」「谷の宮門」を並べ建て、城柵をめぐらし、武器庫を作り、警備を強化した。ピリピリした緊張が高まっていた。

これに対抗する反蘇我氏勢力の中心が、祭祀を家業とする中臣《なかとみ》連氏の鎌足《かまたり》（鎌子、舒明擁立の大夫の会議にみえた弥気〈御食子〉の子）と、舒明の嫡子の中大兄皇子である。ともに唐より帰国した南淵請安の家で儒教を学び、留学生の伝える知識や最新のアジア情勢に刺激を受けていた。こうした東アジア世界の緊張の中でクーデターが起きるのである。

乙巳の変――蘇我入鹿殺害の意味

鎌足は、さらに蘇我氏の傍系である蘇《そ》我《が》倉山田石川麻呂《くらやまだのいしかわのまろ》を仲間に引き入れる（石川までが姓で名は麻呂だけだが、石川麻呂と呼ぶ)。石川麻呂の父は『公卿補任《くぎょうぶにん》』などによると馬子の子の倉麻呂とされ、舒明擁立の大夫の会議で蝦夷の意見に従わず保留した人物であるが、倉も姓とすべきで(倉庫管理など職掌をさそう)、倉麻呂と石川麻呂とは同一人物の可能性があり、その場合は入鹿の叔父ということになる。

皇極四年(六四五)六月八日、中大兄は密かに石川麻呂に「近日中に行なう三韓が調《みつき》を貢る日に、あなたは上表を読み上げる役になる」として、そのときに出席する入鹿を殺害する計画を打ちあけた。

六月十二日に皇極天皇が飛鳥板蓋宮の正殿(大極殿《だいごくでん》)に出御し、入鹿の剣をうまく解かせ、石川麻呂が三韓の上表を読み上げた。中大兄が自らやあといって剣を持って入鹿の頭・肩に切りつけ、佐伯部子麻呂《さえきべのこまろ》もつづいた。入鹿は御座の前で「何の罪かわかりません」と訴えたが、中大兄は「鞍作《くらつくり》(入鹿)は天皇家を滅ぼし天皇位につこうとしている」と奏上し、天皇は立ち上がって殿の中に入り、入鹿は斬り殺された。東漢直《やまとのあやのあたい》らは、大臣蝦夷のために軍陣をしいたが、説得されて軍を解き、翌日蝦夷も自邸で自殺したのである。このクーデターをこの年の干支をとって「乙巳《いつし》の変」とよぶ。

蝦夷自刃の翌日、女帝は退位して中大兄に皇位を譲ろうとした。中大兄は鎌足に相談したところ、兄の古人大兄をさしおいて即位するのはよくない、叔父の軽《かる》皇子を立てれば人望も得られるといわれ、中大兄はこの考えに賛同、自らは皇太子となり、皇極はレガリアを自分の弟である軽皇子に授けた。それまでの大王・天皇は死ぬまで在位したが、ここに史上初めて生前譲位が行なわれ、孝徳《こうとく》天皇が生まれたのである。

大夫の筆頭として朝廷の重鎮であった阿倍内麻呂《あべのうちまろ》を左大臣に、蘇我倉山田石川麻呂を右大臣としたが、これは従来の大臣を中国風に左右に分けたものだろう。中臣鎌足は内臣《うちつおみ》に任じられ、天皇・皇太子の輔佐役となった。隋・唐に留学した僧旻《みん》と高向漢人玄理《たかむこのあやひとくろまろ》を国博士《くにはかせ》に任じ、中大兄の政治顧問としたのである。

政変の性格については、単に蘇我氏の専横を打破し、天皇家が権力をとり返したというかつての王政復古的な見方ではすまないだろう。東アジア世界の高まる緊張の中で、国家権力をいかに強化するかという問題を諸豪族は共有していたので、ただの権力闘争ではない。しかしそれが外交政策上の対立であったかについては、いろいろな説があり定説をみない。蘇我氏は伝統的な親百済（および高句麗）の政策をたもち、新政権は親新羅・親唐路線へと方針転換したとする説がある。新政権が、唐を視野に入れた中央集権化をめざしたことは、国博士の設置などから明らかだが、蘇我氏にしろ改新政府にしろ、明確な外交方針が確立しているとも思えない。大和朝廷の氏姓制度的な国家体制に限界がみえてきたとはいえるだろう。

2　大化改新の詔が描きだす国家体制

改新の詔

孝徳即位とともに、皇極天皇四年を改めて大化元年とし、史上初めて元号を定めた。この年号は『書紀』以外にみえず、どの程度実施されたかわからないが、一連の政治改革を年号をとって「大化改新」という。

その中心は翌大化二年（六四六）の元日に、朝賀のあと宣された「改新の詔」である。

〔第一条〕昔天皇等の立てた「子代《こしろ》の民」「処々の屯倉《みやけ》」、臣《おみ》・連《むらじ》・伴造《とものみやつこ》・国造《くにのみやつこ》・村首《むらのおびと》の所有する部曲《かきべ》の民・処々の田荘《たどころ》をやめ、大夫以上には食封《じきふ》（一定戸数の人民を給い、その租税を封主に与える）を、以下には禄として布帛《ふはく》を賜う。

〔第二条〕初めて京を置き、畿内国司・郡司及び関塞・斥候・防人《さきもり》・駅馬《えきば》・伝馬《てんま》を置き、鈴契《すずしるし》を造り、山河（地方区画）を定める。(a)京には坊ごとに長、四坊ごとに令を置くこと、(b)東は名墾《なばり》（伊賀国）の横河、南は紀伊の兄山《せのやま》（紀川中流）、西は赤石《あかし》（播磨国）の櫛淵《くしふち》、北は近江の合坂山《おうさかやま》より以内を「畿内国」とすること、(c)郡は、里《り》の多少によって大・中・小を設け、郡の大領《だいりょう》・少領《しょうりょう》には国造のすぐれた者を選ぶこと、(d)駅伝馬の支給は鈴・伝符によることなど。

〔第三条〕初めて戸籍・計帳《けいちょう》・班田収授《はんでんしゅうじゅ》の法を造る。(a)「凡《およ》そ五十戸を里《り》とす。里ごとに長一人を置く。戸口を按検し、農桑を課殖し、非違を禁察し、賦役《ぶやく》を催駈することを掌《つかさど》れ」、(b)「凡そ田は長さ三十歩、広さ十二歩を段とせよ。十段を町とせよ。段ごとに租の稲二束二把、町ごとに租稲二十二束とせよ」

〔第四条〕旧来の賦役をやめて「田之調《たのみつき》」を行なへ。(a)「凡そ絹《きぬ》・絁《あしぎぬ》・糸・綿は、並に郷土の出せるに随へ」。田一町に対して絹なら一丈、絁は二丈、布は四丈をとる。別に「戸《こ》別之調《べつのみつき》」一戸に布一丈二尺を収める。調の副物・塩・贄《にえ》もとる。(b)百戸ごとに官馬一匹を輸させる。(c)男子ごとに兵器を出させる。(d)仕丁《しちょう》は、もとの三十戸ごとを五十戸ごと一人に改め諸司に仕えさせ、五十戸は戸ごとに庸布・庸米をとって中央に送って仕丁の食料にあてる。(e)郡少領以上の姉妹・娘を采女《うねめ》として（従丁・従女三人もつけ）中央に送り、百戸の庸布・庸米を采女の生活費にあてる。

かなり丁寧に紹介したが、要点としては、第一条で子代・屯倉や豪族による民と土地の分有をやめて、国家が食封・禄を支給し、第二条で、人民を京と郡で地域別に編成し、第三・四条で土地支給と負担体系を定めるということで、ふつう私地私民から公地公民《こうちこうみん》へとよばれるものである。日本固有の慣習をふまえ、隋唐の国制（律令制）にもとづこうとするもので、国博士らが描いた青写真だろうと井上光貞氏は述べている。

大化改新に関する論争

しかし、この詔の文章がはたして当時のものそのままかには疑問があり、戦後大化改新論という、日本古代史を代表する論争が起きた。

『日本書紀』を読めば、この大化改新詔だけが前後に比べて異例に整っている。この文は四条に分かれ、各々最初に首文、そのあとに具体的な規定があるが、その中の「凡そ」で始まる京の坊長・坊令規定、郡の等級で始まる規定など整いすぎ、第三条の里を置く規定、田の面積と田租規定にいたっては、現存の養老令《ようろうりょう》の戸令《こりょう》1為里条、田令《でんりょう》1田長条とほとんどあるいはまったく同文である。第四条の調の冒頭の「凡そ」で始まる文章も、賦役令1調絹絁条の一部を用いた文章であり、古くから令文（いつの令かは諸説ある）を転載して文章を作文しているのではという推測があった。

しかし戦後、改新詔で置くとしている郡、郡の大領・少領という用字がそのままかという検討を中心に、研究が深められた。『日本書紀』以外の金石文《きんせきぶん》や古系図によると、大宝令《たいほうりょう》以前には郡ではなく評《こおり》が置かれ、評造《こおりのみやつこ》あるいは評督《こおりのかみ》・助督《こおりのすけ》の官（評の長官・次官）がみられ、改新詔はのちの大宝令の字句によって大きく修飾され、原詔そのままでないことが井上光貞氏によって論じられた。のちに藤原宮の発掘によって出土した木簡により、七〇一年を境にそれまでの評が郡に変わることが明らかになり、改新詔には評とあったのが大宝令により郡と修飾されたことが確かめられ、この郡評論争に決着がついた。

さらに文章の潤色のレベルから議論をすすめて、一九七〇年代には日本史研究会により改新詔の存在自体を疑う大化改新否定論が唱えられた。『書紀』編者は律令国家の起点を大化改新と中大兄におく歴史観に立って叙述しており、原秀三郎《はらひでさぶろう》氏はこれを公地公民制、特に公民制の成立過程として捉え直し、公民制の実現はのちの天武朝のことで、大化改新とよばれる改革は、実際には天武朝に行なわれたもので、『書紀』編者の作った虚構だとしたのである。

これは『日本書紀』の内的史料批判として、『書紀』が一定の編者の持つ史観にもとづき編纂されたことを指摘した点できわめて重要である。

しかし一方で、『常陸国風土記《ひたちのくにふどき》』を分析した鎌田元一《かまたもとかず》氏などにより孝徳朝に全国に評が設置されたこと（「天下立評《てんかりつぴょう》」）が解明され、また発掘により孝徳朝に大規模な難波宮が造営されたことも明らかになった。改新詔は、『書紀』編纂時の現行法である大宝令によって修飾されているものの、大化改新とよぶべき中央集権化をめざした改革が行なわれたことも明らかになったのである。

改新詔には、京と畿内の規定を除くと中央の官僚制などの規定はいっさいない。もっぱら地方における評の設置と、戸籍・計帳、班田収授、賦役制を規定するので、地方の民衆の領域的支配に第一の課題があったことがわかる。日本における律令制の導入において戸令《こりょう》・田令《でんりょう》・賦役令《ぶやくりょう》という民衆支配に関する三篇目がもっとも重視され、唐と異なりこの三篇目は一セットに配列された。戸籍の作製はのちの天智朝に始まるので第三条自体の存在を疑う説もあるが、仮に『書紀』編者の構想レベルだとしても、籍帳《せきちょう》・班田収授・徴税が律令制の中核であることを読みとることができよう。

東国国司と郡司任用

改新詔第二条には、郡の大中小を定めるのにつづいて、

其の郡司《ぐんじ》には、並びに国造の性識《ひととなり》清廉《せいれん》にして、時務《じむ》に堪《た》ふる者を取りて、大領・少領とし、強幹聡敏《そうびん》にして、書算に工《たくみ》なる者を、主政《しゅせい》・主帳《しゅちょう》とせよ。

として、評（郡）の官人の任用規定を定める。これは、養老選叙令《ようろうせんじょりょう》13郡司条の「凡郡司、取下性識清廉、堪二時務一者上、為二大領・少領一。強幹聡敏、工二書計一者、為二主政・主帳一。（後略）」とほとんど同文である。

つまり改新詔のこの規定は、選叙令本条（大宝令）によってもっともらしく修飾されたのである。主政・主帳などはもちろん大化にはなかった。しかし比較すると違いがある。改新詔には選叙令にはない「国造」の文字がある。つまり改新詔では、国造の優秀なものを優先して評督・助督に任用する規定があったと思われる。評官人任用については、改新詔に先立ち東国へ派遣された東国国司の関連記事に具体的にうかがうことができる。

六四五年から翌年にかけての三つの東国国司詔は、きわめて写実的で、史料としての信憑性が高い。以下少し長くなるが、第一、第二詔を引用しよう。

第一詔（大化元年八月庚子詔）

東国等の国司《みこともち》を拝す。よりて国司等に詔して曰く、「天神の奉《う》け寄する所に随《したが》ひ、方《まさ》に今始めて万国を修めんとす。(a)凡《およ》そ国家の所有《たもて》る公民、大小の領する所の人衆を、汝等任に之《ゆ》き、皆戸籍を作り、および田畝《でんぽ》を校《かんが》へよ。それ薗池水陸の利は、百姓と倶にせよ。(b)また国司等、国に在りて罪を判《ことわ》ること得じ。他《ひと》の貨賂《まいない》を取りて民を貧苦に致さしむるを得じ。(c)京《みやこ》に上るの時、多く百姓を己に従ふること得じ。ただ国造・郡領をのみ従はしむることを得。(d)ただし公事を以て往来するの時は、部内の馬に騎るを得、部内の飯を飡ふを得。(中略)(e)もし名を求むるの人有りて、元より国造・伴造・県稲置《こおりのいなき》にあらずして輙《たやす》く詐《いつわ》り訴へて言はく『我が祖の時より、この官家を領《あずか》りてこの郡県《こおり》を治む』と申さば、汝等国司、詐りの随《まま》に便《たやす》く朝に牒《もう》すこと得じ。審《つまびらか》に実の状を得て後に申すべし。(f)また閑曠《いたずら》なる所に兵庫《やくら》を起造《つく》りて、国郡の刀《たち》・甲《よろい》・弓矢を収め聚《あつ》めよ。辺国の近く蝦夷と境を接《まじ》はる処は、尽《ことごと》くその兵《そなえ》を数へ集めてなお本主に仮授すべし。それ倭国《やまとのくに》の六県に使者を遣はされ、戸籍を造り、あはせて田畝を校ふべし（注略）。汝等国司、明らかに聴きて退《まか》るべし」

これは東国国司の任命、派遣にあたり、注意事項を述べたもので、その任務がわかる。

第二詔（大化二年三月甲子詔）

東国の国司等に詔して曰く、「集侍る《うごなわりはべ》群卿大夫《まえつきみたち》及び臣・連・国造・伴造、あわせて諸の百《おおみ》姓《たから》等、咸《ことごと》く聴《うけたまわ》るべし（中略）。前に良家の大夫を以て東方の八道を治めしむ。既にして国司任に之《ゆ》き、六人は法を奉り、二人は令に違へり。毀誉各聞こゆ（中略）。今前の勅に随ひて処断せん」

国司の帰還後、一緒に上京した国造とともに、賞罰の事情を宣したものである。具体的には一七日後の第三詔（三月辛巳）において、東国国司（朝集使）の問題点を八グループの長官名を挙げて述べている（ここでは省略する）。

倭国の六御県という大和朝廷の内廷に結びついたいわば直轄領と「東方八道」という東国に使者が派遣されたのである。クニノミコトモチとよばれ「国司」とも表記されたのである。このときの東国の範囲については諸説あるが、東海道は三河以東、東山道は信濃以東と考える井上光貞説に従っておきたい。

使者は八グループになって、それぞれ長官《かみ》・次官《すけ》・主典《さかん》の三等官で構成される。第三詔に挙がる各長官の姓をみると、穂積臣・巨勢臣・紀臣・平群臣などで、第二詔にいうように「良家の大夫」であり、議政官組織に代表（大夫）を出せる当時の錚々《そうそう》たる氏の人々が派遣されていることがわかる。

国造の力を媒介とする支配

東国国司の任務としては、第一詔(a)にいわれる、戸籍の作製と校田《こうでん》が第一である。しかし全国規模で統一的に戸籍が作製されたのは六七〇年の庚午年籍《こうごねんじゃく》が最初であり、ここでは大まかな戸口、人口調査ぐらいであろう。約一ヵ月後の大化元年九月甲申《こうしん》条に「使者を諸国に遣はして、民の元数《おおかず》を録す」とあり、これは東国以外に対するものだが、このような人口調査が実態であろう。第一詔に「国家所有公民、大小所領人衆」と、大和王権支配下の公民と大小の豪族の領する民衆を併記するように、地方豪族の支配権を認めていて、豪族の力を借りた旧来の支配関係を変更しない戸口調査だったと想像できる。したがって校田についても、地方豪族が自らの支配下の田地を自己申告する程度に考えてよいだろう。

次にみえる任務として、(f)兵庫をたて、国郡の武器を集める武器の収公がある。大化元年九月丙寅《へいいん》条にも「使者を諸国に遣はして、兵を治む。或本に云はく、六月より九月に至るまで、使者を四方の国に遣はして種々の兵器を集めしむ」とあり、他の諸国に対しても一月遅れで武器収公が命ぜられている。

武器収公といっても、武器を没収するのではなく、武器の管理権を国家が掌握する意味であり、実際には収公後に国造に伝えられた場合が多かった。武器管理権の掌握が東国、ついで全国に行なわれ、大化二年正月にも「郡国に詔して兵庫を修営せしむ。蝦夷親附す」とあることは、対蝦夷を含めて軍事が重要課題であったことを示す。改新詔第四条では、令制にみられない官馬の供出や兵器の徴発が一種の税として規定されている。

(b)では、国司が国において「罪を判《ことわ》る」ことを禁止し、第三詔でも「国司等任所において自ら民の所訴を断ずるなかれ」と述べられている。裁判権を有する国造の支配権への干渉を戒め、在地首長層の持つ裁判権を保護したものであるが、しかし国造など在地首長相互の争いが訴えられたときは、中央へ上申し中央政府の判断で解決することを定めたのだろう。東国国司は、国造の伝統的権力の根幹である裁判・刑罰権には手をつけない、つまり在地首長層の土地や人民への支配権を肯定し、それを前提として任務を行なったのである。

第一詔にはさらに、(e)「名を求むるの人」があって、国造や伴造や県稲置(屯倉を核とする官人か)でもないのに、祖先の時代からこの領地を預かり治めていると詐《いつわ》り訴えてきたら、それをそのまま朝廷に報告してはいけないとある。ここで「名を求むる」の名とは、薗《その》田香融《だこうゆう》氏が指摘するように任官または叙位であり、新しい評の官人への登用を前提としたものである。評制施行の準備と郡司(評官人)詮議の開始という状況、東国国司の任務がうかがえる。(c)に指示されているように、東国国司は国造と郡領(候補者)だけを伴って帰京するのである。

入京した国造および評官人候補者はどのような待遇を受けたのか。国司の賞罰は、第二詔では「六人奉法、二人違令」であったが、第三詔ではより厳しい判断が下されている。井上光貞氏がいうように、それは国司だけでなく入京した国造が提出した陳状に依拠した結果であり、東国国司の過の大半が国造の物を奪ったり、国造の民衆支配に介入した点であることは、朝廷の東国国造に対する態度は懐柔的であるといえる。第三詔において、朝倉君(上毛《かみつけ》野君《ののきみ》の一族か）や三河大伴直など国造層の豪族ら六人が、「天皇に順《したが》ひ奉れり」として褒賞されたのも、彼らが優遇されたことを示すのだろう。

改新政府が改革を行なうといっても、国造の支配を媒介としたのである。国造のクニはやがて評へ再編され、国造層は評官人になっていく。

評官人任命のための手続き

早川庄八《はやかわしょうはち》氏は、律令制下で郡司を任命するときだけ、式部《しきぶ》省《しょう》で口頭試験・筆記試験が行なわれ厳重な手続きを行ない、さらに郡司読奏《どくそう》といって式部省銓擬《せんぎ》の結果を天皇に奏上する儀式を経て任命され、奏任官として最終の任命権を天皇が有したことを明らかにし、これは畿内政権が畿外の政治集団を服属させるいわば外交の場であったためだと論じた。

この郡司試練《しれん》の始まりが、評制施行にあたっての東国国司派遣だった。東国国司は、改新詔に規定された国造だけでなく、立評《りつぴょう》にあたり新たな評官人の候補者（史料では「郡領」）を選んで伴って帰京した。政府の審査と天皇による任命のため評督・助督の候補者を連れて帰るのが、東国国司の最大の任務だった。

大化二年（六四六）二月戊申《ぼしん》詔で「京に入りて朝集せる者、且《しばら》く退散するなかれ、朝《みかど》に聚《つど》ひ侍れ」と都において待機するように指示されたのは、入京した評官人候補者であった。その審議はおそらく難波宮で続けられ、八月に派遣された国司（第二次国司）とともに帰国したのである。

八月の帰国にあたっての詔では、「去年朝集に付けし政《まつりごと》は、前の処分に随へ」と前詔の注意事項の履行が説かれ、田を均しく民に給うこと、調は「男身之調《だんしん》」を収めること、仕丁をとることが述べられ、国々の境界を定めて、文書や図に画いて中央に進上し、国・県（評をさすか）の名はそれから定めると命じている。立評自体はこのときあるいはそれ以降の国司に委ねられたのだろう。

幸い東国での具体的な立評（史料上は「郡」）を伝える記事が、奈良時代に作られた『常陸国風土記』に残されている。

〈香島郡条〉古老曰はく、難波《なにわ》長柄豊前《ながらのとよさき》の大朝に馭宇《あめのしたしら》しめしし天皇の世、己酉《きゆう》の年、大《だい》乙上《おつじょう》中臣□子、大乙下中臣部兎子等、惣領《そうりょう》高向《たかむこ》大夫に請ひて、下総国海上《うなかみ》国造の部内軽野以南一里、那賀《なか》国造の部内寒田以北五里を割きて、別に神郡を置く。

他に、信太《しだ》郡では、同じ孝徳天皇の世、「癸丑《きちゅう》年」に小山上物部河内・大乙上物部会津等が惣領高向大夫に請い、筑波郡・茨城《うばらき》郡の七〇〇戸を割いて信太郡を立てたとあるなど、行《なめ》方《かた》郡・多珂《たか》郡の立郡（評）記事もある。

ここにみえる高向大夫は「坂より東の国を惣領《すべおさ》」めさせた東国惣領で、東国国司と同性格の官である（おそらくミコトモチとよばれた）。この人物は先の東国国司詔にみえず、六四六年八月かあるいはそののちに改めて派遣され、己酉年（六四九）から癸丑年（六五三）に

国造のクニ	評の編成（大化五）	（白雉四）	立評記事有無	立評申請者	八、九世紀の大少領の姓
新治	新治評	新治評	×		新治直
		白壁評	欠		
筑波	筑波評	筑波評	×		丈部　壬生宿禰（采女）
		河内評	欠		
	（筑波評・茨城評より）	信太評	○	小山上　物部河内　大乙上　物部会津	物部→物部志太連
茨城	茨城評	茨城評	×		
	（茨城評・那珂評より）	行方評	○	茨城国造小乙下　壬生連麿　那珂国造大建　壬生直夫子	壬生直
那珂（仲）	那珂評	那珂評	欠（×）		宇治部直
下海上（那珂より）	香島評	香島評	○	大乙上　中臣□子　大乙下　中臣部兎子	中臣連
久慈（久自）	久慈評	久慈評	欠（×）		
多珂（高）	多珂評	多珂評	×		君子部
		石城評	○	多珂国造　石城直美夜部　石城評造　部　志許赤	磐城臣

常陸国における立評過程　森公章氏による

かけて、申請をうけて実際の立評にあたった（中央に連れて帰って任命した）のだろう。

上の表のように立評申請者が二人ずつみえるのが特色であり、奈良時代にみえる郡司の氏姓とも合致することから、この二人が初代の評官人《こおりかんじん》（評督・助督）となり、以後郡司を世襲したのだろう。

なぜ四郡のみに立評記事がみえるかが問題であるが、表のように、常陸国には元来六つ国造のクニがあり（下海上国造は下総国）、それが分割を経て一二の評になった。『風土記』は地名起源を記すのであるから、新たに分出された評のみ成立事情が記され、国造のクニがそのまま評となった場合には省略されたと考えられる。そして香島郡では国造の部内から分割したとあるのに、信太郡では郡からの分割とあるので、六四九年に国造のクニは評となり、別に神郡として香島評が立てられ、六五三年に評の分割新置が行なわれた。

以上のように鎌田元一氏は大化五年（六四九）に全国的立評が行なわれたことを見事に解明したのである。

大化の税制

改新詔第四条には、「田の調《みつき》」として絹・絁《あしぎぬ》・布を規定し、別に「戸別の調」を規定する。私見では、後者は大化前代、推古朝にピークを迎える畿内（ウチックニ）での開発をともない設置された屯倉を拠点とした公地支配・民衆支配の展開を背景に、畿内の人民に戸別に賦課した租税と考えられる。

「田の調」は畿外を対象とするもので、田一町で絹一丈とか布一端（四丈）とかの大ざっぱな数字であることは、個人への賦課ではなく国造あるいは評への貢納の割り当てという意味を持っていたと考えられる。

のちの律令制下においても調は、繊維製品に限らず水産物など地域的特産物が多く規定されていて、在地首長に率いられた共同体での生産を前提に、郡司（在地首長）の天皇への服属を表わすミツキの貢納という性格を色濃く残していたのである。

大化二年八月に第二次国司の発遣と国造の帰国に際して、「凡そ調賦《みつき》は、男身の調を収むべし」と詔している。「男身《だんしん》の調」は、律令制的な人別賦課税で、「田の調」と異質だとする理解もある。しかし「男身の調」は、国造に対して、「田の調」を在地に転嫁するに際して男性より徴収するように指示したと考えれば、国造が中央へ納入したのは「田の調」だったと考えられる。従来の貢納を定額、制度化したのが「田の調」で、そのために国造領あるいは評の田地額の把握（校田というが現実には申告だろう）がなされたのだろう。

崇峻《すしゅん》五年（五九二）に、「東国《あずま》の調《みつき》」を進《たてまつ》る日と称して崇峻天皇を暗殺したことからも、東国の国造による大王への服属儀礼としてのミツキの貢納の伝統は古いだろう。しかし東国国司詔ではまったくミツキには触れられない。ミツキは天皇―国造間の関係であり、東国国司はそれに介入する意図はないからなのだろう。

第三詔において、紀麻利耆拕《きのまりきた》臣が、人を朝倉君・井上君の所へ遣わして、その馬を牽き来させて視たり、朝倉君の弓・布を得たことが咎められている。布はいうまでもなく毛野国の調の品目であり、弓矢も東国の貢納品の品目である。東国国司が国造からのミツキなどの貢納品を受け取ったことが咎められたのだろう。「東国の調」のように宮都において国造が天皇に対して直接貢納することに意味があり、したがって東国国司には国造層から「田の調」などを徴税する任務はなかったのである。

天皇に対する評官人の服属関係が基礎にあることは、同じ第四条の采女《うねめ》貢上規定からもわかる。のちの律令の規定では、采女を貢ずる郡は兵衛《ひょうえ》を貢上させないとあり、采女か兵衛かのいずれかを貢ったようで、東国は伝統的に子弟を舎人《とねり》（のちの兵衛）として国造は貢っていたので、采女は西国の方が中心だったかもしれない。

改新詔の規定は、後宮《こうきゅう》職員令18氏女采女条の采女規定とほぼ同文だが、従丁・従女や一〇〇戸の庸布・庸米をあてるという律令に見られない規定があり、評督・助督の姉妹・子女を采女として貢上させる規定はあったのだろう。

采女は、地方豪族が服属の証しとして貢上した一種の人質だと考えるのが一般的だが、折《お》口信夫《くちしのぶ》は、采女に巫女《ふじょ》としての宗教的性格を認め、祭祀権を中央に差し出したとみる。

天武朝以前に采女を姧通《かんつう》して厳罰に処された例が多く見えるが、それは天皇の占有物だったからではなく、采女は神に仕える存在で、姧通は神事の侵犯だったかららしい。改新詔で郡司の子女だけでなく姉妹を貢上させることを規定するのは、兄と妹による政治と宗教の分掌体制が広く存在していて、妹を貢上させることが地方支配において王権が宗教権を集中することだったからだと倉塚曄子氏が説いている。

供給役をめぐって

第一詔(d)に「部内の馬に騎るを得、部内の飯を湌ふを得」とあり、第三詔にも繰り返されていて、国司に対して地元の者が馬と食事を提供することが認められている。第三詔において、朴井連《えのいのむらじ》と押坂連《おしさかのむらじ》は国造の馬を取ったことが咎められ、膳部臣百依《かしわでのおみももより》は国造の馬を取り他の馬に換えたと責められている。国造から馬を取ったために罰せられているが、乗ることは認められていたわけで、馬と食事と飼料は、実際には国造によって提供されたと考えられる。

この事項は、東国国司詔の中で唯一合法的に部内からの徴発が認められている、つまり一種の租税である点で注目できる。中央からの使者の往来にあたり在地の民が食事と馬を提供し、人夫としても奉仕するのを、奈良平安時代には供給役《くごう》といった。律令制下の交通制度では、駅使の供給は駅子が奉仕し駅稲を財源としたが、伝制の場合には、郡稲という郡司の管理権の強い稲穀を財源とし、労働力は雑徭《ぞうよう》により徴発された。吉田孝氏は、律令税制の一つ、地方での年六〇日以内の労役《ろうえき》である雑徭について、クサグサノミユキと訓《よ》むことに注目し、天皇の行幸《みゆき》、またはその代理としてのミコトモチである国司への奉仕とそれに伴う労役など、地域社会の外から課せられる労役であるという特色を指摘している。

こうしたミユキとはまさに供給であり、雑徭の一つの中心であった。東国国司詔にみえる食・馬の提供は雑徭の原初的形態であり、国造の主導の下で行なわれ、中央からのミコトモチである東国国司に対する服属奉仕の中で供給が行なわれたことに、律令租税制の本質を読みとることができよう。

大化改新の意義と国造制

以上、東国国司詔によりながら、評制《ひょうせい》の施行状況とその意義について詳しく述べてきた。東国への使者の派遣だけが『書紀』に詳しい記事があるが、もちろん評制施行は全国に対して施行されたし、人口調査や武器収公については全国に使者を派遣して実施している。しかし東国にまず国司を派遣して改革を行なった理由は、東国が軍事力として大和王権に強力な服属―奉仕関係を保っていたことのうえに、評制施行の前提となる国造制の、領域支配権力としての強力さという東国の特徴を挙げるべきだろう。

石母田正『日本の古代国家』は、独自の史料批判をふまえ、改新の課題を、税制成立にかかわる一般的校田《こうでん》と領域内の男丁を調査する意味での編戸《へんこ》であったとする。大化改新は、人民を領域的に編成する公民制への転換、領域的支配＝国家を成立させた画期であるとし、名《な》代《しろ》・子代《こしろ》など伴造《とものみやつこ》的秩序、すなわちタテ割りの人民支配方式をやめて、国造制的秩序を基礎構造として選択したと論じている。つまり全国に評を設置するのが最大の政治課題だったのである。

評制の特質は、評官人への依存という点にあり、評官人と天皇との結びつきが基礎にある。律令制では、これが郡《ぐん》―郡司《ぐんじ》になるが、郡司として組織される在地首長層と人民との支配関係が古代国家の基礎となる第一次の生産関係であるというのが、石母田氏の在地首長制論である。その始まりが評制の施行であるが、国造支配を制度化した側面もあり、以上述べたところは、国造制の具体的なあり方を明らかにしたという意味もあるだろう。

改新詔第二条冒頭の(b)で畿内（ウチツクニ）の範囲を東西南北の四至で定めている（律令制の大倭・河内・摂津・山背の四国で定めるのではない古いあり方である）。このことに窺えるように、改革のまず第一の重点は、畿内に本拠を持つ豪族が天皇のもとに集結し――これを畿内政権とよぶが、ふつうには大和朝廷とよぶ――その権力がその外側の畿外に割拠して独自に土地・人民を支配している地方豪族に対する支配を、いかにして強化し、制度化するかということに置かれたと考えられる。

官僚制と朝堂院

それでは中央での改革はどうなったのか。大化二年（六四六）八月詔では、臣・連・伴造・国造による人民の分割領有である部民《べみん》制を廃止するとともに、「今汝等を以て、使仕《つか》ふべき状は、旧の職《つかさ》を改め去てて、新たに百官を設け、位階を著《あらわ》して、官・位を以て叙《さず》けたまはむ」と百官・位階の制定を述べ、翌年四月の部民廃止の詔でも同趣旨を繰り返し述べて、「今日明日次《つい》でて続《つ》ぎて詔らむ」と次々と改革を打ち出していくといっているが、実際には皇子・群臣以下に「将に庸調賜はむ」と述べるだけである。

位階については、大化三年（六四七）に七色《くさ》十三階の冠位制を定め、翌年四月に「古き冠を罷む」とあり施行されたが、「左右大臣、猶《なお》古き冠を着る」とあり、なお大臣の冠をかぶっていたらしい。さらに五年（六四九）二月に、十三階のうち七～十二等の冠位を上下に分けて、冠位十九階を定めている。先に引いた『常陸国風土記』によれば、六四九年に全国的立評がなされたが、評官人に大乙上《だいおつじょう》・大乙下などの下位の冠位が与えられたことがわかる。推古朝の冠位十二階は畿内豪族だけを対象としたのに対して、大化の冠位十九階は評制により地方豪族をも包摂したことは注目すべきである。

一方の百官については、五年二月条には、「博士高向玄理《たかむこのくろまろ》と釈僧旻《みん》とに詔して、八省・百

上空から見た難波宮跡　大阪市中央区

官を置かしむ」とあり、構想させたのかもしれないが、具体的な官司の設置はみえない。「難波朝衛部《えぶ》」物部宇麻、「難波朝刑部尚書《ぎょうぶしょうしょ》」高向国押、「将作《しょうさく》大匠《だいしょう》荒田井直比羅夫」などと中国的な官名が史料に散見するのだが、旧来の伴造—品部《しなべ》制が克服されていない状況において、中国的な官制が機能するとは考えがたく、伴造制の上に立つ大夫層の人々に国政の主要な部門を分掌せしめる体制であり、それに中国風の官名を称させたのだろうとする笹山晴生《ささやまはるお》氏の説が妥当であろう。

大化改新後、難波宮が造営される。大化元年十二月に、難波《なにわ》長柄豊碕《ながらのとよさき》への遷都を記すが、造営が終わって白雉《はくち》二年（六五一）十二月に長柄豊碕宮に遷り、翌年九月に「宮造ること已に訖りぬ。その宮殿の状、殫《ことごと》くに論《い》ふべからず」とある。

発掘の成果によれば孝徳朝の前期難波宮には、のちの藤原宮に匹敵する大型の朝堂院《ちょうどういん》が作られていて、『書紀』の記述を裏付けている。しかし官僚制がほとんど未発達なことと矛盾しないかという疑問がある。これに対しては、朝堂院は儀式の場であり、整列した官人に対して天皇のミコトノリを宣読し、新たな位階に応じて整列することに意義があったことを早川庄八氏が論じている。また東国国司詔にみえるように、上京し「朝集」する地方豪族（評官人候補者）のためのスペースを確保するために、前期難波宮の朝堂院の規模が巨大なものになったと推測している。

新羅・唐との通交

大化二年（六四六）九月に、改新政府は、ブレーンである国博士高向黒麻呂《たかむこのくろまろ》（玄理）を新羅に派遣し、「(1)質を貢《たてまつ》らしめ、(2)遂に任那《みまな》の調を罷めしむ」。(2)は旧来倭が強い影響力を持っていた「任那」の地から、そこを侵略した百済あるいは新羅が代わって調を貢上させていたものだが、新羅からの貢調の義務を解いた。

(1)は翌年、新羅は「上臣大阿飡金春秋《だいあさんきんしゅんじゅう》」を質（人質）として貢上する。「姿顔《かお》美《よ》くして、善《この》みて談笑す」と『書紀』はその人柄をえがくが、金春秋は王族中のエリートで、のちの武烈王（在位六五四―六六一）である。新羅は倭と結びつこうとしたが、春秋は質と称して倭の状況を視察にきたのかもしれない。

金春秋は翌六四八年には倭を去り、唐に入朝し、以降、新羅は唐と結び、朝鮮半島を統一する路線を進めていく。春秋が唐に赴いた六四八年（唐の貞観二十二年）に、『旧唐書』には倭が「また新羅に附し表を奉りて、以て起居《ききょ》を通ず」とある。手紙で挨拶したくらいの意だが、六三一年の遣唐使以来の膠着状態を打開しようとしたもので、その仲介を頼んだのは金春秋だったのだろう。

新羅では六四七年にクーデターが起きたが、金春秋の義兄金庾信《きんゆしん》らは真徳女王を立てて再興し、唐との親交を深め、六四九年には唐の衣冠を、六五〇年には唐の年号を採用するにいたる。白雉《はくち》二年（六五一）には、新羅の貢調使が唐の国の服を着て筑紫に来朝するが、倭は勝手に俗を改めたとして追い返す事態が起きる。前々年に左大臣となった巨勢徳太《こせのとこだ》は、今新羅を討たなければ悔いを後に残すだろうと強硬策を主張した。朝廷の中の意見もまとまっていなかったことがわかる。

朝廷は、二年後の白雉四年（六五三）、また難破したこともあったからか、つづいて白雉五年と遣唐使を派遣する（後述する）。こうした外交政策上の問題や改革派と守旧派の対立などがあったのか、白雉四年に中大兄は皇祖母尊《すめみおやのみこと》（皇極）・間人《はしひと》皇后を連れて飛鳥河辺行宮《あすかのかわらのかりみや》に還ってしまい、豪族たちも従ったという。翌年孝徳は難波宮で亡くなるのである。

3 斉明女帝と白村江の戦い

興事を好む

孝徳に譲位した皇極天皇は、スメミオヤノミコト（皇祖母尊）と称して、朝廷で重きをなしていた。中大兄以下が孝徳を残して飛鳥にもどってのち、六五五年にかつての宮であった飛鳥板蓋宮で即位（重祚《ちょうそ》）し、斉明天皇となった。『藤氏家伝《とうしかでん》』には「悉《ことごと》く庶務を以て皇太子に委ぬ」とあるので、政務は中大兄に委ねたようだが、しかし斉明朝は造営が続いたことが特徴であり、女帝の個性があらわれているようである。

即位した年には、かつてない瓦ぶきの宮殿を小治田《おはりだ》に建てようとし、その冬に板蓋宮が焼失すると、斉明二年（六五六）に飛鳥岡本の地に宮地を定めて、造営して天皇がうつり、後飛鳥岡本宮と名付けた。従来それぞれ別の地であったと考えられていたが、ほぼ同じ飛鳥宮の地に営まれたことがわかり、後飛鳥岡本宮は、前代の板蓋宮よりも中心部分を南西に移し、大規模な整地を行ない新たに造営された。

伝承板蓋宮の上層、Ⅲ期遺構にあたり、内郭部分は南北約二〇〇メートル、東西一五〇メートル余で、周囲を屋根付きの塀が囲み、南部分には七間×四間の中心となる大型建物がある。これは飛鳥浄御原宮の遺構でもあり、天武は後岡本宮の建物に増改築を加えて使い、晩年になって飛鳥浄御原宮と宮号を定めたらしい。

さらに飛鳥東方の田身嶺《たむのみね》（多武峯《とうのみね》）に石垣をめぐらし、頂上に天宮《あまつみや》、両槻宮《ふたつきのみや》を造営し、また天香具山の西から石上山（天理市布留川上流、石上）に到る渠《みぞ》を掘らせ、舟二〇〇艘の石を運んで、宮の東の山に石垣を築いたという。時の人は「狂心《たぶれこころ》の渠《みぞ》。功夫を損し費すこと、三万余、垣造る功夫を費し損すこと、七万余、宮材爛《ただ》れ、山椒《やまのすえ》埋れたり」とそしった。延べ一〇万人を使った造営だった。

こうした大規模造営のための力役徴発については、改新詔には何も規定がないが、国造―評官人の責任により徴発が可能になったのだろう。すでに百済宮・大寺、板蓋宮において国造のクニ単位に広範囲に力役（これをエダチという）が割りあてられていたが、改新後、国造のクニが評《こおり》に代わることにより、力役徴発はより強力になった。実際の人民徴発や力役負

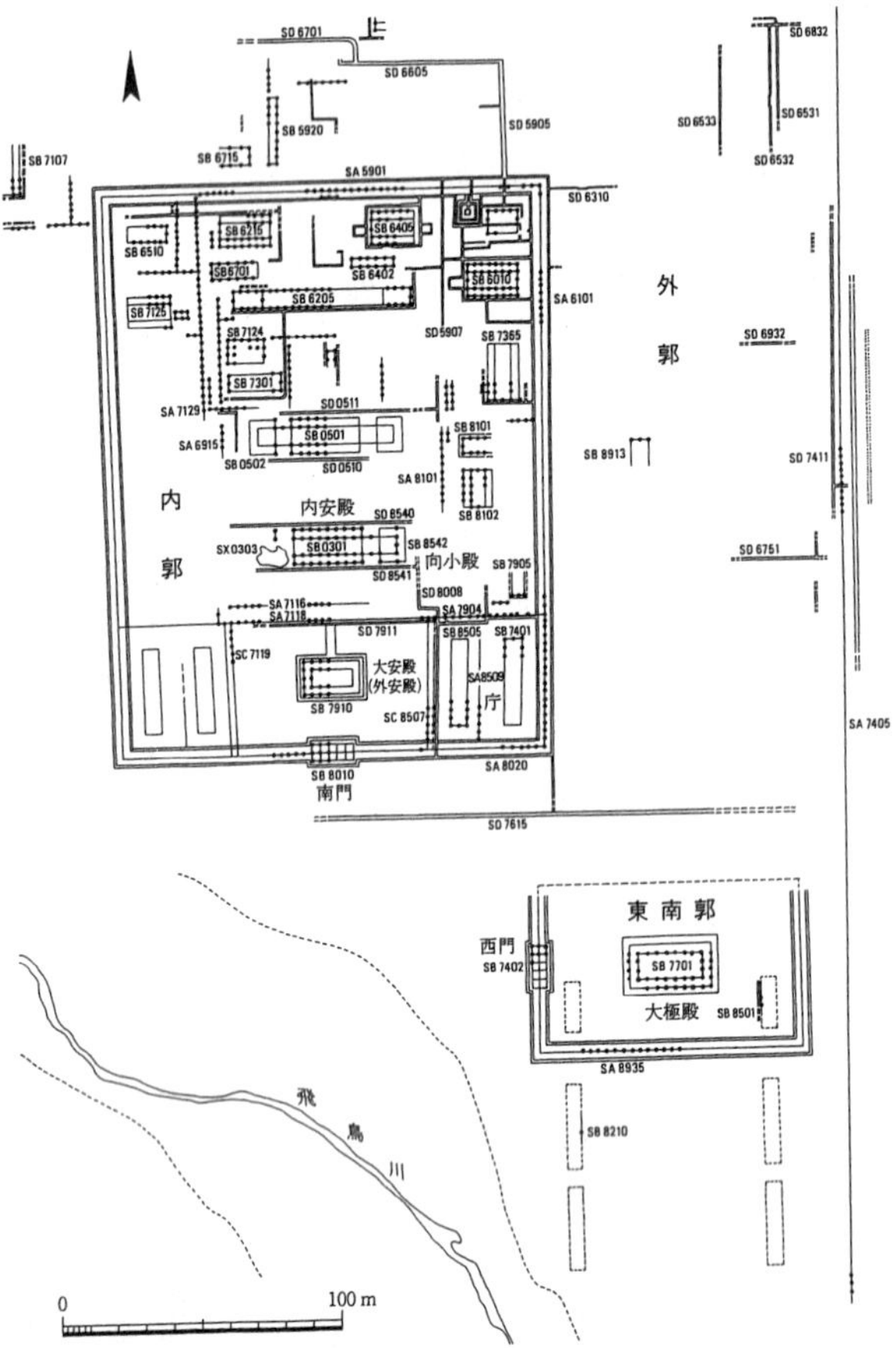

飛鳥浄御原宮の構造　小澤毅「飛鳥の都と古墳の終末」より

担者の往復の食事などかなりの部分は評官人になった首長層が負担したのだろう。
斉明五年には「出雲国造に命せて、神宮を修厳《つくりよそ》はしむ。狐《きつね》、於《お》友郡《うのこおり》の役丁の執れる葛《かずら》の末を嚙ひ断ちて去ぬ」とあり、出雲国はやや特殊な例だが、国造に命ずることで、神宮（出雲大社か）の造営が可能になっていて、評単位で役丁が徴発されたこともわかる。

斉明四年（六五八）十一月、天皇が紀温湯《きのゆ》に出かけた折に、孝徳の子有間《ありま》皇子が謀反をはかり殺される事件が起きる。蘇我赤兄《あかえ》（馬子の孫）がそそのかし、裏切ったのであるが、そのときに、天皇の政治について三つの失を挙げた。「大きに倉庫を起《た》てて、民財を積み聚《あつ》むること、一つ。長く渠水《みぞ》を穿りて、公粮を損し費すこと、二つ。舟に石を載《つ》みて、運び積みて丘にすること、三つ」と。

ここで失と挙げられた、民からの貢納を大きなクラに蓄えたというのは、改新詔の田の調によって税制が整備され、ミツキの貢納が制度化され、国家財政の規模が拡大されたことをさすのだろう。その結果、後飛鳥岡本宮や難波宮などの都城の造営が可能になったのである。

飛鳥の不思議な石造物

飛鳥を旅していると、不思議な石造物に出会う。もっとも有名な亀石《かめいし》や現在吉《き》備姫王《びのひめみこ》墓の前に並んでいる四体の猿石《さるいし》、さらに飛鳥資料館で陳列されている須弥《しゅみ》山石《せんいし》や男女が抱き合う石人像など、どれもユーモラスな表情で、人気が高い。中国や朝鮮半島に比べて、日本では石を材料とする石像・石碑などは発達しなかった。これは石の材質の問題もあるが、しかし飛鳥時代は石造物が例外的に作られた時代である。

須弥山石は、一九〇二年に飛鳥川をはさみ甘樫丘《あまかしのおか》の東、「石神《いしがみ》」と呼ばれる田圃から出土したもので、翌年にはすぐ隣から石人像も出土した。これは表面に皺がほどこされた三個の花崗岩の塊で、積み上げて円錐状をした噴水の機能を持つ鑑賞用の石である（高さ二・五メートルだが、途中の失われた一石を復原して高さ三・四メートルとして飛鳥資料館では展示されている）。高山の岩を示すような模様から、早くから斉明紀にみえる須弥山にあたると考えられてきた。

（斉明三年七月）須弥山の像を飛鳥寺の西に作る。且《また》、盂蘭盆《うらぼんのおがみ》会設く。暮《ゆうべ》に、都貨邏《とから》人に饗《あえ》たまふ。

（同五年三月）甘檮丘の東の川上《かわら》に、須弥山を造りて、陸奥《みちのく》と越《こし》との蝦夷《えみし》に饗たまふ。

（同六年五月）石上池の辺《ほとり》に須弥山を作る。高さ廟塔の如し。以て粛慎《あしはせ》四十七人に饗たまふ。

須弥山は仏教の宇宙観で世界の中心にあるとされる架空の山で、高さ三三六万里、七つの海と七つの山に囲まれ、外側には大海原が広がるという。こうした仏教施設を、飛鳥寺の西の広場に作ったのである。ここには大きな槻《つき》の木（欅《けやき》）があり、神聖な場であった。中大兄が鎌足と出会った場であり、大化のクーデター後に群臣が神々に忠誠を誓った場所でもあった。斉明は天皇制を支えるイデオロギーとして須弥山（仏教）を持ちこんだのである。

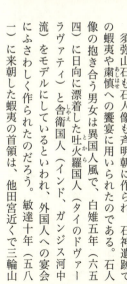

さらに須弥山石が出土した地は、飛鳥寺の塀の北辺から西北方向に及ぶ石神遺跡と呼ばれる遺跡で、一九八一年以来継続的に発掘が進められてきた。その結果、斉明朝に何度も建て替えが行なわれ、長大な建物がいくつもあることがわかり、丁寧な石敷きがされて中心に井戸があるのも特色で、饗宴を行なう施設と考えられている。つまり「甘檮丘の東の川上」とは石神遺跡であり、出土した石造物を須弥山にあてた解釈は正しかったのである。

石人像　石神遺跡出土

須弥山石　石神遺跡出土

須弥山石も石人像も斉明朝に作られ、石神遺跡での蝦夷や粛慎《あしはせ》への饗宴に用いられたのである。石人像の抱き合う男女は異国人風で、白雉五年（六五四）に日向に漂着した吐火羅《とから》国人（タイのドヴァーラヴァティ）と舎衛《しゃえ》国人（インド、ガンジス河中流）をモデルにしているといわれ、外国人への宴会にふさわしく作られたのだろう。敏達十年（五八一）に来朝した蝦夷の首領は、他田宮近くで三輪山

発掘された亀形と方形の石槽　酒船石遺跡。明日香村

酒船石　明日香村

に向かい泊瀬《はっせ》川の水をすすって、朝廷への子々孫々の奉仕を誓った。斉明朝の蝦夷たちも、噴水である須弥山石や石人像から水を口に運び、服属を誓ったのだろう。そうした儀礼の場であった。

飛鳥寺の南、後岡本宮（伝承板蓋宮）の東方の丘陵に酒船石《さかふねいし》という不思議な石がある。一九九二年にこの丘の中腹に砂岩切石を積んだ四重の石垣が発見された。これは斉明紀の「宮の東の山に石を累ねて垣とす」という記述に一致している。さらに二〇〇〇年にはこの丘の北裾から、亀形と方形の二つの石《せき》槽《そう》とそれを囲む石敷きの広場が発見され、大きく報道された。

この東側の石積の段は大きく崩れたままの形で出土していて、斉明紀の「石の山丘を作る。作る随《まま》に自づからに破《こぼ》れなむ」という時の人の誇りに合致している。この遺構を両槻宮、天宮だとする考えもあるが、多武峯の山頂に作ったとすれば両槻宮は別ということになる。後考に俟《ま》ちたい。

これらから酒船石自体も含め、飛鳥の石造物の多くは斉明朝に関係していることがわかる。斉明自身は、皇極元年（六四二）に飛鳥の南淵の川上で雨乞いをして成功したことに第一章で触れたように、女帝の伝統をひいて呪術力を持った。斉明は、「興事好き」と評されるが、それは、亀形石槽や須弥山石からうかがわれるように宗教的色合いが濃い。両槻宮や天宮などの名称から道教の影響も指摘され、具体的には不明な点が多いが、王権の神聖化をめざしていることはたしかだろう。

蝦夷の服属に対する饗応・賜物

石神遺跡の儀礼の中心は、化外《けがい》の民、特に蝦夷への饗宴であった。この時期は、阿倍比羅夫《あべのひらふ》の北方遠征が進められた。これについては、詳しい検討を行なった熊谷公男《くまがいきみお》氏が、『大王から天皇へ』の中で結論を要約しているので、それを参照して述べよう。

大化改新に際し、東国国司詔において辺境で蝦夷と接する処は、武器を数えてもとの持主に持たせるように述べられ、東国の北に接する蝦夷への関心は高かった。大化三年（六四七）に越国の渟足《ぬたり》（新潟市沼垂）、四年には磐舟《いわふね》（村上市岩船）に柵《き》を造る。これを足場に東北への進出が進められる。

斉明四年（六五八）四月、阿倍比羅夫は軍船一八〇艘を率い、津軽の蝦夷を水先案内にして齶田《あぎた》（秋田）に来航し、齶田と渟代《ぬしろ》（能代）の蝦夷は、船団をみただけで降伏し、渟代・津軽の二郡郡領を定め、さらに有間浜（津軽半島か）に渡嶋《わたりしま》の蝦夷を集めて大いに饗応した。

この年の七月には、新たに服属した蝦夷を含めて二〇〇人余の蝦夷が来朝して調を貢献した。例年より盛大に饗応・賜物が行なわれたとあるが、石神遺跡で行なわれたのかもしれない。渟代郡・津軽郡の族長（大少領とある）に冠位を授けている。

翌五年三月には、比羅夫は二回目の遠征を行なった。飽田・渟代・津軽の蝦夷三五〇人余と胆振鉏《いぶりさえ》（北海道南部か）の蝦夷二〇人を一ヵ所に集めて、大いに饗応して禄を授けた。

さらに六年（六六〇）三月の第三回遠征では、粛慎（みしはせとも訓むが、あしはせが正しい）を伐った。比羅夫が大河（石狩川か）の河口に着くと、渡嶋の蝦夷千余人が対岸で仮住まいしていた。二人の蝦夷が「粛慎の軍船が押し寄せて我々を殺そうとしている」と訴えて帰順し、比羅夫は粛慎と接触を試みるが、失敗して戦闘となった。比羅夫側でも能登臣馬身龍《のとのおみまむたつ》という豪族が戦死したが、結局、粛慎は敗れて自らの妻子を殺したという。

五月には比羅夫は凱旋して夷五〇人を献上し、石神の須弥山石では粛慎四七人に饗応し、服属が示された。生け捕りにしたヒグマ二頭とヒグマの皮七〇枚を献上したのもこのときであろう。

大和政権の帝国構造を支える蝦夷の朝貢

斉明五年（六五九）、坂合部連石布《さかいべのむらじいわしき》を正使とする第四次遣唐使が派遣されるが、このとき、道奥《みちのく》の蝦夷男女二人を連れていき、唐の天子に見せている。七月三日に難波を出発した一行は百済を経て、越州会稽県《えつしゅうかいけいけん》（浙江省紹興）につき、十月二十九日に皇帝高宗を追って長安から東都洛陽《らくよう》に入り、翌日謁見した。「伊吉連博徳書《いきのむらじはかとこ》」という遣唐使随員の手記によると、高宗は蝦夷に興味を示し、以下のような問答があった。

「蝦夷の国はいずれの方角にあるのか？」「東北にあります」「蝦夷には何種類あるのか？」「遠いものを都加留《つがる》、次を麁蝦夷《あらえみし》、近き者を熟蝦夷《にぎえみし》と名づけ、三種類です。ここにいるのは熟蝦夷で、毎歳我が国の朝廷に入貢します」「その国に五穀はあるか？」「ありません。けものの肉を食べて生活します」「家屋はあるか？」「ありません。深山の木の下に住んでいまず」とあり、高宗は蝦夷の変わった身体つきや顔をみて喜んだ。『新唐書』日本伝には、天智が立った明年のこととするが、「使者、蝦蛦人と偕《とも》に朝す」と特記し、遠方の未開の蝦夷が唐に入朝したと喜んだのである。

右の倭の使者の答えは、誇張も多く、また毎歳朝貢するとあるのも事実ではない。しかし、倭が異民族の蝦夷を朝貢させているという主張は、ただ蝦夷を連れていって唐の皇帝を喜ばせるためだけではなく、自らの国力の誇示にもつながったのである。

中国は自国を中華とし、周辺諸国を蕃国・夷狄《いてき》として朝貢させる構造をとり、これを古代帝国構造ともいう。堀敏一《ほりとしかず》氏もいうように、古代東アジア世界において、国家モデルとしてはこれしかなかったのであり、日本など周辺諸国においても国家形成にあたっては同じ国家モデル――東夷の小帝国といわれる――をめざしたのである。

倭は、「任那《みまな》」と称する加羅《から》・加耶《かや》地域への支配権を主張し、五六二年の「任那」の滅亡、新羅による大加耶領有以降は、五七五年を初例に新羅（時に百済）により「任那の調《みつき》」を献上させることで、「任那」が日本に服属する形式を維持した。またときどき任那復興が唱えられたのである。しかし大化二年（六四六）にいたり高向玄理《たかむこのくろまろ》を新羅に派遣し、「任那の調」を廃止した。おそらくこのことに関わり、蝦夷の朝貢は、斉明朝の大和政権の帝国構造を支えるものとして重視されたのだろう。石神遺跡の整備も、天皇が異民族である蝦夷を服属させていることを示す儀式の重要性に対応するのだろう。

唐を敵とする百済救援の意図

六五九年の遣唐使は、十二月に勅旨が出て、「国家、来年、必ず海東の政《まつりごと》有らむ。汝等倭客、東に帰るを得ざれ」といわれ、来年唐が軍事行動を起こすとして長安で幽閉されてしまう。高宗は、六五五年以降高句麗征討を試みていたが成果があがらず、その同盟国の百済を先に討つ作戦に出たのである。

六六〇年三月に蘇定方《そていほう》を神丘道行軍大総管とし、水陸一〇万の兵をもって百済に進撃し、さらに新羅武烈王を嵎夷道行軍総管として五万の兵を興させ、百済王都の泗沘《しひ》城（扶余《ふよ》）を攻撃した。義慈《ぎじ》王は七月に唐軍に降り、あえなく百済は滅んだ。八月には王族以下を捕虜とし、百済の故地には五都督府を置いた。

第四次遣唐使は九月に幽閉を解かれ、洛陽を経て越州から帰国の途につき、朝倉の宮に帰朝したのは翌年五月のことだった。十一月の洛陽滞在中に起きた、捕虜となった百済王以下王子・貴族五十余人が朝堂に引き出され、皇帝が臨見したことも「伊吉連博徳書」に記され、朝廷に報告されたのだろう。

このあと百済遺臣の救援要請をうけて、倭は出兵し、唐・新羅軍に敗れるが、どうして百済復興に大軍を出兵したのだろうか。改新政権は、親新羅・唐と明瞭にいえるかは別にしても、唐留学経験者をブレーンとし、新羅を経由して唐との関係改善を試みている。東アジア情勢を熟知していながら、なぜあえて戦ったのだろうか。白雉五年（六五四）の第三次遣唐使は『唐会要』巻九九に記事が残る。

使を遣はして琥珀《こはく》・瑪瑙《めのう》を献ず（中略）。高宗、書を降して之《これ》を慰撫《いぶ》し、仍《よ》りて云はく「王の国は新羅と接近す。新羅素《も》と高麗・百済の侵す所となる。若《も》し危急有らば、王宜《よろ》しく兵を遣はして之を救ふべし」と。

これは押使《おうし》高向玄理、副使薬師恵日《くすしのえにち》という改新を支えた中心的親唐派の遣唐使だった。前年の第二次遣唐使は百済経由だったが、一年も経過せずに今回は新羅経由で派遣されていて、外交方針の乱れと異常さが感じられる。『新唐書』日本伝にも「時に新羅、高麗・百済の暴すところとなる。高宗、璽書を賜ひ、兵を出し新羅を援けしむ」とみえ、新羅援助の出兵を倭に命じている。石母田正氏は、唐が新羅と結び、百済を、つぎに高句麗を滅ぼそうと方針転換した国際的緊張に対応したもので、この第三次遣唐使は政治的に重要だったとし、前年の難波から飛鳥への還都もこの緊張への対応だとする。しかし高宗の璽書は、結果として黙殺され、唐の命令を聞かなかったのである。これには押使高向玄理が唐で客死し帰国できなかったことも関係があるだろう。政権としては中立または不介入の立場だったように思う。

さて百済は、国王以下支配層は唐に降ったものの、鬼室福信《きしつふくしん》、余自信《よじしん》らを中心に国家再興の運動が興った。六六〇年（斉明六）十月に、福信らは、遣使して唐人の俘虜百余人を献るとともに、倭国軍の応援派遣を要請し、大和朝廷に人質として滞在する義慈王の子、余豊璋《よほうしょう》の送還を求め、国王に立てようとしたのである。豊璋は皇極二年（六四三）に来日していて（『書紀』は舒明三年〈六三一〉とするが年紀の誤りらしい）二〇年近く倭国に滞在していた。

これに対し、女帝はただちに「志《こころざし》奪ひ難きこと有り、将軍に分ち命せて、百道より倶に前《すす》むべし。（中略）有司、具《つぶさ》に為与《そなえあた》へて、礼を以て発《た》て遣はせ」と、救援軍の派遣と送還を詔して、十二月には飛鳥から難波宮に行幸し、戦争準備を進めるとともに、自ら筑紫に出陣し、救援軍を派遣することを決めた。斉明七年（六六一）正月に難波を出航して瀬戸内海を通り、三月に娜大津《なのおおつ》（博多港）に入り、五月に奥まった朝倉橘広庭宮《あさくらのたちばなのひろにわ》（朝倉市）が完成して宮を遷すが、不吉な事がつぎつぎ起こり、七月には斉明天皇が死亡してしまう。

『万葉集』を代表する額田王《ぬかたのおおきみ》の名作、

熟田津《にきたつ》に船乗りせむと月待てば　潮もかなひぬ今はこぎいでな　（巻１・八）

は、この途中正月十四日伊予の熟田津の石湯行宮《いわゆのかりみや》（道後温泉）に宿ったときの歌である。左注に斉明御製の伝承もあるように、額田王が女帝に代わって詠んだので、西へ出航しようと全軍を鼓舞した歌である。『万葉集』をみると、女帝自身が積極的だったように感じられる。『日本書紀』斉明六年十月条の注には、

或本に云はく、天皇、豊璋《ほうしよう》を立てて王《こきし》とし、塞上《さいじよう》（その弟）を立てて輔《たすけ》として、礼を以て発て遣はす、といふ。

とあって、斉明天皇が豊璋を王に任命し、輔相も定めたことがみえる。斉明の死去をうけて、六六一年七月に皇太子中大兄皇子は、称制《しようせい》して「水表《すいひよう》（海外の意）の軍政《いくさのまつりごと》」をとり、遠征軍を編成し、九月に別働隊五千余を派遣し豊璋を百済に送らせる。そのとき豊璋に、日本の最高冠位、織冠《しよくかん》を授け、さらに多臣蒋敷《おおのおみこもしき》の妹を妻として与えている。

翌天智元年（六六二）五月に本隊が出発し、そこでも豊璋を送還したとあり、重複しているが、そこでは「宣勅して、豊璋等を以て其の位を継がしむ。また金策《きんさく》を福信に予《たま》ひて、その背を撫《かきな》でて、褒めて爵禄賜ふ」とあり、天皇の宣勅という形で、百済王を即位させてい

る。また鬼室福信には金策（金泥で書いた冊書）で爵禄を与えているが、これも日本の冠位であろう。

石母田正氏は「日本が百済救援によって、従来の朝貢・被朝貢の関係以上の地位すなわち唐に代る地位を百済と設定しようとする意図がここからうかがえるのである」と述べ、八木《やぎ》充《あつる》氏も介入の本質は百済王の冊立《さくりつ》だったと論じている。単なる百済の救援ではなく、唐に代わって百済王位に冊立する意図が読みとれ、倭の服属国を作ろうとしたのであろう。これが救援を決めた理由だろうが、唐を敵に回して戦うということの状況判断が甘かったことはいうまでもない。

白村江の戦い

六六二年五月に第一次派遣軍本隊が送られ、豊璋が王位についたこともあり、百済復興軍は元気づき、戦いは活発になった。さらに天智二年（六六三）三月に、上毛野稚子《かみつけののわかこ》・巨勢訳《こせのお》語《さ》・阿倍比羅夫の前中後軍二万七〇〇〇人からなる第二次派遣軍を新羅に向けて派遣した。ところが唐が新たに兵七〇〇〇を発遣し、新羅文武王にも出動を命じ、形勢は逆転した。六月には復興軍内部で豊璋と鬼室福信の間の内紛が起こり、結局福信を斬首するにいたった（天智紀に詳しい記述がある）。

この機に乗じて、唐・新羅軍は水陸両軍を率いて錦江《きんこう》（白江）下流で合流し、八月に周留《する》（州柔《つぬ》）城に迫った。このとき劉仁軌《りゅうじんき》率いる唐の水軍が「白江口」で倭兵と遭遇し、決戦に及び、倭・百済軍の大敗に終わる。『旧唐書』劉仁軌伝には倭船「四百艘を焚《や》く。煙焔は天に漲《みなぎ》り、海水皆赤し」とある。九月に周留城が降伏し、「百済の名、今日に絶えぬ」と『書紀』に記される。白村江《はくそんこう》の戦いである。

称制した中大兄、天智は、六六一年八月に派遣軍の編成を行ない、九月に長津《ながつ》宮に出御して余豊璋に織冠を賜い帰国させた以後、動向がわからない。十月に斉明の遺体が筑紫から海路につくが、ここに「皇太子、一所に泊《は》てて、天皇を哀慕す」とあるので、母の喪に同行したらしい。難波に着き、十一月に飛鳥河辺行宮《あすかのかわらのかりみや》で殯《もがり》が行なわれるが、天智は飛鳥にもどり、以後筑紫に行くことはなかったと熊谷公男氏は推測している。

ちなみに、斉明は天智四年（六六五）に亡くなった娘の間人《はしひと》皇女（孝徳后）と合葬されて小川岡上陵に埋葬された。その陵墓は、二つの切石石室を持ち、棺飾金具や夾紵棺《きょうちょかん》破片が出土した、八角墳と推定される牽牛子塚《けんごしづか》古墳（明日香村越）であると想定される。二〇一〇年九月に発掘により八角墳であることが確認され、大きく報道された。

戦後処理と国土防衛の本格化

天智は、以後戦後処理に追われることになる。白村江の戦いの翌六六四年、唐は劉仁願《りゅうじんがん》を百済の鎮将とし、旧百済国の太子扶余隆《ふよりゅう》を熊津都督《ゆうしんととく》とした。これは百済の人々を「招輯《しょうしゅう》」するためと、百済と新羅の間の和親を誓わせるためで、二月に扶余隆は文武王の弟金仁問《きんじんもん》と熊津において劉仁願の立ち会いのもとで和親を誓った。

これをうけて五月に劉仁願は、朝散大夫郭務悰《かくむそう》ら（計一二〇人だった）を倭に遣わし、「表函と献物を進る」。通説では倭と会盟にもとづく「百済領の安全を主眼とする修睦」をはかったとする。倭の朝廷は、彼らを劉仁願の私的な使いであるとして入京も許さず、文書も受けとらなかったが、九月には第四次遣唐使から帰国した津守連吉祥《つもりのむらじきさ》や伊伎連博徳《いきのむらじはかとこ》を筑紫にやり、饗宴でもてなして帰国させた。

この年に対馬・壱岐および筑紫に防人《さきもり》と烽《とぶひ》を置いた。烽とは山頂に火を点じてのろしをあげ、危急を遠方の地に知らせる施設である。さらに大堤を築き水を貯え水城《みずき》を作った。福岡県太宰府・大野城両市の境界にある防禦施設である。国土防衛を本格化したのである。

翌六六五年（天智四）八月に、劉仁願のもと熊津で、扶余隆とこんどは新羅文武王とが会盟し、隆は熊津都督として百済の祭祀を守り新羅に依ること、各々和親することを誓った。この会盟文は劉仁軌《りゆうじんき》の作だが、彼は「陛下もし高麗を殄滅せんと欲せば、百済の土地を棄つべからず（中略）、倭人遠しと雖《いえど》も、また相影響す」（『旧唐書』劉仁軌伝）と上表し、高句麗征討のためには百済旧領の保全と王族が亡命した倭との関係が重要であると提言していた。

そこで九月に「唐国、朝散大夫沂州司馬上柱国劉徳高《りゆうとくこう》等を遣はす」とあるように二五四人の大使節団で「表函」を進上した。『書紀』は十一月に饗宴し、十二月に賜物し、帰国したと記すだけだが、今回は入京を許し、表函も受け入れたらしい。劉徳高が大友《おおとも》皇子に会い、その風貌を誉めたというエピソードが伝わる。

『日本書紀』は十二月の劉徳高の帰国のあとに、「是歳、小錦守君《もりのきみ》大石《おおいわ》等を大唐に遣はすと云々」と記し、第五次遣唐使が派遣された。守君大石は、百済救援軍の後将軍に任じられた人物である。また注には、第三次遣唐使で派遣された坂合《さかい》部連《べのむらじ》石積《いわつみ》なども使節団にいたと記し、「蓋《けだ》し唐の使人を送るか」とあって、送使にすぎないとする。本文の「云々」との書き方も、これが正式の使者でないかのような書きぶりである。それはこの使節が『書紀』としては記したくない、屈辱的な任務を負ったからだろう。

泰山　高宗が封禅の儀を行なった名山

天子自ら天を祭る封禅の儀

高宗は、百済を滅ぼし倭を破った翌六六四年（麟徳元年）七月に、二年後の正月に山東省の名山泰山《たいざん》において封禅《ほうぜん》の儀を行なうことを予告した。封禅の儀とは、天子が国威の盛んなことを誇示するために、天子自ら土を盛った壇上に天を祭るという、史上稀な儀式である。

　六六五年の劉徳高、あるいは前年の郭務《かくむ》悰《そう》の使命の一つは、この封禅への参加を促すことだったのだろう。『冊府《さっぷ》元亀《げんき》』巻九八一に、六六五年八月の百済と新羅との会

盟を記したあと、

是《ここ》に於いて、仁軌《じんき》、新羅・百済・耽羅《たむら》・倭人四国の使を領して、海に浮かびて西に還り、以て太山《たいざん》の下に赴く。

と記す。会盟を主導した劉仁軌が、新羅・百済のほか倭の使者も連れて、翌六六六年（乾封元年）正月の泰山での封禅の儀式に参加させたのである。

遣唐使は、そもそも冊封は受けていないにしても本質は朝貢であり、唐皇帝の元日朝賀に参列するのが本来であった。毎年来なくてよいとされただけである。正月の封禅は、朝賀を拡大したとも言えるので、参加は断れないだろう。

『冊府元亀』巻三六によれば、前年十月に洛陽を出発した高宗の行列には、突厥《とっけつ》・于闐《うてん》・波斯《ペルシャ》など多くの使者が従った。そこには倭・新羅・百済も従ったとあるが、それは泰山の下で合流したと考えてもかまわないだろう。百済征討を機に実現した今回の封禅には、倭と朝鮮諸国の使者の参加は不可欠であろう。その使者に敗軍の将、救援軍将軍だった守君大石があてられたのは実に適任だった。まさに服属儀礼だったのである。したがって派遣は十二月では遅すぎ、唐使の送使ではない。

高宗は、封禅を行なった年末に高句麗征討の兵を興し、六六八年に遂に高句麗を滅す。翌天智八年に倭は第六次遣唐使を派遣する。『書紀』は、「是歳、小錦中河内直《かわちのあたい》鯨《くじら》等を遣はして、大唐に使せしむ」と記すだけだが、『冊府元亀』巻九七〇（『唐会要』にも）には、「咸亨元年（六七〇）三月（中略）、倭国王、使を遣はして、高麗を平らぐるを賀す」とある。唐の高句麗平定を祝賀するための使いだったことがわかり、天智は早速唐朝への従順の意を示したのだろう。

斉明・天智朝の遣唐使は、かつてない緊張感の中で、倭国の存続をかけての政治的交渉の任務を負ったのである。

4　天智から天武へ

甲子の宣

国土防衛と唐との外交交渉に追われた天智の朝廷は、国家体制の確立をめざし、大化改新ではほとんど手つかずだった中央の政治機構と氏族制の改革に着手する。

白村江の敗戦の翌年、甲子年《かっし》（六六四）二月に三項目の改革を天智の命令として皇太弟大《おお》海人《あま》皇子が宣布した。干支をとって「甲子の宣《せん》」と呼ばれる。①大化五年の冠位十九階を二十六階の新制に改めたこと、②大氏・小氏・伴造《とものみやつこ》等の氏上《うじのかみ》を定めて、大刀・小刀・干楯弓矢を授けたこと、③「其の民部《かきべ》・家部《やかべ》」を定めたことである。

②は、一つは氏族が決めていた族長の地位を、朝廷が定めて「氏上」としたことであり、もう一つは大氏・小氏・伴造の三段階にランクづけし、氏族相互間の秩序を正したことであ

る。「国造」がないことから中央氏族を対象としたものであり、やがて天武十三年(六八四)の八色《やくさ》の姓《かばね》による再編へ発展していく。

重要なのは③「民部・家部」である。天武四年(六七五)二月詔の「甲子の年に諸氏に給へりし部曲《かきべ》は、今より以後、皆除めよ」に対応している。大化改新否定論の論拠ともなった史料であるが、この詔より「部曲」は甲子の宣によって諸氏に支給されたことがわかり、「部曲」も「民部」も訓はカキベで、同じものをさそう。カキべとは、諸氏に所属する部(王権によって認められた)である。改新詔では諸氏所有の「部曲」をやめ、食封《じきふ》を支給すると宣言したものの、実際には進んでいなかったが、天智朝はようやくこの点に着手したのである。

大山誠一氏は、甲子の宣は畿内豪族およびその支配下の民を対象としたものとし、畿内の人民を、ウヂの所有権を認めつつも、国家が地域編成によって登録することを意味すると論じた。畿内が対象の中心にあったことは認めてよいだろう。登録された「民部《かきべ》」は、天武四年にいたり諸氏の所有権が否定され、正式に公民化され、食封が設定されることになる。

諸ウヂのヤケには、代々にわたって隷属していたヤッコもいた。これを甲子の宣で「家部」とすることで国家が把握し、改めて諸氏の所有を認めたと考えられる。これは天武四年にも廃止されず、大宝令制下には氏賤《うじのせん》となり、氏の財産とされる。

大化改新においては、地方支配における評制施行が優先され、中央のウヂの改革は、支配者自身の問題であり、遅れた。特にウヂの経済基盤については、手つかずであり、危機の中でようやく改革が始められたのである。

近江令は体系的な法典だったのか

天智六年（六六七）三月、畿内豪族の本拠である畿内を出て、近江大津宮《おうみおおつのみや》に遷都した。唐の高句麗征討が進む中、敵襲をさけて奥地の交通の要衝である近江へ移った。このときに額《ぬか》田王《たのおおきみ》が詠んだ三輪山の歌に触れたが、天下の百姓は都を遷すことを願わなかったといい、非常事態だったのだろう。前々年に百済の亡命貴族、答㶱春初《とうほんしゅんそ》に関門海峡を扼《やく》する長門国に城を築かせ、同じく憶礼福留《おくらいふくる》・四比福夫《しひふくぶ》を筑紫に派遣し、大野城《おおののき》と椽城《きのき》（基肄城）という大《だ》宰府《ざいふ》の北と南の山城を作らせた。六年十一月には対馬の金田城《かなたのき》、讃岐の屋嶋城《やしまのき》、さらに倭国に高安城《たかやすのき》を築いた。百済貴族の力をかりて、各地に朝鮮式山城を作り、防衛を固めたのである。

天智は、翌七年（六六八）ようやく即位して天皇になるとともに、大津宮で近江令《おうみりよう》を制定したという。①鎌足の伝記である『藤氏家伝』天智七年の段に、これよりさき中臣鎌足が「礼儀を撰述し、律令を刊定」することを命じられ、「時の賢人」と「旧章を損益して」「略《ほ》ぼ条例をなす」とある。②弘仁格式《こうにんきゃくしき》序（八二〇年）に「天智天皇元年（称制七年）に至り令廿二巻を制す。世人の謂《い》はゆる近江朝廷の令なり」とある。③天智十年正月甲辰《こうしん》条に「東宮《とうぐう》太皇弟、奉宣して或本に云はく大友皇子宣命す。冠位・法度の事を施行す。天下に大赦す法度・冠位の名は、具に新しき律令に載せたり。」とある。この「律令」は近江令をさすとする。

しかし『日本書紀』には天智七年にいっさい近江令に触れた記事がない。国史が国家の編纂した法典に触れないのは異常であり、大化改新否定論が『日本書紀』は律令国家の始まりを中大兄・鎌足におく史観に立つことを指摘しているので、なおさらである。

『書紀』持統三年（六八九）六月に「諸司に令一部廿二巻を班《わか》ち賜ふ」とあるのが飛鳥浄御原令の施行の記事であるが、その巻数が弘仁格式序の伝えるところと一致する。そこから、近江令は天智七年に部分的に施行され、天武朝にその更改が進んで浄御原令が編集され持統三年に施行されたとする説や、近江令は天智朝に起草され、一部分は単行法として施行されたが、原案の修正が完成したのは天武朝で、持統三年は近江令の施行であるとする説もある。

これに対して、②の令廿二巻は、持統三年紀の巻数によって後に作られたもので、体系的法典としての近江令とその施行はなかったとするのが、青木和夫氏の近江令否定説である。①により、天智七年ごろまでに鎌足を中心として礼典や法令に関するある種の編纂事業は認められるが、それが律令として施行されたとは『藤氏家伝』は語らない。近江令の施行と考えられてきた③は、天智紀に他に例が多いように、天智三年条の重出であり、すなわち先述の甲子《かつし》の宣《せん》であり、このような単行法令が近江令の実態だとする。また「法度冠位之名、具載於新律令也」という割注は、『書紀』編者による鎌足の顕彰事業だとするのである。『書紀』本文に記述がないことからも、一定の法典編纂は企てられたらしいが、近江令とはこの時期の単行法令であり、体系的な法典はなかったとする青木説を支持すべきであろう。

推古11年 (12)												
大徳	小徳	大仁	小仁	大礼	小礼	大信	小信	大義	小義	大智	小智	

大化3年 (13)												
大織	小織	大繡	小繡	大紫	小紫	大錦	小錦	大青	小青	大黒	小黒	建武

大化5年 (19)																		
大織	小織	大繡	小繡	大紫	小紫	大花上	大花下	小花上	小花下	大山上	大山下	小山上	小山下	大乙上	大乙下	小乙上	小乙下	立身

天智3年 (26)																									
大織	小織	大縫	小縫	大紫	小紫	大錦上	大錦中	大錦下	小錦上	小錦中	小錦下	大山上	大山中	大山下	小山上	小山中	小山下	大乙上	大乙中	大乙下	小乙上	小乙中	小乙下	大建	小建

天武14年									
皇子諸王(12)	浄 (明)								
諸臣(48) 正	大壱	広壱	大弐	広弐	大参	広参	大肆	広肆	
直	大壱	広壱	大弐	広弐	大参	広参	大肆	広肆	
勤	大壱	広壱	大弐	広弐	大参	広参	大肆	広肆	
務	大壱	広壱	大弐	広弐	大参	広参	大肆	広肆	
追	大壱	広壱	大弐	広弐	大参	広参	大肆	広肆	
進	大壱	広壱	大弐	広弐	大参	広参	大肆	広肆	

大宝元年								
親王(4)	一品	二品	三品	四品				
諸王(14)諸臣(30)	正一位	従一位	正二位	従二位	正三位	従三位		
四位	正上	正下	従上	従下				
五位	正上	正下	従上	従下				
六位	正上	正下	従上	従下				
七位	正上	正下	従上	従下				
八位	正上	正下	従上	従下				
初位	大上	大下	少上	少下				

位階制の変遷　青木和夫『日本律令国家論攷』より

青木氏が論拠としたのは、官僚制の成立過程、特に冠位と官位相当制である。位階制の変遷の表をみればわかるように、天智三年の冠位二十六階までは、推古の冠位十二階の分化発展であるが、天武十四年（六八五）の諸臣四十八階制は大宝令位階制へ連続し、天武以降と天智までとでは区分の規準がまったく異なっている。したがって天武十四年以前に、全官僚が冠位で秩序づけられ、官位相当があったら混乱があったはずだが、みられない。したがって官位相当、すなわち官の相当する位を列挙した官位令は天智の近江令には存在しなかった。天武十四年位階制から四年半後の持統三年に班賜《はんし》され翌年施行された浄御原令において初めて官位相当が作られ、位階に応じた官のランクが作られたらしい。

別の観点からみると、天智十年（六七一）に左・右大臣に任じられたのは蘇我赤兄《あかえ》と中臣金《なかとみのかね》であるが、二人とも冠位は大錦上で、これは第七位である。最高の官である左・右大臣さえこうであり、小紫以上の冠に対応する官は見出しえず、天武朝までは官位相当は認めることができない。天智朝の冠位二十六階は、のちの律令位階制とはかなり異質であった。

位階と官職

律令制での位階の昇進と官職の関係は、おおまかにいえば以下のようである。

ある官について勤務すると毎年勤務評定（考という）を受け、それを四年とか六年とかの一定年限（選限）重ねると、そこで位が昇進する（選）。それに合わせてその位に相当する官職へうつっていく、という仕組みである。

天武七年（六七八）十月の詔に「凡《およ》そ内外の文武官、年ごとに史《ふひと》より以上、その属官の人等、公平にして恪懃《かくぎん》の者、その優劣を定め、進むべき階を定めよ」として官人の考課・選叙の方法を定めているが、ここでは毎年勤務評定と同時に位が上がることになる。もしこのとき官位相当があれば、昇進と同時に新たな官にうつるのが原則であるが、おそらくそのような官職の体系はなかったのだろう。

浄御原令班賜の翌年持統四年（六九〇）四月の詔で、

百官の人及び畿内の人、位有る者は六年を限り、位無き者は七年を限り、その上日《じょうじつ》を以て九等に選び定めよ。四等より以上は、考仕令《こうしりょう》に依《よ》りて、その善最《ぜんさい》・功能《こうのう》・氏姓《しせい》の大小を以て、量りて冠位を授けむ。

と、有位者は六年ごと、無位者は七年ごとに考課にもとづいて冠位を進める（平均四等＝中上以上のみ）ことを定め、浄御原令考仕令（のちの考課令《こうかりょう》）によることを命じた。

浄御原令にいたって、官職には官位相当が定められ、六年たつと位階の上昇にともない、別の官へ遷代するシステムになった。ここで善最・功能という勤務評定のほかに「氏姓の大小」が挙げられることが注目される。天武により八色の姓として再編された氏姓制秩序を組みこみながら、官僚制が形成されたのである。

『書紀』では、天武十四年（六八五）の位階授与以降、持統五年（六九一）正月、持統十一

年（六九七）四月に一斉位階授与がみられ、六年おきに行なわれていく。つまり天武十四年以降は大宝律令へ連続していくのであり、律令制の出発点は浄御原令とその事前施行である天武十四年の位階制であることを青木氏は論じたのである。

近年寧波《ニンポー》の天一閣《てんいつかく》から北宋の天聖令《てんせいれい》の写本が発見され、日唐令の比較研究が進んだ。その結果、日本（養老）令は唐令を模倣しつつ、篇末に日本独自の条文を設け、それらは天武朝の行事に対応するものが多いことがわかった。天武十年（六八一）二月に「今より更《また》律令を定め、法式を改めむと欲《おも》ふ」として編纂を命じた飛鳥浄御原令が、大宝・養老令へ連続する法典であり、画期であることが明らかになったと思う。

なお日本の官位令《かんいりょう》は、もとにした唐では官品令《かんぴんりょう》であり一見すると似ているが、官と位階（品階）との関係は日唐で大きくちがう。日本での位階は人のランクであり、それ自体が独立して身分としての意味を持つが、唐での官品は官のランクにすぎず、官位令は官と位の対照表であるが、官品令は官のランクの一覧にすぎないという差異を宮崎市定《みやざきいちさだ》氏が喝破した。

唐では職事官について勤めることにより品《ひん》は生ずるが、日本では官につかなくても身分としての位《くらい》が重視され、特に重要なのが五位である。

五位と六位以下には大きな差があり、それは天武十四年制では直位と勤位の間の差であり、天智三年の冠位では小錦《しょうきん》位以上である。これは畿内政権を構成する伝統的有力豪族「氏」が独占している。律令制では五位以上は貴族であり、蔭位制《おんいせい》などによって再生産される仕組みで、五位には伝統的身分としての意味が強かった。

このように位階が独立した意味を持つ特徴は、日本における冠位制の発達過程と、官司・官職の発展の遅れに対応するのだろう。それまでのカバネを負って代々奉仕するウヂのあり方を継承し、天皇から与えられた冠位・位階によって奉仕する官人へと変わったが、冠位は身分標識であり、どのような官職につくかにはあまり関係なかったのである。小錦位あるいは直位以上はその冠位を賜わることにより直接天皇に「仕えまつる」のであり、彼らは天皇に近侍するマヘツキミとしての一体感を持ちつづけたのである。

庚午年籍による徴税再編

即位の翌々天智九年（六七〇）二月の『書紀』に、「戸籍を造る。盗賊と浮浪《ふろう》とを断《や》む」とある。この庚午年籍《こうごねんじやく》は、大宝・養老戸令《こりよう》において氏姓の根本台帳として永久保存が命じられ、天智朝に行なわれた律令国家建設をめざす施策中、もっとも重要なものである。

井上光貞氏の早い時期の分析があるが、施行範囲としては、東国では上野《こうずけ》国や常陸《ひたち》国（翌年の辛未に作られた）、西海道には筑紫諸国で作られていたことがわかり、全国で行なわれたと考えられる。また国―評《こおり》の制のもと、上野の庚午年籍が九〇巻で、管郷八六、駅家四とあることや、西海道の庚午年籍が七七〇巻であったことから、里《り》（五〇戸）を単位として作られた。つまり国―評―里制が定められたと論じている。第三に、年籍の記載内容については、戸ごとに戸主・戸口の名を書き連ね、少なくとも続柄と良賤の別は書いてあったとみられる。

庚午年籍の施行は、田租や調庸の賦課や兵士の徴集に役立っただけでなく、全国の人民に氏姓や名をつけるという役割をも果たしたとする。一般の民衆には、本来、姓はなかった。以前の部民制の所属関係にもとづいて、「○○部」という部姓が多く与えられたのである。さらに最近浅野啓介氏は、庚午年籍では、べつにウヂ別の造籍が行なわれたことを指摘した。おそらくカバネを持つ人々はウヂ別の籍に編戸され、それ以外の部姓や無姓の人々が、単独の部姓にこだわらず居住地にもとづいた五〇戸に編成されたと推定している。

国については、天武十二～十四年に国境画定事業が行なわれ、令制国はそこで成立すると論じられる。しかし近年飛鳥で多量に出土する評制下の木簡によれば、天智朝前期にはほぼ全国的に国（国宰《くにのみこともち》が派遣される地域）は成立していたらしい。

評の下の組織については「・乙丑年十二月三野国ム《(牟)》下評」「・大山五十戸造ム下卩《(部)》知ツ／従人田卩児安」という石神遺跡出土の乙丑《いつちゅう》年（天智四年〈六六五〉）木簡に、美濃《みの》国牟下《むげ》（武芸）評の大山五十戸造《みやつこ》がみられ、のちに武芸郡に大山郷もあることから、庚午年籍の前にすでに評制の下に五〇戸＝里の組織（五十戸造とは里長にあたる）が作られていたことがわかる。

従来、伝承板蓋宮跡出土木簡の「・白髪卩五十戸」「・皷《すき》十口」が天智三年以前のものとされ、五〇戸編成は「白髪部《しらかべ》」など旧部民集団から始まると考えられていたのだが、大山五十戸の例は、一般的な地域編成が行なわれていた可能性を示す。なお天武朝末年から浄御原令の編纂に対応してか、「五十戸」は「里」に表記を変えていく。

当時の税制を示す木簡として、もっとも古い年紀を持つのは、石神遺跡出土の「・辛巳年鴨評加毛五十戸」「・矢田卩米都御調卅五斤」である。辛巳年《しんし》（天武十年〈六八一〉）に伊豆の鴨《かも》（賀茂）評加毛五十戸からミツキの堅魚《かつお》三五斤（賦役令《ぶやくりよう》の規定額と合致する）が進上されていて、天武朝に成人男子（正丁《せいてい》）の個別人身課税としての調が成立したことがわかるが、これは庚午年籍まで遡るかもしれない。

一方で飛鳥池出土の天武朝前半とされる木簡「五十戸調」もあり、なお五〇戸単位に賦課される調の存在もあった。しかしこれは必ずしも対立すると考える必要はなく、里（五〇戸）単位に賦課された調・ミツキが、正丁に定額割り当てられるようになっていくのだろう。

奈良時代に、郡の下の五〇戸からなる里は、課丁数が均等化され、均一な財政単位になっていたことが指摘されている。改新詔で田の調として評単位でおおまかな田数に応じて調の

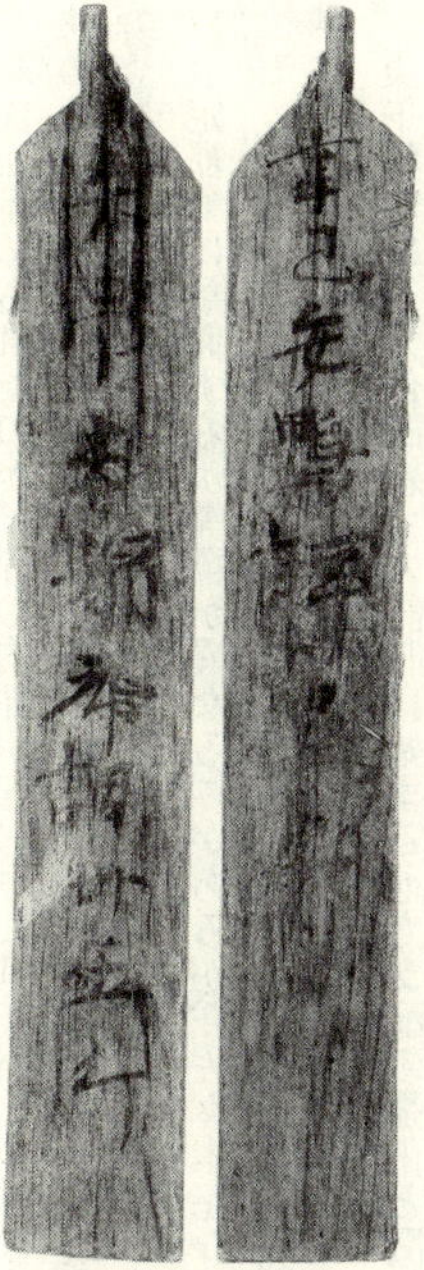
辛巳年鴨評の木簡　奈良文化財研究所提供

貢納額が定められたのが、評の内部が五〇戸（里）いくつとされて、五〇戸単位の徴税額が決められ、里数により評の調貢納額が定められたのだろう。改新詔でも、仕丁《しちょう》のチカラシロ（資養物）の布・米は五〇戸を単位としていた。里数により郡の大中小を定める規定（養老戸令定郡条に類似するが等級が異なる）があるが、佐々木恵介氏が指摘したように、里は郡（評）を外から貢納額を定めていく単位になったのであり、評制下の木簡からそうした過程がよみとれる。

庚午年籍は、大化改新での評制に始まる地方支配の強化と徴税の再編の到達点といえるだろう。しかし甲子《かっし》の宣《せん》でウヂの所有が認められた民部《かきべ》・家部《やかべ》は課税の対象外であり、部曲《かきべ》が廃止されて公民に入るのは天武朝になってからである。

持統三年（六八九）閏八月に、諸国司に詔して「今冬に戸籍造るべし。九月を限りて浮浪《ふろう》を糺し捉むべし」とあり、翌四年庚寅《こういん》の九月に、再び詔して「凡《およ》そ戸籍を造ることは、戸令《こりょう》に依れ」とあり、二〇年ぶりに造籍が行なわれ、新たな浄御原令の戸令によることを命じて、戸籍が造られた。この庚寅年籍はウヂの人々も領域的に把握され、公民制の点でも律令良賤制の点でも律令制へ連続する画期である。養老戸令には「凡そ戸籍は六年に一たび造れ」とあるが、この庚寅年籍以降は、持統十年（六九六）、大宝二年（七〇二）と六年ごとに造籍されるのである。

天智十年の官制

天智朝の最末年、天智十年（六七一）正月、大友《おおとも》皇子を太政大臣《だいじょうだいじん》に拝し、蘇我赤兄を左大臣、中臣金を右大臣とし、蘇我果安《はたやす》・巨勢人《こせのひと》・紀大人《きのうし》を御史大夫《ぎょしだいふ》に任じた。しかし九月には天皇は病の床につき、十月には大海人皇子を病室に呼んで後事を託した。

それに対して大海人は病と称して皇位を辞し、天皇位は倭姫《やまとのひめ》皇后に、皇太子に諸政はおさずけ下さいと答え、自らは天皇のために出家して修行するとして吉野にて修行する許可を得て、吉野へ下っていった。

十一月に大友皇子と右の五人の重臣は、内裏西殿の仏像の前で、ついで天皇の前で、心を同じくして天皇の詔を守ることを誓いあった、翌月天皇は近江大津宮に没した。時に童謡《わざうた》がうたわれた（紀一二六番）。

み吉野の　吉野の鮎《あゆ》　鮎こそは　島傍《しまへ》も良《え》き　え苦しゑ　水葱《なぎ》の下《もと》　芹《せり》の下　吾《あれ》は苦しゑ

鮎は吉野川の清い島辺に棲《す》んでいいが、私は泥田の水葱や芹の下をはいまわって苦しい。吉野に入った大海人の苦しみを諷《ふう》したものらしい。

この天智十年の官制は、従来は近江令による官制だとし、わが国に初めて採用された律令制的太政官機構であるとし、左・右大臣は唐尚書《しょうしょ》省の事実上の長官である左右僕射《さゆうぼくや》を模したもので令制の執政官としての左・右大臣に連なり、御史大夫は名称を秦漢《しんかん》の古制にとり、実質は大化前代以来、大臣《おおおみ》・大連《おおむらじ》の下にあった国政参議官、大夫の制を継承したもので、令制の大納言《だいなごん》の前身官職だとする。

さらに井上光貞氏は「法官大輔」もみえることから、太政官―八省の前身となる太政官―六官《ろっかん》（法官・理官・大蔵・兵政官・刑官・民官、天武没後の殯宮《もがりのみや》での誄《しのびごと》にみえる）という形の太政官制が成立するとし、これが天智七年（六六八）に完成した近江令で定められた官制だとしたのである。

近江令が存在するかという問題は別にして、ここで大友皇子が任じた太政大臣は、「百揆《ひゃっき》を総べ試み」―「万機《ばんき》を親《しら》しめす」ものであった（『懐風藻《かいふうそう》』）。これはのちの天子輔導の官、それゆえ「則闕之官《そっけつのかん》」である令制太政大臣とは異質なもので、従来の皇太子執政の権能をうけついだものである。政治的には、皇太弟の大海人の権限を奪って大友に与えたものであることは明らかである。

御史大夫は、秦漢にしても唐のそれにしても、国政の枢機にあずかる宰相であり国政に参事する官だと考えられる。『書紀』には「御史は蓋《けだ》し今の大納言か」と注がついているが、天武朝には納言《なごん》という官である。しかし納言は天皇直属の侍奉官であり、国政に参議するものではない。もし近江令が御史大夫を規定し、それが持統三年まで施行されたのなら、名称を納言に変更して実質も変わったのはおかしいだろう。

以上のようにして早川庄八氏は、天智十年の四官は、近江令にもとづいて設置された恒常的な官ではなく、天智の出した単行法によって設けられたと理解している。政治的に、大友皇子の勢力強化のために設けられたもので、左・右大臣も、かつての大臣を左右に分けた大化の左・右大臣をそのまま継承したものだったと思われる。

天智朝には、法官など一部の八省前身官司は存在していたが、系統的な太政官制は未成立だった。壬申の乱後の天武朝初めに、太政官、大弁官《だいべんかん》、六官が成立すると想定する早川説が妥当だろう。

天智が没して半年後、天武元年（六七二）六月に始まる壬申の乱において、大海人皇子が勝利をおさめ、近江方についた大豪族の没落と天武の強大な権力のもとで、八色の姓などの中央豪族のウヂの改革とその上に官僚制の形成が可能になったと思われる。

全官社への班幣祭祀

天武・持統朝については、本シリーズ第二巻でも触れられるし、紙数も残り少ないので、詳しく述べることはしない。飛鳥浄御原令が、律令制、あるいは律令天皇制というべきか、の起点であることは述べてきた。ここでの関心で、天武朝について触れておくべき重要な論点は、天武朝の宗教政策、特に神祇祭祀の問題である。

早川庄八氏がとり上げたように、律令制での毎年二月の祈年祭《きねんさい》は、唐の「祈穀郊《きこくこう》」祭祀をふまえて新設された祭祀であり、神祇官に全国の官社の祝《はふり》を集めて幣《へい》をくばるという班幣《はんぺい》祭祀という形式で、全国の神社を祭った。また神祇令《じんぎりょう》10即位条には、天皇即位にかかわって、「凡《およ》そ天皇即位せば、惣《すべ》て天神地祇《てんじんちぎ》を祭れ。散斎《さんさい》一月、致斎《ちさい》三日」とあり、全官社の祭祀を天皇即位に不可欠のものと規定するが、これも全官社への班幣だったと理解できる。

全国（畿内七道）を対象とする班幣の初見は、八世紀に入って大宝二年（七〇二）三月の「惣て幣帛《へいはく》を畿内及び七道の諸社に頒《わか》つ」とある記事（『続日本紀』）である。文武の即位からは数年たったが、神祇令の規定を念頭に、大宝律令施行にともなう、いわば代始めとして班幣が行なわれたのだろう。

その前の持統天皇のときには、『書紀』持統四年（六九〇）正月庚子《こうし》に「幣を畿内の天神地祇に班《わか》ち、及び神戸・田地を増す」とある。この二〇日ほど前の正月一日に、前に触れた中臣が天神の寿詞《よごと》を読み、忌部《いんべ》が神璽の剣鏡を奉るという、神祇令に規定される形の即位式が初めて持統により行なわれた。したがってこれも律令の規定をふまえて、即位にあたり全官社に班幣したと考えられる。

同年七月戊寅《ぼいん》にも「幣を天神地祇に班つ」とあり、理念としては全国の天神地祇を対象にしたのだろうが、実際には正月条に明記されているように大宝令以前には畿内の官社を対象としていたのである。

天武・持統朝に始まる律令制祭祀

『延喜式《えんぎしき》』に収める祈年祭祝詞《のりと》は、一部を除いて六月と十二月に行なわれる月次《つきなみ》祭の祝詞と同一である。早川庄八氏の指摘のように、月次祭祝詞に御年神《みとしがみ》への称辞《たたえごと》をつけ加えたものが祈年祭祝詞である。祈年祭は律令国家の成立、畿外への班幣ということからいえば大宝令の成立によって新たに設けられた祭祀であると考えられる。

とすれば、天武・持統朝には畿内の官社を対象にする月次祭が六月と十二月に行なわれた。その夜には神今食《じんごんじき》という天皇が神と食事をする神事が行なわれ、さらにその月の一日から十日までは、御体御卜《おおみまのみうら》という、天皇の身体に祟りがあるかを占う行事も行なわれる。天武朝に創始されたことがわかる律令制祭祀が、四月と七月の広瀬《ひろせ》・龍田《たつた》祭（大忌《おおいみ》・風神《かぜのかみ》祭）である。

天武四年（六七五）四月癸未条に、

小紫美濃《みの》王・小錦下佐伯連広足《さえきのむらじひろたり》を遣はして、風神《かぜのかみ》を龍田の立野《たつの》に祠らしむ。小錦中間人《はしひと》連大蓋《おおふた》・大山中曾禰《そね》連韓犬《からいぬ》を遣はして、大忌神を広瀬の河曲《かわわ》に祭らしむ。

とあるのを初見として、天武紀にはほぼ毎年四月と七月に龍田の風神祭と広瀬の大忌神の祭りがみえ、神祇令に四月・七月の祭祀として規定されている。

広瀬は奈良盆地のすべての川が合流して大和川になって河内へ流れ出すところ、龍田はそれによって山が切れる風の通り路であり、大忌祭は山谷の水が甘水となって水田をうるおし、五穀を稔らせることを祈る祭り、風神祭は風水の害のないことを祈る祭りである。大和の神社と祭りは、起源の古いものが多いが、この二神は天武朝より前の存在が知られず、天武天皇によって国家的祭祀として始められたことが明らかなものである。

この両祭の祝詞は『延喜式』に収められているが、それによれば、御県に坐す神六座、山口に坐す神も合わせて祭られている。山口に坐す神というのは、山から盆地の平地部分に川の流れこむ地点に祭られる一四座の神であり、水の神なのである。そうした神々を祭る神主の祝部が広瀬・龍田社に招集されて、幣帛が頒たれてそれをもって神々を祭るようにいわれているところから、佐々田悠氏は、これは一種の班幣祭祀であり、天武四年に班幣祭祀の直接的原形として広瀬・龍田祭が始められ、それが祈年祭へと発展していったのではと論じている。

幣帛の内容とミツキノノサキ

ここで班《わか》たれる幣帛（ミテグラ）とは何か。祈年祭の幣帛の内容は、『延喜式』によれば、絁《あしぎぬ》・倭文・木綿・麻・庸布・刀形・楯・弓・靫・鹿角・鍬・酒・鰒《あわび》・堅魚・海藻《め》・雑海藻《くさぐさのめ》・塩などが挙げられ、繊維製品と武器と海産物（ほかに鍬・酒・塩）に分類することができる。

このうち、武器類（およびその模造品）は、かつての国造《くにのみやつこ》に対する神宝の大刀などの賜与・交換を継承したものであり、天皇の祭祀権の掌握を象徴していると考える。しかしそれ以外の幣帛の品々は、他の祭祀の祝詞で述べられるように、調庸荷前（ミツキノノサキ）なのであろう。荷前とはハツヲ、初穂とも読まれ、最初にとれた収穫を神に捧げるものである。荷前の奉献により神々を祭る意味を持ったのだろう。

神祇令に付された書入れ（『藤波本神祇令』）によれば、九世紀後半の貞観《じょうがん》の律令講書の私記は、十一月の上の卯の日の相嘗《あいなめ》祭と下の卯の日の大嘗《だいじょう》祭（新嘗《にいなめ》祭をさす）との違いについて、前者は諸神に調庸荷前と当年の新穀を献上するものであり、後者は天皇が新穀を食し、その神宴を神々にも供する祭りであると論ずる。十世紀初頭の延喜の講書の私記では、調庸荷前のうち、先に神々に祭るのを相嘗祭といい、後に山陵に奉るのを荷前《のさき》というのだと述べている。

荷前というと、平安時代に年末の十二月吉日に内裏《だいり》から天皇祖先の特定の山陵と外戚墓に諸国から貢納された調庸などの初荷《はつお》を奉献し、その使者を荷前の使いといったことが有名である。しかしそれより前に神々に奉るのである。

相嘗祭は、十一月の上の卯日に行なわれ、天平十年（七三八）ころには、大和《おおやまと》・宇奈太《うなた》利《り》・村屋《むらや》・大神《おおみわ》・穴師《あなし》・巻向《まきむく》・池《いけ》・意富《おお》・葛木鴨《かずらきのかも》（以上大和国）、住吉《すみよし》（摂津国）、恩智《おんち》（河内国）、日前《ひのくま》・国懸《くにかかす》・伊太祁曾《いたきそ》・鳴神《なるかみ》（紀伊国）の一五神を対象としていた。幣帛の内容は絹・糸・調布、鰒・堅魚・腊《きたい》・海藻などで調庸の品目に合致している。

天武五年（六七六）十月丁酉《ていゆう》条に「幣帛を相新嘗《あいにえ》の諸神祇に祭る」とあるのが、令の規定より一ヵ月早いが相嘗祭の初見記事である。しかし大和・大神神社をはじめ大和国の古い神社中心に畿内と紀伊の神々にミツキノノサキを奉献するのは、天武朝より遡る大和王権による古くからの祭祀のあり方であると考えられる。

神祇政策の進展

天武朝に入り、広瀬・龍田祭という新たな国家祭祀が始められ、奈良盆地を対象とする班幣祭祀の原形が作られ、それをうけて六月と十二月の畿内対象の班幣祭祀として月次祭も整備されるのだろう。班幣祭祀の初見は、天武十年（六八一）正月壬申条の「幣帛を諸の神祇に頒《わか》つ」であるが、この月の己丑《きちゆう》には畿内だけでなく全国の神社の修理を行なっており、神祇政策の進展が認められる。

さらに持統即位にあたっては、神祇令にもとづく即位式と天神地祇への班幣が実行され、八世紀初めの大宝令施行により、畿外も含む畿内七道の全官社への班幣祭祀としての祈年祭が行なわれるにいたったのである。

天武二年（六七三）十二月に、大嘗に奉仕した中臣・忌部・神官の人々と播磨と丹波二国の郡司《ぐんじ》に禄を賜い、郡司には一階を賜わった。また五年九月には、新嘗のために国郡を卜い、斎忌《ゆき》は尾張国山田郡、次《すき》は丹波国訶沙《かさ》郡と定めている。

律令制下には、大嘗祭（即位後最初の新嘗祭）において、悠紀《ゆき》国・主基《すき》国の二つの国郡を卜定《ぼくじよう》し、その郡の新穀を用いて飯や酒を作って献上し、新天皇が神に捧げあるいは神と共食し、天皇の即位儀礼となった。ここでは、一代一度の大嘗祭だけでなく毎年の新嘗祭でも、悠紀・主基の国郡卜定が行なわれていて、令制と異なっているが、令制祭祀としての大嘗祭が整えられたのも天武朝であった。

『古事記』の編纂や国史の編纂による神話にもとづく天皇支配の正当化と合わせ、天武朝においてほぼ定まった律令天皇制のイデオロギー的根拠は、伝統的な神祇祭祀とそれに奉仕する天皇の姿だったのである。

終章　天皇の役割と「日本」

1　シラスとマツル——祭祀の構造

天皇を神とする例外的な思想

『万葉集』の後半部分は、大伴家持《おおとものやかもち》の歌日記である。その中に天平勝宝《てんぴょうしょうほう》四年（七五二）に聞いたとして「壬申の乱平定以後の歌二首」を記録している。

皇《おおきみ》は神にしませば　赤駒《あかごま》の腹ばふ田居《たい》を京師《みやこ》となしつ　（巻19・四二六〇）
大王は神にしませば　水鳥のすだく水沼《みぬま》を皇都《みやこ》となしつ　（巻19・四二六一）

前者は壬申の乱での大将軍大伴御行の作だと記している。壬申の乱後、天武《てんむ》天皇を讃えて「大王は神にしませば」と歌われたことがわかる。さらに柿本人麻呂の作歌の中にもみえる。

皇は神にしませば　天雲《あまくも》の雷《いかずち》の上に廬《いお》りせるかも　（巻3・二三五）
皇は神にしませば　真木の立つ荒山中《あらやまなか》に海を成すかも　（巻3・二四一）

前者は、持統《じとう》天皇が飛鳥の雷岳《いかずちのおか》に御遊したときの歌で、丘に仮廬《かりお》を作ることを、天皇が雷神を支配すると雄大に表現したもので、おそらく持統は雷岳で国見をしたのだろう。なお別伝では忍壁《おさかべ》皇子に献ったとする。後者は、天武の皇子の長《なが》皇子が猟路《かりじ》の池（宇陀市榛原《はいばら》区付近）にて狩猟のときの歌（反歌）で、山中の池を皇子の力によってできた海だと皇子の霊威をたたえている。

他にも長皇子の同母弟の弓削《ゆげ》皇子への挽歌にも用いられており、天武・持統朝に、天武・持統両天皇および天武の皇子に対して「大王は神にしませば」と天皇の霊威を神として讃える表現が行なわれた。人麻呂の高市《たけち》皇子挽歌（六九六年、巻2・一九九）にも「瑞穂の国を神ながら　太敷きまして」と、天武（あるいは持統）が神として統治するという表現がみられる。

このような天皇自身が神であるという「現人神《あらひとがみ》思想」は、壬申の乱を勝ちぬいた天武のカリスマ性によって生まれたが、それは一般的な律令天皇制の性質といえるのだろうか。

養老公式令《くしき》第一条の詔書式には（大宝令もほぼ同じ）、「明神《あきつみかみ》と御宇《あめのしたし》らす日本の天皇が詔《おお》旨《みこと》らまと云々。咸《ことごと》くに聞きたまへ」（他に「日本」がない書式、「日本」のかわりに「大八州」とする書式がある）と、宣命体の詔書の冒頭は「明神」あらみかみ、あきつみかみと、現人神であるとし、書式上は現人神思想は律令制に組みこまれている。『日本書紀』大化元年（六四五）七月の百済の使・高句麗の使に対する詔には「明神御宇日本天皇の詔旨とのたまはく」とあるが、これは大宝令文によって修飾されたもので、大化年間に「明神」の語があった証拠にはならないだろう。

おそらく確実な例としては、『続日本紀』冒頭の文武《もんむ》元年（六九七）八月の「現御神《あきつみかみ》と大《おお》八嶋国《やしまぐに》知らしめす天皇《すめら》が大命《おおみこと》らまと」とある文武即位宣命であろう。大宝令あるいは浄御原令において詔書宣命の冒頭に「明神」あるいは「現神」とする書式が定められたと考えられる。

しかし、このような天皇が即ち神であるとする思想は、天武のカリスマ性にもとづき天武とその皇子たちに限られたもので、日本の天皇制の歴史の中では特異な、例外的なあり方であった（戦前の昭和天皇は例外である）。

神話的時間の中では、天皇は神の子、神の孫である。アマテラスが地上の世界に降臨させた孫であるニニギに系譜がつらなり、神話的にはニニギそのものになるのである。「皇孫命」（スメミマノミコト）というのは、ニニギもさすし、その子孫としての現在の天皇をもさすし、『万葉集』において柿本人麻呂が歌った「やすみしし　吾《わ》が大君《おおきみ》　高照らす　日《ひ》の皇子《みこ》」（巻Ⅰ・四五ほか多い）という表現も同様の意味である。

神意を知る天皇の役割

天皇は神につらなり、神聖な血統をついでいるが、だからといって神として祭祀の対象になったわけではない。自らは神を祭る側で、神意を知ることによって、自らの神聖性、統治の正統性を得ていたのである。シラス・シロシメスの原義は神意を知ることであろう。
そのことは、壬申の乱に勝利を収め、権威を高めて「神にしませば」と称された天武自身がとりくんだのが神々の祭祀であったことが示している。相嘗《あいなめ》祭、広瀬《ひろせ》・龍田《たつた》祭、月次《つきなみ》祭を整備、創始していった。さらに祈年《きねん》祭や即位時の班幣《はんぺい》も行なわれていく。このうちの月次祭は班幣祭祀のほかに天皇自身のいくつかの祭祀儀礼が複合されている。

六月および十二月の十一日（平安時代の実例）昼間に月次祭が行なわれ、神祇官で畿内の官社に班幣がなされる。この儀式には天皇自身は参加しないが、天皇自身はその月の一日から「忌火御膳《いんびのごぜん》」という、特別な清浄な火を用いる食事をする。また「御贖物《みあがもの》」という、天皇が食事のときかわらけの中に息を吹き入れる儀式もあり、神事に臨む天皇の心身を浄化する。一日から九日間、神祇官にこもって中臣と卜部《うらべ》・宮主《みやじ》とで「御体御卜《おおみまのみうら》」という亀の甲羅による占いが行なわれる。そして十日の早朝に占いの結果を書いた文書を机にのせて参内し天皇に奏上する。

この占いでは、六月なら、来る七月から十二月に至るまで御体《ぎょたい》は平安であるかを問い、甲羅のヒビ割れで占う。そこでは、土公《どこう》、水神《すいじん》などさまざまな祟《たた》りがあるかを問い探っていく。また、「神の祟りあるべしや」という問いに対しては、さらに「伊勢国に坐《ま》す太神宮《だいじんぐう》の祟り給ふや」「豊受宮《とゆけのみや》の祟り給ふや」以下、宮中に坐す神、京中に坐す神、五畿内に坐す神、七道に坐す神と、伊勢神宮及び外宮からはじまり五畿七道と全国へ拡大し、どの神が祟るかが問われるのである。

天皇の皇祖神であり、守護神であるアマテラスの祟りが占いの対象となっていて一見不思議であるが、平安時代にはしばしば「巽方《たつみのかた》大神」＝伊勢神宮が天皇に祟っていたことを、神話学・伝承学の斎藤英喜《さいとうひでき》氏が指摘している。天皇は自らが神なのでなく、神に祟られる存在であったことがわかる。

天皇が祭る神

十日に御体御卜の結果が報告された翌日の十一日の昼間には、月次祭が行なわれ、畿内の官社に幣帛《へいはく》が班《わか》たれる。

祝詞《のりと》によれば、まず神魂《かみむすひ》・高御《たかみ》魂《むすひ》・生魂《いくむすひ》・足魂《たるむすひ》以下天皇の霊や祖神をはじめ食事の神、宮殿の井戸やかまどの神などの天皇の守護神を祭り、つぎに御《み》県《あがた》に坐す神、山口《やまぐち》に坐す神、水《み》分《くまり》に坐す神という奈良盆地の農作を支える神々を祭ることを言挙げする。そしてこの間に、辞別《ことわけ》といって、伊勢に坐す天照大御神に言上する祝詞がはさまっている。祝詞の内容からは、班幣よりも、天皇や大和政権を支える神々を祭っていることがわかり、神々の祟りに対応するのかもしれない。

さらに、十一日夜から「神今食《じんごんじき》」と呼ばれる天皇親祭が行なわれる。夜半と翌日早朝の二回にわたり、天皇自ら神酒や御饌を神に供え、自身も食するのである。

以上の過程のうちで神祇令に規定されるのは月次祭だけであり、神今食は規定されないが、それは平安時代になって加えられた祭祀だからではなく、神今食が天皇自身が祭る天皇家の祖霊祭・宅神祭《やかつかみ》であり、国家祭祀でなかったためだとする意見によるべきだろう。

では神今食で天皇が祭る神は何か。中世になるが一条兼良《いちじょうかねよし》は「伊勢天照大神を勧請《かんじょう》申されて、天子御みつから神饌を供せさせ給うにや」（『公事根源《くじこんげん》』）といっている。古代において神今食は秘儀であり、具体的に示す史料は少ないが、斎藤氏がいうように、天皇がアマテラスを勧請し、神饌を神と共食する秘儀が神今食であると考えられる。

年に二回、天皇の身体にどの神が祟るかを占い、神意を知り、おそらくもっとも強力に祟る皇祖神アマテラスに、神今食として神饌を捧げ、天皇も共食し、また月次祭として天皇を守護する神々を中心に畿内の全官社に幣帛を班ち、祭るのであり、こうした恒常的な祭祀が天武天皇のときには成立していたのであろう。

祟りを占い神を祭る伝統

何か事が起きたとき、どの神の祟りかを占い、その神を祭るというのは、きわめて古くからの天皇制の伝統だった。シャーマンの伝統として挙げた、仲哀《ちゅうあい》の死をうけて神功皇后《じんぐう》が神がかりして祟りの神を知ろうとし、その神々（伊勢国のアマテラスがその筆頭に含まれていた）を祭ったという伝承、崇神《すじん》天皇七年、災害が起きるのは神祇に咎《とが》をうけているためだろうと、「なんぞ神亀に命《うらな》へて以て災を致せる所由を極めざらむ」と詔して、八十万神を会してトった事例など、恒常的祭祀になっていないだけで、祭祀の基本の構造は同じといえるだろう。

伊勢神宮社殿

後者では、倭迹迹日百襲姫《やまとととびももそひめ》が神がかりして「我大物主神《おおものぬし》を祭れ」と託宣があり、しかし祭ったが効果がなかったところ、天皇の夢にオホモノヌシがあらわれ、「自分の児大《おお》田田根子《たたねこ》に祭らせよ」と告げた。このように自ら神がかりして神意を知ることができるのは女帝に限られるのだろうが、亀卜として制度化されて祟りを占うのである。

大物主神は自らの子に祭らせたように、神の子または子孫が祭祀執行者になることが必要である。伊勢神宮の地位が高まるのは、壬申の乱で大海人皇子が天照大神を望拝し、伊勢神宮の神風が大海人を加護した（人麻呂の高市皇子挽歌）ことによるので、天武朝に大来皇女《おおく》を斎宮《さいぐう》として派遣し、皇祖神としての地位を確立する。しかしおそらくそれ以前から神今食のような祖先神アマテラスを皇孫である天皇自身が祭り共食する儀礼は行なわれていたのだろう。

あるいは古い段階では、皇祖神はアマテラスではなくタカミムスヒだったかもしれない。それは宮中での秘儀、天皇の個人的祭祀であるので伝えられなかっただけで（奈良時代においてさえ史料はない）、古くから絶えることなく行なわれていたのだろう。

2　マツロフとマツル——服属の構造

武力的征服と宗教的服属

国家の形成過程は、一般的には、いくつかの有力集団が形成され、それが互いに武力で闘い、一番強く戦争に勝利した集団の長が国王となり、他の集団を制圧するというような構図が考えられる。しかし日本では、弥生時代の「倭国大乱」とよばれる各地に高地性集落が作られて共同体同士が戦った一時期を除くと、それほど大きな戦闘や内乱は伝えられていない。

武力による統一の伝承としては、ヤマトタケル伝承がほぼ唯一のもので、熊襲《くまそ》征討という九州の平定と、東国平定の伝承が伝えられ、これは何人もいたタケルという戦争指導者の姿が、ヤマトタケルという軍事的英雄にまとめられたと考えられている。あるいは天皇の初代に、東征を指導しヤマトを征服して軍事的に統一した神武天皇が置かれたことは、もちろん神武の実在は信じられないが、日本での君主の起源の一つが戦争指導者の権威にあったことが認められる。

しかし、軍事的英雄という要素は、天皇のカリスマ的権威の伝統の中では大きな要素を占めていたとはいえず、アマテラスに由来する血統カリスマや祭祀の最高統率者などの要素と結合してのみ、正統性の根拠となりえた、と丸山真男《まるやままさお》が論じている。

また、「記紀」のあらゆる武力的征服が必ず「まつろはぬ」ものをまつろわせるという言葉で表現され、討伐や殺戮は最後までまつろうことを拒否した敵に対して行なわれ、軍事的行動が祭祀的統合に価値的に従属していたとも述べている。

『日本書紀』神功皇后摂政前紀によれば、神功皇后が新羅に攻め入ると、新羅王は「東に神の国あると聞いた」として、白旗をあげて「自ら服《まつろ》ひぬ」。そして長く飼部《みまかい》となって仕え、馬梳《うまはたけ》・馬鞭《うまのむち》を献上し、また毎年「男女の調《みつき》」を貢ることを誓った。このときある人が「新羅王を誅《ころ》そう」と言ったが、皇后は、「三軍に号令して『自ら服はむ』とする者を殺してはいけないといった。今すでに新羅の国を獲て、また人も『自ら降《まつろ》ひ服《したが》ひぬ』。殺すのはよくない」と言って、飼部にしたという。

まつろう者は殺害をしないことがよみとれる。神功皇后の新羅征伐の伝承は、前にも述べたように、時代的に合わず、六世紀以降に作られたと考えられ、何らかの史実を伝えているかには疑問がある。しかしここでの新羅王の「自服」のあり方は、一般に大和王権の支配の進展に対して地方豪族はどのように「まつろふ」のかを考える上で有力な材料となる。

まず相手を「神の国」だと大和王権の神の加護を前面に出し、宗教的に服属する。第一章で述べたように地方豪族が服属する古い伝承では、玉・鏡・剣の三種の神器をさかきにかけて天皇を迎える場面が多く、これは祭祀権をさし出すことを示す。これに対して大王から代わりに鏡や剣が与えられるのだろう。

つぎにここでは「飼部」となって仕えることを誓うが、地方豪族の場合は部民として、豪族自身は部を率いる伴造となって朝廷に奉仕するのだろう。あるいは国造となって奉仕する場合もあり、その場合にも領内に屯倉《みやけ》をおいたり、部を設定して自らが伴造を兼ねる場合もある。さらに「男女の調」すなわちミツキを貢上することが、服属の具体的な内容である。

ミツキ・食物献上による服属の確認

持統天皇は三二回も吉野に行幸した。そのこと自体聖地吉野において宗教的力をえる女帝の宗教性が感じられる。その折、柿本人麻呂は讃歌を詠んだ（持統五年〈六九一〉四月か）。

やすみしし　吾が大王　神ながら　神さびせすと　吉野川　たぎつ河内に　高殿を　高知
りまして　上り立ち　国見をせせば　畳《たた》なはる　青垣山《あおかきやま》　山神《やまつみ》の　奉る御調《みつき》と　春へは
花かざし持ち　秋立てば　黄葉《もみじ》かざせり　逝《ゆ》き副《そ》ふ　川の神も　大御食《おおみけ》に　仕《つか》へ奉《まつ》ると
上つ瀬に　鵜川を立ち　下つ瀬に　小網《さで》さし渡す　山川も　依《よ》りて奉《つか》ふる　神の御代かも
（巻1・三八）

現代語訳は省略するが、人麻呂は国見歌の形を継承しながら、吉野の自然を神話のヴェールに包み、山川が「依りて奉ふる」（帰順して奉仕する）、「神ながら神さびせす」（神として神らしいわざをする）大王の世を称えた、すぐれた長歌である。そこでは山川の奉仕を、花や紅葉を「奉る御調」に、鵜飼による鮎などを「大御食に仕へ奉る」とたとえている。ここではミツキだけでなく食物の献上も服属奉仕の重要な要素であることがわかる。

　こうした食物の貢献は、ミツキと共通する品目もあるが、鮎をはじめ水産物を中心に、贄《にえ》・大贄《おおにえ》とよばれる。『古事記』天孫降臨段には、アメノウズメが海の大小の魚を集めて、「天つ神の御子に仕へまつらむや」と尋ね、一同「仕へまつらむ」と答えたという、嶋《しま》（志摩国）の速贄《はやにえ》の起源説話があるのは、志摩の贄が重要だったことを示す。また応神段には、大雀命《おおさざき》（仁徳）と宇遅能和紀郎子《うじのわきいらつこ》とが天下譲りをして、海人《あま》が大贄を献上しにきたが、互いに譲りあって海人が困って泣いたという伝承があり、大贄貢上と大王（天皇）位が密接に結びついていたことを示している。

　食物の貢献は、天皇の支配と密接に結びついている。神亀元年（七二四）の聖武《しょうむ》天皇の即位宣命には、天皇位を「天日嗣高御座《あまつひつぎたかみくら》の業《わざ》・食国天下《おすくにあめのした》の政《まつりごと》」と表現している。前者は天孫以来連綿と受けつがれた天皇位を高御座に登壇即位することで象徴しているが、後者は天下を「食国」することで、天皇の統治行為のもう一つの要素であった。「四方《よも》食国《おすくに》天下の政」との表現もあり、食国の対象は四方国《よものくに》、すなわち畿外の国々であることを筆者は指摘したことがある。

　食国《おすくに》とは、岡田精司氏によって検討されたように、文字通りその土地でとれた食物を天皇に供して食べてもらうことである。そのことによって、天皇と四方の国々との支配・服属関係を確認する。天皇が畿外を「食国」として服属させる関係を象徴する儀式が即位儀礼である大嘗祭《だいじょうさい》である。

大嘗祭は、畿外の国郡が、悠紀国・主基国に卜定されて新穀を天皇に献上し、天皇は神と共食する儀式である。ただし大嘗祭の訓はオホニヘノマツリであり、悠紀・主基は、新穀だけでなく贄も献上する。また十一月の祭りに先立ち、九月上旬には紀伊・淡路・阿波の国々は贄（由加物《ゆかもの》）といって海産物や織物を貢上し、贄が重要な服属儀礼であることとともに、その起源の古さも示している。

大嘗祭の制度が整えられたのは天武朝であるが、それ以前から四方国の多くの国造が参加して新穀や贄を献上する原大嘗祭というべき儀式はあったと考えられる。皇極元年（六四二）十一月丁卯《ていぼう》条に「新嘗」がみえる。国造がマツロフことにより、天皇位が保証されるのである。

国造から服属の証しに大和政権の祭祀料として献上させたのがミツキだろう。やがて班幣として全国の神々に捧げる制度が整えられると、民衆は神への供え物として調庸を納入することになり、徴税の、天皇への調の貢納の正当性を保証することになっていく。

調、ミツキは、日本では絹・布などの繊維製品だけでなく、堅魚《かつお》・鰒《あわび》・海藻《め》・塩などの海産物が含まれる。各地の特産物を貢納するという意味のほかに、神への捧げ物として宗教的意味も持ったのである。それが実際に年末に荷前《のさき》として天皇の祖先の山陵に奉られ、幣帛として神々にも捧げられ、祭るのである。

また日本における田租《でんそ》も、税率が低く、初穂を神に捧げるところから由来する（地域の郡の正倉に納められる）。贄については、元来生け贄などの語からも神への供物《くもつ》そのものである。それが天皇の食事になるのだが、神今食のように神との共食でもあった。日本では、ミツキやニヘなどを奉《まつ》ることは、祭ることだったのである。

このように国造など地方豪族はマツロフことにより、多くの場合は武力による徹底的な討伐はなく、その支配はある程度従来のまま認められたのである。こうしたルーズな組織のあり方が、大和朝廷が大王に精神的権威を持たせて結合の中核として、比較的短時間に全国的統一を可能にした理由だろうと関晃氏は述べている。

采女の役割

このように古代国家の枠組みの要《かなめ》となるのは、国造の天皇への服属という関係であり、そののちの評官人、郡司の関係である。具体的に服属関係を考えるには、彼らの娘や妹を朝廷にさし出した采女《うねめ》の役割も重要である。

采女は、律令制では後宮十二司の水司《もいとりのつかさ》と膳司《かしわでのつかさ》に配属されていたことからわかるように、天皇の食事の給仕・陪膳《ばいぜん》を主な仕事とした。神今食のときの二度（夕・暁）の御膳の陪膳をするのは、采女の仕事である。これは天皇の食事であると同時に神と共食する神饌である（なお新嘗祭でも同じ儀式があり、采女が陪膳する）。さらに天皇の毎日の食事も、朝《あさ》夕御膳《ゆうのごぜん》といって格式ばったもので、采女が陪膳するのだが、本来は天皇に神聖なる食事（内容は贄など）をささげ、天皇がさらに神を祭る場で、神と共に食したからなのだろう。祈年祭祝詞などには、収穫の初穂を皇神たちにささげた残りを、「皇御孫命《すめみまのみこと》の朝御食《あさみけ》・夕御食《ゆうみけ》のかむかひ」として天皇が食すとみえ（かむかひは語義不詳）、神にささげた残りが天皇の食事になるという観念がみえている。「食国」としてニヘや新穀など天皇の食物をまつるだけでなく、食事への陪膳などの奉仕も地方社会を宗教的に代表する采女のマツリであり、古代天皇制を支える服属儀礼の一環であった。

3　日本国号の成立

遣唐使が称した国号「日本」

最後に、天皇号の成立とともに考えられがちな国号、「日本」はいつ成立し、どのような意味があるのかに触れておきたい。

律令国家の国号が日本だったことは、養老四年（七二〇）成立の『日本書紀』から明らかで、七〇一年の大宝律令に規定されていたことは確実である。また国号が対外的に意味があるとすれば、唐に対していつ使ったかは明確にわかる。大宝元（文武五）年（七〇一）正月に任命されて、翌二年に出発した第七次遣唐使の大使粟田真人《あわたのまひと》が慶雲元年（七〇四）に帰朝したときの報告が『続日本紀』に載せられている。唐についたときに、以下のような問答があった。

人有り、来りて問ひて曰はく、「何処の使人ぞ」。答へて曰はく、「日本国の使なり」（中略、ここが何州か、唐が周に改めたことなど）問答略《ほ》ぼ了りて、唐の人我が使に謂ひて曰はく、「亟《しばしば》聞く、海東に大倭国有り、これを君子国と謂ふ。人民豊楽にして礼儀敦く行はる、と。今使人を看るに、儀容大《はなは》だ浄し。あに信《まこと》ならずや」。語畢りて去りき。

約三〇年の空白をおいて派遣された大宝の遣唐使は「日本」という国名を称した。到着した楚州塩城県（江蘇省塩城）の役人は、これまでの（大）倭国の使者であることはわかったが、どうも説明は理解できなかったらしい。

『旧唐書』には、倭国伝と日本伝が二つ置かれていて、国家が替わったと認識されている。前者には貞観二十二年（六四八）までの、後者には長安三年（七〇三）、つまりこの粟田真人の朝貢以降の記事が載せられている。なお『新唐書』では日本伝のみで、国号が改められたことを記す。その『旧唐書』は「日本」の由来につき、「日本国は倭国の別種なり。その国、日辺に在るを以て、故に日本を以て名となす」「倭国自らその名雅びならざるを悪《にく》み、改めて日本となす」「日本は旧《もと》小国、倭国の地を併す」など三説を挙げ、「その人入朝する者、多く自ら矜大《きょうだい》（おごりたかぶる）、実を以て対《こた》へず。故に中国これを疑ふ」と述べる。遣唐使は国号の変更の理由について、はっきりと説明せずはぐらかし、唐の政府は納得のいく説明はえられなかったらしい。

東アジア世界の中での国号変更

「日本」の意味は、太陽の昇るところである。『旧唐書』の「日辺に在る」が正しい。これは推古朝の国書「日出づる処」の思想を継承したものである。その語は、アマテラスという太陽神を祖先神として祭る天皇家と密接に関わることは疑いない。しかし、日本列島にいれば、日が昇るのはさらに東の方であって、日本列島から日は昇らない。このことはすでに平安時代の貴族が疑問に思っている。『日本書紀』の講書（博士による講義）の記録に次のような問答があったことを吉田孝氏が紹介している。

「倭国は大唐の東にあり、（唐からは）日の出の方に見えるけれども、いまこの国にありてこれを見れば、日は国内からは出ない。それなのに、なぜ『日出づる国』というのか？」。これに対して博士は「唐朝から見て日の出の方にあるから日本国というのだ」と答えている。日本の国土は世界の東の端だという認識はあり、「日出づる処」と同じで、中国を軸とする、いわば中国からみた国号なのである。

しかし、国号を変えたと宣言すればすんだかといえば問題はある。東野《とうの》治之《はるゆき》氏が指摘する『史《し》記《き》正義《せいぎ》』の二つの記事が重要である。『史記正義』は、唐の開元二十四年（七三六）に張《ちよう》守節《しゆせつ》によって作られた『史記』の注釈書であるが、そこに「武后、倭国を改めて日本国となす」「倭国、武皇后改めて日本国と曰ふ。（中略）凡そ百余の小国、此れ皆な揚州の東の島夷《とうい》なり」とあり、日本の奈良時代にあたり数十年しかたっていない時期の史料に、日本国号は則天武《そくてんぶ》后《こう》が定めたと伝えている。もちろん則天武后に朝貢したのは、この大宝の遣唐使である。

『旧唐書』や『新唐書』に、日本人が倭という国号を嫌って日本に改めたという伝えを載せるので、日本側が国号を考えて決めたことは疑いない。しかしその新国号は中国によって承認される必要があり、武后が日本国号を認めたことが、『史記正義』の表現になったのだろう。

中国を中心に冊封体制《さくほうたいせい》が行なわれている東アジア世界での国号の変更は、新王朝の承認であり、容易ではなかっただろう。奈良時代に日本が朝貢国とみなしていた新羅が国号を王城国と勝手に変えたことがあり、日羅関係は一時緊張していた。倭が唐朝の冊封の外にいたことが、勝手な国号変更が認められた大きな要因であろう。

以上日本国号を中国に対して用い、定まったのは八世紀初めといえるが、国内で成立したのはいつか。天武三年（六七四）三月に対馬が銀を献上した記事に「凡そ銀の倭国《やまとのくに》に有ることは、初めてこの時に出《み》えたり」とあり、このとき日本ではなく倭国だった。制度的に定められたのは、浄御原令か大宝律令であろうが、吉田孝氏は前者と推測している。

大宝の遣唐使と「日本」の位置

大宝の遣唐使は、日本国号を唐に承認してもらう重大な任務をおびていた。遣唐執節使となった直大弐《じきだいに》民部尚書（民部卿）粟田真人は、『旧唐書』に「真人好みて経史を読み、属文《しょくぶん》を解し、容止《ようし》温雅なり」と特筆され、「則天、これを麟徳殿《りんとくでん》に宴し、司膳卿《しぜんけい》を授け、本国に放還す」と、則天武后は長安大明宮《たいめいきゅう》の麟徳殿で彼を宴したとある。真人は正史に特筆されるほど立派な立ち居振る舞いで、武后に気に入られたことにより、国号変更も認められたのだろう。

彼は直前に大宝律令撰定の功により禄を賜っていたが、中国通だったらしい。吉田孝氏は、粟田真人は、若いころは道観と名のり僧籍にあり、白雉四年（六五三）の第二次遣唐使で留学した可能性が強いとし、かつての留学僧としての勉学と経験が背景にあったとする。

大宝の遣唐使で入唐した僧弁正《べんしょう》の「唐にありて本郷を憶ふ」という詩に（『懐風藻』二七番）、

日辺、日本を瞻《み》る　雲裏《うんり》、雲端《うんたん》を望む

（日の出るあたりに日本があると思って仰ぎ見るが、雲がたなびいているのを見るばかり）

とある。「日本」の意味が「日辺」であることがわかり、これは長安で詠んでいるので、「日本」がまさに唐からみた国号であることを証明している。実はこのときの遣唐使はもう一人「日本」を用いて和歌を詠んでいる。遣唐使四等官の少録《しょうさかん》だった山上《やまのうえのおくら》憶良の「大唐に在る時に本郷を憶ひて作る歌」である。

いざ子ども　早く日本《やまと》へ　大伴の御津《みつ》の浜松待ち恋ひぬらむ

（さあ皆のもの〈「子ども」は目下の者をさす〉、早く日本の国に帰ろう。大伴の御津〈難波の港〉の浜松が待ちわびているだろう）（巻1・六三）

最初の二句の原文（万葉仮名）は「去来子等　早日本辺」だが、国文学者はこれを「早く大和へ」と書き下すことが多い。しかし憶良は「日本」という字を使うことにこそ感慨があったはずで、仮に「やまと」とよむにしても表記は「日本」とすべきで、「にほんへ」と読むのが憶良の真意だったかもしれない。これを「大和」と書いてしまっては「憶良がかわいそうだ」というのが吉田氏の意見である。遣唐使でわたった二人の人物が「日本」を使って詩と和歌を唐で作ったことは、彼らの使命を暗示する。

かくして新国号を認めさせる意味は何だったか。もちろん大宝律令制定による律令国家完成は背景にあるが、律令を持っていって中国に見せたとする説は、成り立たないだろう。おそらく倭と唐との間の七世紀後半の緊張した関係を、日本という新たな国だと主張することによって清算したのだろう。唐による百済と高句麗討滅の中で、日本と唐とは半ば戦闘状態が続いていたが、新たな平和的・安定的関係を構築しようとしたのだろう。

八世紀には十数年に一度の間隔で遣唐使が派遣されるが、東野治之氏によれば、日本が唐に対して二十年一貢の約を結んだ事情があったらしい。この大宝の遣唐使が結んだのだろう。冊封されることなく二十年一貢の「不臣」の外夷《がいい》という地位が定まり、日本、あるいは律令国家、律令天皇制が東アジア世界の秩序の中に安定的に位置づけられたのであり、その後の日本の歴史を考える上でも大きな意味があった。

推古朝に成立した天皇は、推古朝にピークを迎える畿内豪族連合と国造制に支えられた、氏姓制的な内実を持つものだった。唐から高度な律令法をとり入れて、律令制―「日本」の枠組みができてくる。官僚制や国郡制による地方支配のシステムが整備され、畿内貴族が全国を支配する体制が強化されるが、そこに制度化された律令天皇制は、新しい要素を含みながらも、推古朝以来の大化前代の固有なあり方を保つものであった。井上光貞氏は「たとえば公式令《くしきりょう》・儀制令《ぎせいりょう》などからうかがわれる天皇の規定は、六世紀末の固有法《こゆうほう》をそのまま成文化したものである」と述べている。

八世紀に国際的に位置づけられた「日本」が、その後の列島の歴史を規定する枠組みになるが、八世紀以降の律令制の展開の中で、「日本」の枠組み、天皇制の構造は変化していく。序章で触れたように、平安時代に古典的国制が成立するが、それは本巻の担当を越えている。

学術文庫版のあとがき

二〇一六年八月に天皇の「お気持ち」が示されてから、約一年かけて法整備が進められ、特例法が今年六月に成立し、二〇一九年春に江戸時代以来の「譲位」が実現されそうである。国民の関心も極めて高く、その過程で有識者の意見聴取などが行なわれたが、そのなかには歴史学者も含まれていた。現天皇の譲位後の称号を「上皇」（太上天皇の略）とすることは、これまでの歴史を考えれば当然というか他にあり得ないが、皇后については従来の「皇太后」ではなく新たに「上皇后」という称号をつくるという。また上皇と新たな天皇との関係や職務分担をどうするか、これも奈良時代以降江戸時代までの歴史の中で様々な問題が起きたテーマである。皇室制度あるいは天皇の歴史に新たな変化が加えられることになるのだが、それまでどのような歴史を経てきたのだろうか。読者に正しい知識を伝えることができればと、二〇一〇年より刊行した「天皇の歴史」シリーズ全一〇巻が、このたび講談社学術文庫として刊行されることになった。

「天皇の歴史」シリーズの刊行をめぐっては、企画を考えた当事者として様々な思いがある。そもそもシリーズ名をどうするのか、「天皇」が歴史の主語になるのはいかがかなど、編集部内での様々な議論があった。天皇をめぐるこのような通史シリーズは出版史上前例のない企画だったからである。

研究が手薄だった中世・近世の天皇や朝廷についての実証的研究が積み重ねられ、王権儀礼などが研究されるようになったことが、企画が可能になった理由の一つである。かつては政治的に意味を持たない天皇制がなぜ続いてきたのかという問いに、歴史学として答えられない状況があった。しかし何よりも、天皇制は戦後のイデオロギー闘争の対象だったため、このような出版企画は「右か左か」がまず問われるような状況があった。ようやく実証的に、落ち着いて議論の対象となし得るようになったという時代状況が、このような企画を可能にした最大の背景であり、その点でこのシリーズは画期的だと思っている。シリーズの冒頭ということもあり、本書の序章では、やや堅苦しい議論であるが、戦後の天皇制研究の歴史にスペースを割き、現在の状況と歴史学の役割について述べてみた。

筆者自身は、古代史を研究していると言っても、律令制を中心に奈良平安時代の研究を専攻している。七世紀中葉の大化改新以前を「大化前代」というが、その時代は「記紀」など史料が限られていて、その時代だけを直接研究しても、色々な説が唱えられているものの、確実なことを言うことはかなり困難である。一方で、律令制の研究や奈良平安時代のあり方を解明していく中で、日本の古代天皇制の固有なあり方、古いあり方を浮かび上がらせることができる。そうした試みが拙著『古代の天皇制』（岩波書店、一九九九年）であり、本書の叙述の基礎になっている。第一章の卑弥呼の叙述のなかに、平安時代の三種の神器や大刀《だいと》契《けい》の話がでてくるように、少し読みにくくなっているが、こうした歴史学の研究方法によっている。そのなかで、通史的・政治史的叙述では浮かび上がらせにくい、天皇制の固有な性格、とくに宗教的あり方を解明することに努めている。通史のシリーズでは、時代順に叙述していくので、とくに結論などはないのが一般的だが、本書の終章は、本書で明らかにしたまとめとして天皇の支配のあり方をのべてみた。

本書を「神話から歴史へ」と題した。多くの方が気づいたように、これは五〇年以上前の井上光貞氏の名著、中央公論社「日本の歴史」第1巻『神話から歴史へ』を踏まえ、ある意味でその復活を目指したものである。近年の学界では、部民制や国造制なども成立を新しく考えるのが支配的で、極端に言えば五世紀以前については何もわからないということになる。確かでないことを不可知とすることは、一見すると明快だが、それでは何も生まれない。また『古事記』などを八世紀に成立した作品として読み解く研究も国文学では有力である。

しかし天皇の歴史をそのはじまりから考えるという本書の与えられた役割からは、たとえ史実でないとしても「記紀」が伝えた「神武天皇」以来の天皇系譜はどのように成立したのか、伝承にはどのような意味があるかを検討することが避けられない。『日本書紀』に史料批判を行ない、古代天皇の存在や伝承の信憑性を考察するという作業であるが、それは戦後の日本古代史研究の中心課題であって、井上光貞氏、直木孝次郎氏はじめ多くの先学が盛んに議論してきたのである。現在こうした研究は盛んでなく、後の時代に作られたとしてすませていることも多い。しかし『日本書紀』を史料批判して、天皇の名前・宮号などを分析して「帝紀」に迫り、史実をつかみ出す、というかつての研究方法はやはり重要だと感じた。先学の研究をまとめただけかもしれないが、記紀神話や伝承から歴史を復原することをめざすという意味で井上氏の著書名を踏襲したのである。結果として、神話の意味についてふれていることが、刊行時の書評などで評価された。たしかに現在、高校の日本史教科書にはでてこないが、史実でないにしても、『古事記』『日本書紀』を読み、記紀神話についても理解して いるのが古代史を考える前提であろう。

なお邪馬台国などきわめて古い時代については、古墳時代のはじまりや鏡の研究などの近年の動向をふまえて叙述したつもりだが、筆者自体は考古学は専門ではない。大和説か九州説かについては、『魏志倭人伝』自体の史料批判も重要である。近年発表された研究として、『三国志』の世界観がどのようなものかを中国史の文献史学の立場から論じた渡邉義浩『魏志倭人伝の謎を解く』(中公新書、二〇一二年)およびそのもとになった論考をまとめた『三國志よりみた邪馬臺國』(汲古書院、二〇一六年)が有益な議論をしている。

もうひとつ本書執筆で意識したのは、倭国、大王や天皇を東アジア世界の国際情勢のなかで考えることである。古代国家成立における国際的契機の重要性を提言したのは、石母田正『日本の古代国家』であった。たまたまその文庫化にあたり補訂と解説の執筆を行なうこととなり(岩波文庫、二〇一七年)、改めて丁寧に読むことになり、石母田氏が、隋の成立、唐の高句麗征討による東アジアの緊張のなかで、朝鮮三国にならって推古朝、蘇我入鹿、中大兄皇子による権力集中が行なわれた、すなわち国家が形成されたことを力強く論じていることを再確認した。その点で本書二九七頁での白雉五年の第三次遣唐使について、叙述が不足していたので、石母田説をふまえて加筆した。なお本書では、石母田説と同じく、大化改新を中大兄皇子による権力集中と解釈して叙述しているが、森公章『天智天皇』（人物叢書、吉川弘文館、二〇一六年）は、大化の改革の主体は、孝徳天皇であったとしている。これは早く門脇禎二氏も「大化改新論」批判で唱えていた説である。今後の検討にゆだねたい。

七世紀後半の国際情勢に関する新出の史料として、二〇一一年に発表された西安から出土した祢軍《でいぐん》墓誌に触れなければならない。墓誌によれば、祢軍は、百済の貴族で、顕慶五年（六六〇）に百済が唐に滅ぼされたあと唐に仕え、儀鳳三年（六七八）に六六歳で亡くなり、雍州乾封県に葬られた。

去る顕慶五年、官軍、本蕃を平らぐる日、（中略）右武衛滻川府折衝都尉を授く。時に日本の余噍、扶桑に拠り以て誅を逋《のが》れ、風谷の遺甿、盤桃を負ひて以て阻み固む。（中略）公、海左に格謨し、瀛東《るいとう》に亀鏡たるを以て、特に帝に簡《えら》ばるること在り、往きて招慰を尸《つかさ》どる。

とあり、「日本」が見えていて、本墓誌を検討し公表した王連龍氏（吉林大学）は、これを「日本」国号の早い用例だとした。『日本書紀』天智四年（六六五）九月壬辰条の唐国が劉徳高等を遣わすとの記事に、本注で「等といふは、右戎衛郎将上柱国百済禰軍・朝散大夫柱国郭務悰を謂ふ。凡て二百五十四人」と見え、『善隣国宝記』には、前年天智三年の使者として「百済の佐平禰軍」がみえる（祢軍についてはすでに鈴木靖民氏の検討がある）。祢軍は日本に出使しており、このことを指すと考えたからである。とすると天武朝には日本国号が成立していたことになり、新聞でも記事になったのだが、どうだろうか。

東野治之氏が発表直後に述べたように、これを国号だとするのは早計であろう。唐代には「日本」「日域」「日東」が日本に限られず新羅をさして使われたことがあり、「日本」は中国から見て日の出るところ、極東を指す。ここでの「日本の余噍」とは百済の遺民、「風谷の遺甿」とは高句麗の遺民を指すのだとする（「百済人祢軍墓誌の「日本」」ほか）。なお東野氏は「海左に格譲し」以下は祢軍が倭国に派遣されて外交交渉に当たったことを述べているかとするが、葛継勇氏は「海左」「瀛東」とも倭国ではなく朝鮮半島を指しているとし、倭国出使のことは墓誌では触れていないのではないかとしている。おそらくこれが正しく、祢軍の、百済貴族としての声望の高さを利用して、占領地対策として百済の故地の官人（熊津都督府司馬）に任命されたことを記していると理解できる。百済滅亡時の義慈王の子の扶余隆は、捕虜として洛陽に送られたのち白村江の戦いで唐側について戦い、唐は熊津都督を授けて本国に帰還させた。墓誌には、「馬韓（百済）の余燼、狼心悛《あらた》まらず」という状況に対して、熊津都督として「邑落を招携」したと記し、ほぼ祢軍と同じ状況である（「日本の余噍」＝「馬韓の余燼」であろう）。扶余隆墓誌は、一九一九年に洛陽で出土している（『唐代墓誌銘彙編附考』一〇冊、九四四）。

葛氏はさらに、祢軍の二度の出使について分析し、天智四年の使いは、高宗による翌年の泰山封禅への参加を要請することだったとし、泰山封禅について石刻史料を博捜して、倭国使（第五次遣唐使）守君大石らは正月の封禅には間に合わなかったが、二月に行なわれた投龍璧という儀式に、劉仁願らに随って泰山に登って参加したと推測している（「祢軍の倭国出使と高宗の泰山封禅」）。本墓誌については、古代東アジア史ゼミナールによる詳しい訳注が作成されていて有益である。さらに訳注作成を統括した李成市氏が、最新の『岩波講座日本歴史』に「六―八世紀の東アジアと東アジア世界論」を執筆し、祢軍墓誌をふまえ朝鮮三国と唐との関係を中心に新たな歴史像を提示していて、今後の研究の進展が期待できるだろう。本書との関係でいえば、終章でふれた「日本」という国号の意味が、もともとは東方という一般名詞であったこと、中国が中心にある国号であったこと、逆に天武朝には成立していなかったことが、祢軍墓誌によって確認されたと思う。「日本」が東夷の極という漢語であったことを神野志隆光氏がくわしく論じている。

飛鳥を中心に、毎年のように新たな発掘成果が報告されている。本書との関係でふれるべきは、二〇一五年一月に貼石・敷石による掘割と板石積みの存在が報じられた明日香村の小《こ》山田《やまだ》遺跡において、今年三月に横穴式石室の痕跡が発見され、一辺約七〇メートルの方墳が存在したことが判明し、「小山田古墳」と命名されたことである。小澤毅「小山田古墳の被葬者をめぐって」（『三重大史学』一七、二〇一七年）が論じているように、この地は蘇我氏の勢力圏であり、『日本書紀』皇極元年是蔵条に、国中の民や部曲を徴発し「預《あらかじ》め双墓を今来に造り、一つは大陵といひ大臣の墓とし、一つは小陵といひ入鹿臣の墓とす」とみえる、「今来の双墓《ならびのはか》」のうちの蝦夷の「大陵」にあたると考えられる。とすれば、築造後ほどなく意図的に削平された理由も明らかで、蘇我氏の権力を象徴する構築物だったからである。蘇我馬子の墓と考えられる石舞台古墳が一辺五〇メートルの方墳であるから、いかに大きいかがわかるだろう。ちなみに小澤氏は五条野丸山（見瀬丸山）古墳の被葬者を蘇我稲目だと考えている（写真キャプションを修正した）。なお原著の「飛鳥京跡　上層遺跡」の図が最新の発掘成果を反映していないとの指摘をいただいたので、本書二八八頁では小澤毅氏による「飛鳥浄御原宮の構造」（「飛鳥の都と古墳の終末」『岩波講座日本歴史』2、岩波書店、二〇一四年、一四七頁）を引用させていただいた。

原著における単純な誤りや誤植を訂正し、文章表現や説明の補足など手を入れたが、右にあげた加筆と図の差し替えを除けば、内容的にはほぼ変更していない。「天皇の歴史」シリーズの発案者で刊行の実現まで共に苦難を乗り越えてきた鈴木一守氏には、この文庫化でもご尽力いただくことになった。原著で丁寧に編集を担当していただいた林辺光慶氏とともに、この場を借りてお礼を申し上げたい。すぐれた編集者と講談社の組織力により、この企画が世に出ることになり、今回再び読者を得られることをうれしく思う。出版事情の厳しいおり、学術成果をふまえた歴史書の出版に尽力していただけることに敬意を表したい。なお年表については武井紀子氏のご助力を得た。最後に記して謝意を表する。

二〇一七年九月

大津　透

参考文献（著書の場合は論文名は原則として省略した。複数回参照しているものは一ヵ所で挙げた）

全体にわたる概説書・史料注釈など

井上光貞『日本国家の起源』（岩波新書青版、一九六〇年）
同　『日本の歴史1　神話から歴史へ』（中央公論社、一九六五年）
同　『日本の歴史3　飛鳥の朝廷』（小学館、一九七四年、講談社学術文庫、二〇〇四年）
笹山晴生『日本古代史講義』（東京大学出版会、一九七七年）
和田　萃『大系日本の歴史2　古墳の時代』（小学館、一九八八年）
熊谷公男『日本の歴史03　大王から天皇へ』（講談社、二〇〇一年、講談社学術文庫、二〇〇八年）
白石太一郎『考古学と古代史のあいだ』（筑摩書房、二〇〇四年、ちくま学芸文庫、二〇〇九年）
直木孝次郎『直木孝次郎古代を語る』2〜5（吉川弘文館、二〇〇八—二〇〇九年）
直木孝次郎司会『シンポジウム日本歴史2　日本国家の形成』（学生社、一九七一年）
坂本太郎・井上光貞他校注『日本書紀』上・下（日本古典文学大系、岩波書店、一九六七、一九六五年）
西宮一民校注『古事記』（新潮日本古典集成、新潮社、一九七九年）
稲岡耕二『萬葉集』（一）（和歌文学大系、明治書院、一九九七年）

著者の関係する著書・論文

大津　透『律令国家支配構造の研究』（岩波書店、一九九三年）
同　『古代の天皇制』（岩波書店、一九九九年）
同　『日本の歴史06　道長と宮廷社会』（講談社、二〇〇一年、講談社学術文庫、二〇〇九年）
同　『新体系日本史2　法社会史』（共編、山川出版社、二〇〇一年）

同　『日本古代史を学ぶ』（岩波書店、二〇〇九年）
同　「大化改新と東国国司」戸沢充則・笹山晴生編『新版古代の日本8　関東』（角川書店、一九九二年）
同　「「日本」の成立と天皇の役割」『日本の歴史08　古代天皇制を考える』（講談社、二〇〇一年、講談社学術文庫、二〇〇九年）
同　「律令制と女帝・皇后の役割」『東アジアの古代文化』一一九、二〇〇四年
同　「節会の御まかないの采女」『むらさき』四二、二〇〇五年
同　「王権論のための覚え書き」『王権を考える　前近代日本の天皇と権力』（山川出版社、二〇〇六年）

序章

関　晃『関晃著作集2　大化改新の研究下』（吉川弘文館、一九九六年）
早川庄八『日本古代官僚制の研究』（岩波書店、一九八六年）
網野善彦『日本中世の非農業民と天皇』（岩波書店、一九八四年）
佐藤進一『日本の中世国家』（岩波書店、一九八三年）
藤田　覚『幕末の天皇』（講談社選書メチエ、一九九四年、講談社学術文庫、二〇一三年）
水林　彪「序」水林他編『王権のコスモロジー』（弘文堂、一九九八年）
石母田正『日本の古代国家』（岩波書店、一九七一年、岩波文庫、二〇一七年）
吉田　孝『律令国家と古代の社会』（岩波書店、一九八三年）
渡辺　浩『東アジアの王権と思想』（東京大学出版会、一九九七年）
石母田正「『中世政治社会思想』上　解説」『石母田正著作集』8（岩波書店、一九八九年）
岸　俊男『日本古代宮都の研究』（岩波書店、一九八八年）
井上光貞『日本古代の王権と祭祀』（東京大学出版会、一九八四年）
岡田精司『古代祭祀の史的研究』（塙書房、一九九二年）

今谷　明『戦国大名と天皇』（福武書店、一九九二年、講談社学術文庫、二〇〇一年）
丸山真男「政治の世界」『丸山真男集』5（岩波書店、一九九五年）
石井良助『天皇――天皇の生成および不親政の伝統』（山川出版社、一九八二年）
吉田　孝『歴史のなかの天皇』（岩波新書新赤版、二〇〇六年）
水林　彪『天皇制史論――本質・起源・展開』（岩波書店、二〇〇六年）
網野善彦『日本論の視座』（小学館、一九九〇年）
網野善彦『日本の歴史00　「日本」とは何か』（講談社、二〇〇〇年、講談社学術文庫、二〇〇八年、筆者による「解説」も参照されたい）

第一章

仁藤敦史『卑弥呼と台与』（山川出版社、二〇〇九年）
小林行雄『古墳時代の研究』（青木書店、一九六一年）
王　仲殊『三角縁神獣鏡』（学生社、一九九二年）
福永伸哉『三角縁神獣鏡の研究』（大阪大学出版会、二〇〇五年）
高群逸枝『女性の歴史』上（講談社文庫、一九七二年）
洞　富雄『天皇不親政の伝統』（新樹社、一九八四年）
舘野和己「畿内のミヤケ・ミタ」山中一郎・狩野久編『新版古代の日本5　近畿I』（角川書店、一九九二年）
寺沢　薫『日本の歴史02　王権誕生』（講談社、二〇〇〇年、講談社学術文庫、二〇〇八年）
倉林正次『饗宴の研究（儀礼編）』（桜楓社、一九六五年）
和田　萃『日本古代の儀礼と祭祀・信仰』上（塙書房、一九九五年）
吉村武彦『日本古代の社会と国家』（岩波書店、一九九六年）
川口勝康「大王の出現」『日本の社会史』3（岩波書店、一九八七年）

東野治之『日本古代木簡の研究』（塙書房、一九八三年）
岸　俊男『遺跡・遺物と古代史学』（吉川弘文館、一九八〇年）
大石良材『日本王権の成立』（塙書房、一九七五年）
小林行雄『古鏡』（学生社、一九六五年）
和田　萃『日本古代の儀礼と祭祀・信仰』下（塙書房、一九九五年）
西嶋定生『倭国の出現』（東京大学出版会、一九九九年）
吉田　孝「古代社会における「ウヂ」」『日本の社会史』6（岩波書店、一九八八年）
武田幸男「平西将軍・倭隋の解釈」『朝鮮学報』七七、一九七五年
西嶋定生『日本歴史の国際環境』（東京大学出版会、一九八五年）
坂元義種『倭の五王──空白の五世紀』（教育社、一九八一年）
武田幸男『高句麗史と東アジア』（岩波書店、一九八九年）

第二章

稲岡耕二編『別冊国文学　日本神話必携』（學燈社、一九八二年）
三品彰英『三品彰英論文集1　日本神話論』（平凡社、一九七〇年）
上田正昭『日本神話』（岩波新書青版、一九七〇年）
溝口睦子『アマテラスの誕生』（岩波新書新赤版、二〇〇九年）
津田左右吉『日本古典の研究』上・下（岩波書店、一九七二年改版発行）
井上光貞「日本古代史と津田左右吉」『井上光貞著作集』10（岩波書店、一九八五年）
上山春平『神々の体系』（中公新書、一九七二年）
武田祐吉『古事記研究一　帝紀攷』（青磁社、一九四四年）
直木孝次郎『日本古代の氏族と天皇』（塙書房、一九六四年）

鎌田元一『律令国家史の研究』（塙書房、二〇〇八年）
那珂通世『増補　上世年紀考』（養徳社、一九四八年）
直木孝次郎『飛鳥奈良時代の研究』（塙書房、一九七五年）
吉井　巌『天皇の系譜と神話　二』（塙書房、一九六七年）
西郷信綱『万葉私記』（未來社、一九七〇年）
岸　俊男『古代史からみた万葉歌』（学生社、一九九一年）
吉田　孝「祖名について」土田直鎮先生還暦記念会編『奈良平安時代史論集』上（吉川弘文館、一九八四年）
熊谷公男「〝祖の名〟とウヂの構造」関晃先生古稀記念会編『律令国家の構造』（吉川弘文館、一九八九年）
直木孝次郎『日本古代兵制史の研究』（吉川弘文館、一九六八年）
鉄野昌弘『大伴家持「歌日誌」論考』（塙書房、二〇〇七年）
溝口睦子『日本古代氏族系譜の成立』（学習院、一九八二年）
岸　俊男『日本古代文物の研究』（塙書房、一九八八年）
田中　卓『古代天皇の秘密』（太陽企画出版、一九七九年）
義江明子『日本古代系譜様式論』（吉川弘文館、二〇〇〇年）
井上光貞『日本古代国家の研究』（岩波書店、一九六五年）
坂本太郎『六国史』（日本歴史叢書、吉川弘文館、一九七〇年）
平野邦雄『大化前代社会組織の研究』（吉川弘文館、一九六九年）
関　晃『関晃著作集３　古代の帰化人』（吉川弘文館、一九九六年）
加藤謙吉『大和政権と古代氏族』（吉川弘文館、一九九一年）
吉川真司「オオヤマト地域の古代」『オオヤマト古墳群と古代王権』（青木書店、二〇〇四年）
中村生雄『日本の神と王権』（法藏館、一九九四年）
岡田莊司「天皇と神々の循環型祭祀体系」『神道宗教』一九九・二〇〇、二〇〇五年

第三章

笹山晴生『奈良の都――その光と影』（吉川弘文館、一九九二年）
折口信夫「女帝考」『折口信夫全集』20（中央公論社、一九五六年）
黛　弘道『律令国家成立史の研究』（吉川弘文館、一九八二年）
薗田香融『日本古代財政史の研究』（塙書房、一九八一年）
倉本一宏『日本古代国家成立期の政権構造』（吉川弘文館、一九九七年）
狩野　久『日本古代の国家と都城』（東京大学出版会、一九九〇年）
坂本太郎『日本古代史の基礎的研究』上（東京大学出版会、一九六四年）
林屋辰三郎『古代国家の解体』（東京大学出版会、一九五五年）
横田健一『日本古代神話と氏族伝承』（塙書房、一九八二年）
新野直吉『国造と県主（改訂増補版）』（至文堂、一九八一年）
吉田　晶「古代国家の形成」『岩波講座日本歴史』２（岩波書店、一九七五年）
井上光貞「国造制の成立」『井上光貞著作集』４（岩波書店、一九八五年）
笹山晴生『日本古代衛府制度の研究』（東京大学出版会、一九八五年）
岸　俊男『日本古代政治史研究』（塙書房、一九六六年）
小林敏男『古代女帝の時代』（校倉書房、一九八七年）
倉塚曄子『巫女の文化』（平凡社、一九七九年、平凡社ライブラリー、一九九四年）
佐藤正英『聖徳太子の仏法』（講談社現代新書、二〇〇四年）
若月義小「冠位制の基礎的考察」『立命館文学』四四八―四五〇、一九八二年
大隅清陽「古代冠位制度の変遷」『律令官制と礼秩序の研究』（吉川弘文館、二〇一一年）
石母田正『日本古代国家論　第一部』（岩波書店、一九七三年）

李　成市『古代東アジアの民族と国家』（岩波書店、一九九八年）
東野治之『遣唐使』（岩波新書新赤版、二〇〇七年）
同　『遣唐使と正倉院』（岩波書店、一九九二年）
石上英一「古代東アジア地域と日本」『日本の社会史』1（岩波書店、一九八七年）
河上麻由子「遣隋使と仏教」『古代東アジア世界の対外交渉と仏教』（山川出版社、二〇一一年）
津田左右吉『日本上代史の研究』（岩波書店、一九四七年）
福山敏男「法隆寺の金石文に関する二、三の問題」『夢殿』一三、一九三五年
東野治之「天皇号の成立年代について」『正倉院文書と木簡の研究』（塙書房、一九七七年）
坂上康俊「大宝律令制定前後における日中間の情報伝播」池田温・劉俊文編『日中文化交流史叢書』2（大修館書店、一九九七年）
麻木脩平「野中寺弥勒菩薩半跏像の制作時期と台座銘文」『佛教藝術』二五六、二〇〇一年
堀　敏一『中国と古代東アジア世界』（岩波書店、一九九三年）
同　『東アジアのなかの古代日本』（研文出版、一九九八年）
大橋一章『天寿国繡帳の研究』（吉川弘文館、一九九五年）
西郷信綱「スメラミコト考」『神話と国家』（平凡社、一九七七年）
小林敏男『古代天皇制の基礎的研究』（校倉書房、一九九四年）
下出積與『日本古代の道教・陰陽道と神祇』（吉川弘文館、一九九七年）
吉田　孝「『史記』秦始皇本紀と「天皇」号」『日本歴史』六四三、二〇〇一年

第四章

稲岡耕二『鑑賞日本の古典2　万葉集』（尚学図書、一九八〇年）
小澤　毅『日本古代宮都構造の研究』（青木書店、二〇〇三年）

林部　均『飛鳥の宮と藤原京』（吉川弘文館、二〇〇八年）
池田　温「裴世清と高表仁」『東アジアの文化交流史』（吉川弘文館、二〇〇二年）
白石太一郎「畿内における古墳の終末」『古墳と古墳群の研究』（塙書房、二〇〇〇年）
原秀三郎『日本古代国家史研究』（東京大学出版会、一九八〇年）
鎌田元一『律令公民制の研究』（塙書房、二〇〇一年）
森　公章『古代郡司制度の研究』（吉川弘文館、二〇〇〇年）
飛鳥資料館図録35『あすかの石造物』（奈良国立文化財研究所飛鳥資料館、二〇〇〇年）
今泉隆雄『古代宮都の研究』（吉川弘文館、一九九三年）
八木　充『日本古代政治組織の研究』（塙書房、一九八六年）
大山誠一『古代国家と大化改新』（吉川弘文館、一九八八年）
青木和夫『日本律令国家論攷』（岩波書店、一九九二年）
宮崎市定「日本の官位令と唐の官品令」『宮崎市定全集』22（岩波書店、一九九二年）
井上光貞『日本古代史の諸問題』（思索社再版、一九七二年）
奈良文化財研究所史料76『評制下荷札木簡集成』（奈良文化財研究所、二〇〇六年）
浅野啓介「庚午年籍と五十戸制」『日本歴史』六九八、二〇〇六年
佐々木恵介「律令里制の特質について」『史学雑誌』九五―二、一九八六年
早川庄八『天皇と古代国家』（講談社学術文庫、二〇〇〇年）
佐々田悠「律令制祭祀の形成過程」『史学雑誌』一一一―一二、二〇〇二年
菊地照夫「律令国家と相嘗祭」虎尾俊哉編『律令国家の政務と儀礼』（吉川弘文館、一九九五年）

終章

斎藤英喜『アマテラスの深みへ　古代神話を読み直す』（新曜社、一九九六年）

西本昌弘「八世紀の神今食と御体御卜」『日本古代の王宮と儀礼』（塙書房、二〇〇八年）
丸山真男『丸山真男講義録〔第四冊〕日本政治思想史1964』（東京大学出版会、一九九八年）
岡田精司『古代王権の祭祀と神話』（塙書房、一九七〇年）吉田　孝『大系日本の歴史3　古代国家の歩み』（小学館、一九八八年）
同『日本の誕生』（岩波新書新赤版、一九九七年）
井上光貞「古代日本と律令法」『井上光貞著作集』6（岩波書店、一九八五年）
学術文庫版あとがき（祢軍墓誌・国号を中心に）

王連龍「百済人《祢軍墓誌》考論」『社会科学戦線』二〇一一年七期（日本語訳：『古代学研究所紀要（明治大学）』一七、二〇一二年）
鈴木靖民「百済救援の役後の日唐交渉」『日本の古代国家形成と東アジア』（吉川弘文館、二〇一一年、初出一九七二年）
東野治之「百済人祢軍墓誌の「日本」」、「日本国号の研究動向と課題」『史料学探訪』（岩波書店、二〇一五年、初出二〇一二、二〇一三年）
葛継勇「「風谷」と「盤桃」、「海左」と「瀛東」」『東洋学報』九五―二、二〇一三年
同「「扶桑」について」『早稲田大学日本古典籍研究所年報』六、二〇一三年
同「祢軍の倭国出使と高宗の泰山封禅」『日本歴史』七九〇、二〇一四年
古代東アジア史ゼミナール「祢軍墓誌訳注」『史滴』三四、二〇一二年
李成市「六―八世紀の東アジアと東アジア世界論」『岩波講座日本歴史』2（岩波書店、二〇一四年）
神野志隆光『「日本」国号の由来と歴史』（講談社学術文庫、二〇一六年、初出二〇〇五年）

年表

西暦	天皇	国内・倭国関連事項	東アジア世界
二三九		倭の女王卑弥呼、魏に遣使し「親魏倭王」の称号、金印紫綬と五尺刀・銅鏡百枚を授けられる。	
二六六		倭の女王（台与か）、西晋に朝貢する。	
三一三			このころ、楽浪・帯方両郡、高句麗により滅亡。
三六九		百済王世子が倭王のために七支刀を作る（石上神宮七支刀銘文）。	
三七一			百済の近肖古王、高句麗の平壌城を攻撃する。
三九一		この年以降、倭、半島に出兵、百済などを破る。	
三九六			高句麗の広開土王、百済を討つ。
四〇〇		高句麗、新羅領内の倭兵を金官国まで追撃する。	
四〇四		高句麗の広開土王、海上で倭と戦う。	
四一四			広開土王碑建立。
四二〇			劉裕、東晋より禅譲され、宋を建国。
四二一		倭王讃、宋に遣使する。	
四二七			高句麗、平壌城へ遷都。
四三八		倭王珍、宋に遣使し、安東将軍・倭国王に任じられる。	
四三九			北魏、華北を統一。南北朝時代。
四六二		倭王興、宋に遣使し、安東将軍に任じられる。	
四七一	雄略	7稲荷山古墳出土鉄剣銘文（辛亥年）。	
四七五			高句麗、百済の漢山城を落とす。百済一旦滅ぶか。熊津城へ遷都。

西暦	天皇	国内・倭国関連事項	東アジア世界
四七八	雄略	倭王武、宋に遣使し、上表して安東大将軍に任じられる。	
四七九			蕭道成、宋より禅譲され、斉を建国。
四八五			北魏、三長制・均田制を実施。
四九三			北魏、洛陽に遷都。
五〇二			蕭衍、斉より禅譲され、梁を建国。百済、武寧王が即位。
五〇三		隅田八幡神社人物画象鏡銘文（癸未年）《一説に四四三年》。	
五〇七	継体元	2大伴金村らにより、越前の男大迹王、樟葉宮で即位（継体）。	
五一二	六	12「任那四県」（上哆唎・下哆唎・娑陀・牟婁）を百済に割譲。	
五一三	七	6五経博士、百済より来日。11任那の己汶・帯沙を百済に割譲。	
五一五	九	4倭国、帯沙江で伴跛軍に敗退。	
五二〇			新羅の法興王、律令を制定する。
五二一			百済の武寧王、梁に朝貢する。
五二六	二十	9磐余玉穂宮へ遷都。	
五二七	二十一	6筑紫君磐井、反乱を起こす（磐井の乱）。	
五二八	二十二	11物部麁鹿火、乱を鎮圧。12磐井の子筑紫君葛子、糟屋屯倉を献上する。	
五二九	二十三	3新羅に対抗するため、近江毛野を安羅に派遣する。	新羅、金官国を侵略する。
五三一	二十五	2継体、没する《一説に五三四年》。	
五三二			金官国主金仇亥、新羅に投降する。
五三四	安閑元	1勾金橋宮へ遷都。4伊甚国造、屯倉を献上。閏12武蔵国造、四処の屯倉を献上する。	北魏、東西に分裂。東魏、成立。鄴を都とする。
五三五	二	5諸国に屯倉を設置。12安閑、没し、殯宮行なわれる。宣化、即位。	西魏、成立。長安を都とする。

五三六	宣化元	1檜隈廬入野宮へ遷都。2大伴金村・物部麁鹿火を大連、蘇我稲目を大臣に任じる。	
五三七	二	10新羅、任那へ派兵する。大伴狭手彦を派遣する。	
五三八	三	10（あるいは12）百済の聖明王により仏教伝来（戊午年）《一説に五五二年》。	百済、泗沘城へ遷都。
五三九	四	2宣化、没する。12欽明、即位。	
五四〇	欽明元	7磯城嶋金刺宮へ遷都。9物部尾輿、任那四県割譲問題で大伴金村を非難、失脚させる。	
五五〇			高洋、東魏より禅譲され、北斉を建国。
五五一			百済、高句麗から漢山城を奪回。翌年新羅に奪われる。
五五二	十三	10百済の聖明王により仏教公伝（壬申年）《一説に五三八年》。蘇我稲目ら崇仏派と物部尾輿ら排仏派が対立。	
五五四	十五	2五経博士・僧の交替者、易・暦・医博士等が百済より来日。	百済の聖明王、新羅の管山城で戦死。
五五五	十六	7吉備に白猪屯倉を設置。	
五五六	十七	7備前に児島屯倉を設置。10倭国高市郡に韓人大身狭屯倉・高麗人小身狭屯倉を設置。紀国に海部屯倉を設置。	
五五七			西魏滅亡。宇文覚、北周を建国。陳覇先、梁より禅譲され、陳を建国。
五六二	二十三		新羅、大加耶を滅ぼす。
五六九	三十	1白猪屯倉の田部の丁籍を検定する。	
五七〇	三十一	3蘇我稲目、没する《一説に五六九年》。破仏が行なわれる。	
五七一	三十二	4欽明、没する。	
五七二	敏達元	4敏達、即位。百済大井を宮とする。物部守屋を大連、蘇我馬子を大臣に任じる。	

西暦	天皇	国内・倭国関連事項	東アジア世界
五七四	三	10吉備国に白猪屯倉・田部を増設。田部の名籍を作成する。	
五七五	四	この年、訳語田幸玉宮を造る。新羅、「任那の調」を献上する。	
五七七	六	2日祀部・私部を置く。	北周、北斉を滅ぼし、華北を統一。
五八一	十	蝦夷、反乱を起こす。族長綾糟が来朝し、服属儀礼を行なう。	楊堅、北周より禅譲され、隋を建国。 高句麗・百済、隋の冊封を受ける。
五八三			隋、大興城（長安）へ遷都。
五八四	十三	この年、蘇我馬子、善信尼（司馬達等の娘）らを出家させる。	
五八五	十四	8敏達、没する。9用明、磐余池辺双槻宮に即位。この年、崇仏派の蘇我馬子と、排仏派の物部守屋が対立する。	
五八六	用明元	5穴穂部皇子、炊屋姫皇后を奸そうとして、三輪逆により阻止される。物部守屋、三輪逆を斬る。	高句麗、長安城へ遷都。
五八七	二	4用明、没する。6穴穂部皇子、即位を謀るが殺害される。7蘇我馬子、泊瀬部皇子ら諸皇子・群臣と物部守屋討滅を謀り、物部守屋を滅ぼす。8崇峻、即位。倉梯を宮とする。	
五八八	崇峻元	この年、仏舎利・僧・寺工・鑪盤博士・瓦博士・画工が百済より献上される。飛鳥寺（法興寺）造営開始。	
五八九			隋の文帝、陳を滅ぼし、天下を統一。
五九一	四	8天皇、任那復興について群臣に諮問する。11軍を筑紫に駐屯。	
五九二	五	11蘇我馬子、東漢直駒に崇峻を殺害させる。駒は馬子の娘を盗み妻としたため、馬子に殺される。12推古、豊浦宮で即位。	
五九三	推古元	4聖徳太子、摂政となる。この年、豊浦寺（尼寺）を置く。	
五九四	二	2三宝（仏・法・僧）興隆の詔を出す。	新羅、隋の冊封を受ける。
五九五	三	5高句麗より恵慈来朝する。	
五九六	四	11飛鳥寺（法興寺）の塔が完成。	

五九七	五	11新羅に遣使する。	
五九八			隋、高句麗の遼西侵攻に出兵、敗北。
六〇〇	八	この年、任那回復のため新羅に派兵する。遣隋使を送る。	
六〇一	九	2聖徳太子、斑鳩宮を建てる。	
六〇二	十	2新羅征討を計画するが、将軍（来目皇子）の病気により中止。10百済僧観勒、暦本・天文地理書・遁甲方術書を献上する。	
六〇三	十一	10小墾田宮へ遷る。12冠位十二階を制定する。	
六〇四	十二	1冠位をはじめて諸臣に賜う。4憲法十七条を制定する。9朝廷での礼儀を改める。	隋、煬帝が即位。
六〇五	十三	4推古、丈六仏像の造立を発願し、鞍作鳥に命じて造らせる。	隋、大運河工事を始める。
六〇六	十四	4丈六仏像が完成し、元興寺（飛鳥寺）金堂に安置する。	
六〇七	十五	2壬生部を定める。神祇祭祀の詔。7遣隋使（小野妹子ら）を送る。「日出る処の天子」の国書を持参。この年、畿内の各国に屯倉を設置する。	隋、大業律令を頒行する。
六〇八	十六	4小野妹子が隋使裴世清と帰朝。8隋使、入京。9小野妹子らに隋使を送らせる。高向玄理・僧旻・南淵請安らを隋へ派遣する。「東天皇」の国書を持参。	
六〇九	十七	9小野妹子ら帰朝する。	
六一〇	十八	3高句麗僧曇徴、彩色・紙・墨の製法を伝える。7新羅・任那使が来日する。10入京し、勅旨奏上、饗を受けて帰国。	
六一二			隋、三回の高句麗遠征を行なう（〜六一四）。
六一三	二十一	11掖上池・畝傍池・和珥池を造る。難波と京の間に大道を置く。12聖徳太子、片岡で飢者を助ける。	
六一四	二十二	6遣隋使（犬上御田鍬ら）を送る。	

西暦	天皇	国内・倭国関連事項	東アジア世界
六一五	二十三	9犬上御田鍬ら帰朝。百済使、来日。11百済使を饗する。	
六一八			煬帝が殺害され、李淵、唐を建国。
六二〇	二十八	この年、聖徳太子・蘇我馬子が、天皇記・国記などをつくる。	
六二二	三十	2聖徳太子、没する。このころ、天寿国繡帳作られる。	
六二三	三十一	7新羅より帰国した医恵日ら、留学生の召還と遣唐使派遣を上奏する。	
六二四	三十二	4僧正・僧都・法頭を任じる。9寺・僧尼を調査する。10蘇我馬子、葛城県を要求するが、推古許さず。	唐、武徳律令を発布。高句麗・百済・新羅が唐の冊封を受ける。
六二六	三十四	5蘇我馬子、没する。桃原墓（石舞台古墳か）に葬られる。	唐、太宗（李世民）即位。貞観の治。
六二八	三十六	3推古、没する。9大夫の会議にて皇位を定める。	
六二九	舒明元	1舒明、即位。	
六三〇	二	8第一次遣唐使（犬上御田鍬ら）を送る。10岡本宮へ遷る。	
六三二	四	8犬上御田鍬・僧旻ら帰朝。唐使高表仁が来日（翌年1月帰国）。	
六三六	八	6岡本宮が炎上。舒明は田中宮へ遷る。この年、大飢饉。	『隋書』完成する。
六三七	九	この年、蝦夷が反乱を起こす。上毛野君形名が征討する。	唐、貞観律令を制定する。
六三八	十	この年、百済・新羅・任那が朝貢する。	
六三九	十一	7百済宮・百済大寺（吉備池廃寺）造営の人夫を徴発。	
六四〇	十二	10南淵請安・高向玄理、帰朝する。百済宮へ遷る。	唐、高昌国を滅ぼす。
六四一	十三	3山田寺を造り始める。10舒明、没する。	
六四二	皇極元	1皇極、即位。8皇極、祈雨の行事を行なう。11新嘗祭（大嘗祭）。12小墾田宮へ遷る。この年、蘇我蝦夷とその子入鹿、祖廟や今来双墓を造る。	泉蓋蘇文、クーデターで高句麗の実権を握る。
六四三	二	4飛鳥板蓋宮へ遷る。11蘇我入鹿、古人大兄皇子の即位を謀り、山背大兄王らを襲い自殺させる。	

六四四	三	11蘇我蝦夷・入鹿、甘檮岡に家を並べ建て、守備を固める。	唐、高句麗遠征を開始（〜六四八）。
六四五	孝徳 (大化)元	6中大兄皇子・中臣鎌足、蘇我入鹿を殺害する。蝦夷、自害する（乙巳の変）。孝徳即位する。皇太子（中大兄皇子）・左右大臣・内臣・国博士を定める。大化に改元。8東国国司を派遣し、校田・造籍を命じる。男女の法を定める。9民の元数を録す。	唐の玄奘、インドより帰国し、仏典を翻訳、『大唐西域記』を執筆する。太宗自ら高句麗を親征する。
六四六	二	1改新の詔。公地公民制・地方制度・班田収授法・税制を定める。3東国国司の功過を定める。薄葬令が出され、旧俗の廃止を命じる。8品部を廃止。9新羅に任那の調廃止と貢質を告げる。	
六四七	三	七色十三階の冠位を制定。渟足柵を造る。新羅、金春秋を派遣。	新羅でクーデター起こる。
六四八	四	この年、磐舟柵を置く。	
六四九	五	2冠位十九階を制定する。3右大臣蘇我倉山田石川麻呂、謀反の疑いにより、山田寺で自害する。	唐、高宗（李治）即位。新羅、唐の衣冠を服する。
六五〇	孝徳 (白雉)元	2白雉に改元。	新羅、唐の年号を採用する。
六五一	二	新羅使、唐国服にて来日し、筑紫から追還させる。	唐、永徽律令格式を制定。
六五三	四	5第二次遣唐使を送る。この年、中大兄、孝徳と不和になり、倭飛鳥河辺行宮へ移る。	
六五四	五	2第三次遣唐使（高向玄理ら）を送る。10孝徳、没する。	
六五五	斉明元	1斉明（皇極）、飛鳥板蓋宮で重祚する。8遣唐使帰朝する。この年、飛鳥板蓋宮が火災、飛鳥川原宮に遷る。	唐、武照を皇后とする（則天武后）。
六五六	二	この年、後飛鳥岡本宮へ遷る。多武峰に両槻宮を造り、「狂心の渠」を掘って石を運び、宮の東の山に積む。	
六五八	四	4阿倍比羅夫、齶田・渟代の蝦夷を服属させる。11有間皇子、蘇我赤兄の計略により、謀反の罪で処刑される。	
六五九	五	3阿倍比羅夫、蝦夷を征討する。また、飛鳥の須弥山像のもとで蝦夷を饗応する。7第四次遣唐使を送る。	

西暦	天皇	国内・倭国関連事項	東アジア世界
六六〇	六	3阿倍比羅夫、渡嶋の蝦夷を服属させ、粛慎を征討する。5中大兄皇子、漏剋（水時計）を造る。10百済の鬼室福信、救援軍派遣と王子余豊璋の送還を求める。	唐・新羅により、百済滅亡する。五都督府を置く。
六六一	七	1斉明、百済救援のために難波をたつ。3娜大津（博多）に着く。5遣唐使帰朝する。7斉明、朝倉宮（福岡県）に没する。中大兄、称制する。9百済王子豊璋を本国へ送る。	百済王族の鬼室福信ら挙兵。
六六二	天智元	この年、百済救援のための兵甲・船舶・軍粮を準備する。	
六六三	二	3新羅を討つため、軍を派遣する。8倭・百済軍、唐・新羅軍と戦い、白村江で大敗する。	百済王子豊璋、謀反の疑いで鬼室福信を処刑する。
六六四	三	2冠位二十六階制定。氏上・民部・家部のことを定める（甲子の宣）。5百済鎮将、郭務悰を遣わす。この年、対馬・壱岐・筑紫国などに防人・烽を置き、筑紫に水城を築く。	唐、劉仁願を百済鎮将とする。第一回熊津会盟。
六六五	四	8長門国に城を、筑紫国に大野城・椽城を築く。9唐使劉徳高らが来日する。この年、第五次遣唐使を送る。	第二回熊津会盟。高句麗の泉蓋蘇文、没する。
六六六	五	この年、野中寺弥勒像造られる。	唐、高宗、封禅の儀を行なう。
六六七	六	3近江大津宮に遷都。11倭国高安城・讃吉国山田郡屋嶋城・対馬国金田城を築く。	
六六八	七	1天智、即位。一説に、この年、近江令制定。	唐・新羅、高句麗を滅ぼし平壌に安東都護府を置く。
六六九	八	10天智、中臣鎌足に大織冠・大臣位を授け、藤原の姓を賜う。鎌足、没する。この年、第六次遣唐使を送る。	
六七〇	九	2庚午年籍（はじめての全国的戸籍、後の基本台帳）を造る。4法隆寺が火災。	新羅、旧百済領に進撃する。
六七一	十	1太政大臣・左右大臣・御史大夫を任じる。4漏剋をはじめて用	

		いる。10天智、弟大海人皇子に後事を託す。大海人皇子は出家、吉野へ入る。11唐郭務悰ら来日。大友皇子、左右大臣らと天智の意をつぐことを誓う。12天智、没する。	
六七二	天武元	6大海人皇子、美濃で兵士を徴発して不破に本営を置く（壬申の乱）。7近江朝廷滅亡する。	
六七三	二	2大海人皇子、即位する（天武天皇）。	
六七五	四	2部曲の廃止。4広瀬龍田祭をはじめる。	
六七六			新羅、唐軍を半島から追い出す。
六八一	十	2律令の制定を命ずる。3天武、「帝紀」と上古諸事を記定。	
六八三	十二	12国境画定事業（～天武十四年）。	
六八四	十三	10八色の姓を定める。	
六八五	十四	1諸臣四十八階制定。	
六八六	朱鳥元	7朱鳥に改元。9天武、没する。	

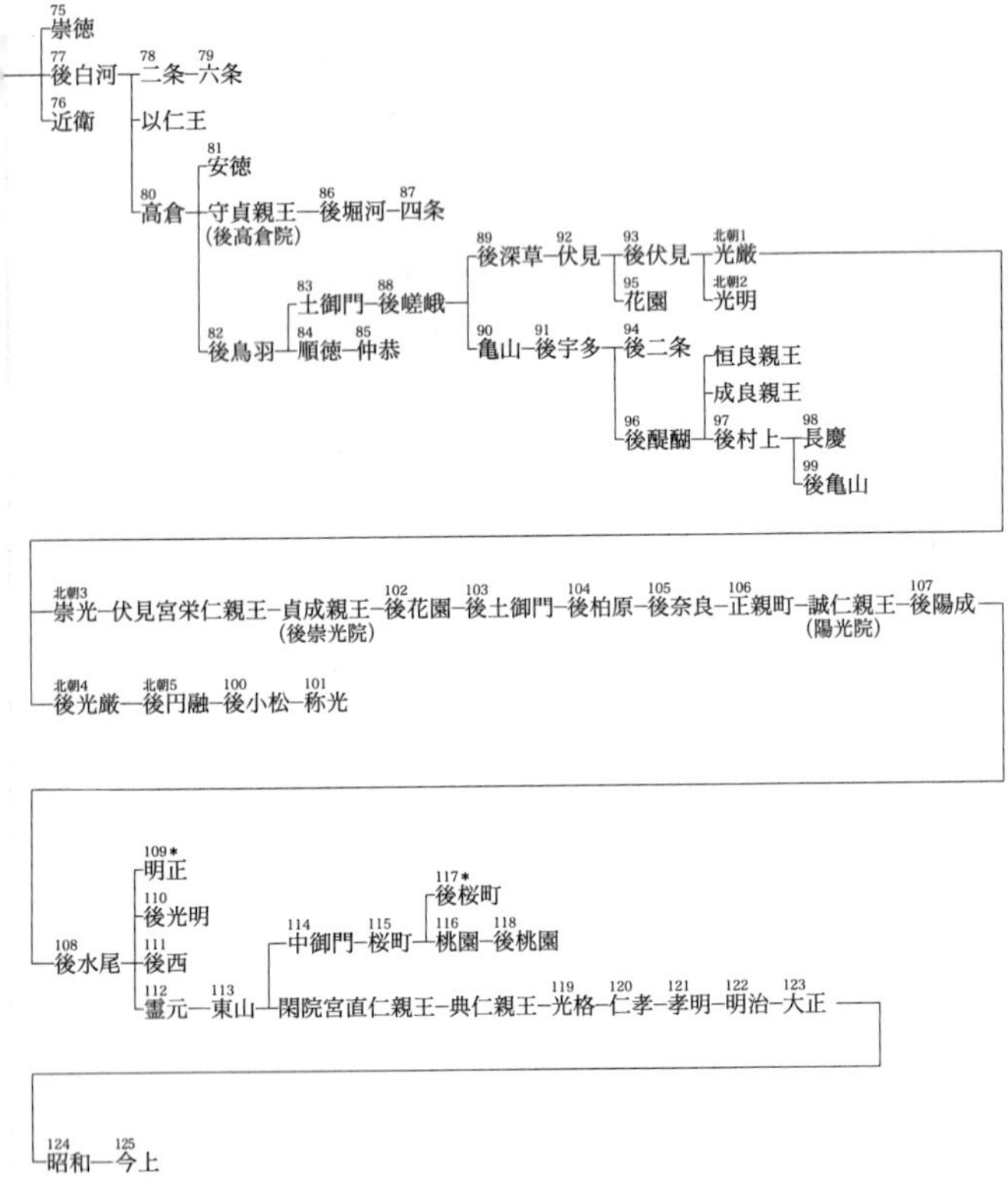

数字は『皇統譜』による代数。

＊は女帝を示す。なお、皇極・斉明、孝謙・称徳は重祚。

天皇系図

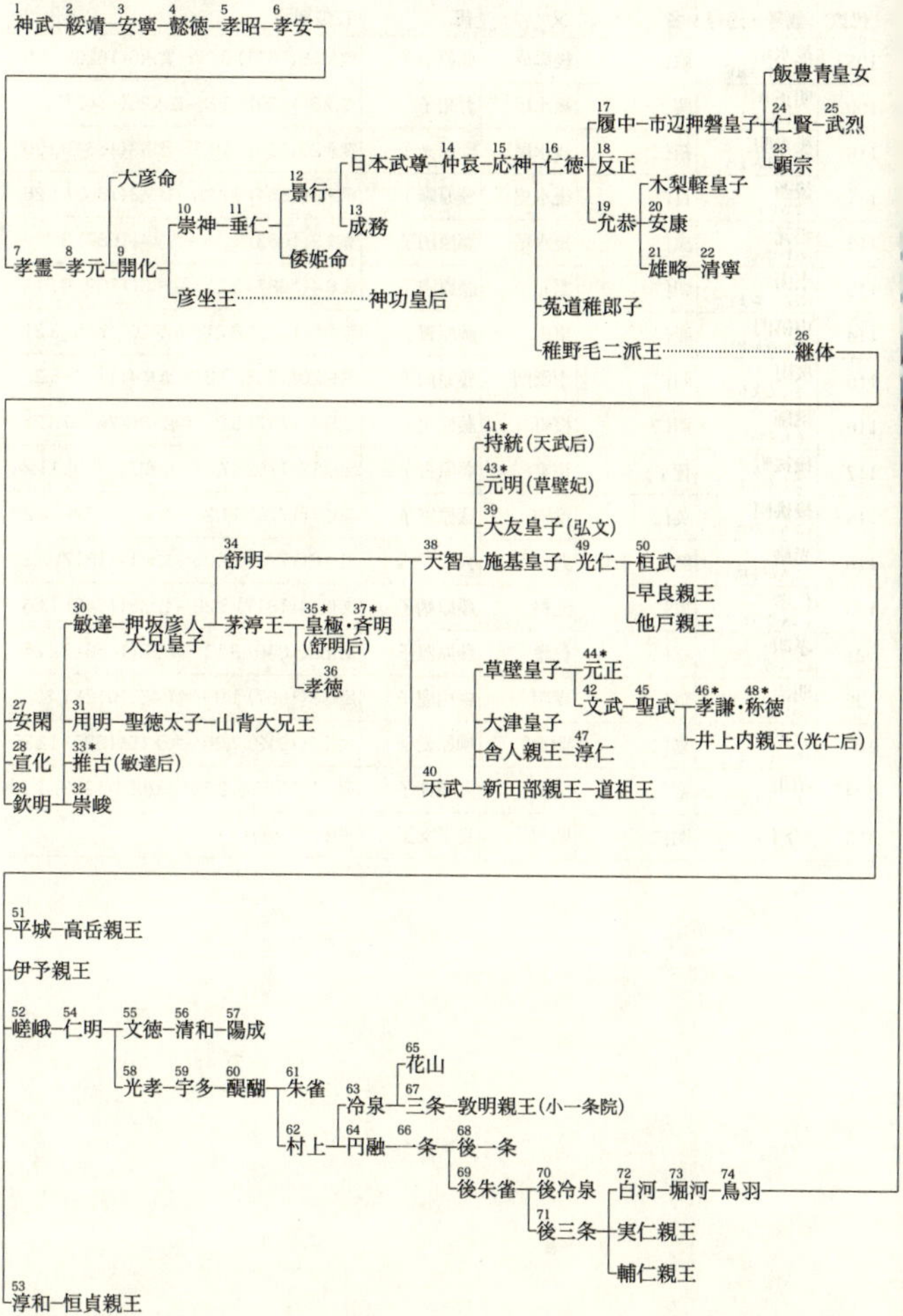

1 神武
2 綏靖
3 安寧
4 懿徳
5 孝昭
6 孝安
7 孝霊
8 孝元
9 開化
大彦命
10 崇神
11 垂仁
12 景行
13 成務
倭姫命
彦坐王
神功皇后
日本武尊
14 仲哀
15 応神
16 仁徳
17 履中
市辺押磐皇子
飯豊青皇女
24 仁賢
25 武烈
23 顕宗
18 反正
19 允恭
木梨軽皇子
20 安康
21 雄略
22 清寧
菟道稚郎子
稚野毛二派王
26 継体
27 安閑
28 宣化
29 欽明
30 敏達
押坂彦人大兄皇子
34 舒明
茅渟王
35* 皇極・37* 斉明
(舒明后)
36 孝徳
31 用明
聖徳太子
山背大兄王
33* 推古(敏達后)
32 崇峻
38 天智
41* 持統(天武后)
43* 元明(草壁妃)
39 大友皇子(弘文)
施基皇子
49 光仁
50 桓武
早良親王
他戸親王
40 天武
草壁皇子
44* 元正
42 文武
45 聖武
46* 孝謙・48* 称徳
井上内親王(光仁后)
大津皇子
舎人親王
47 淳仁
新田部親王
道祖王
51 平城
高岳親王
伊予親王
52 嵯峨
54 仁明
55 文徳
56 清和
57 陽成
58 光孝
59 宇多
60 醍醐
61 朱雀
62 村上
63 冷泉
65 花山
67 三条
敦明親王(小一条院)
64 円融
66 一条
68 後一条
69 後朱雀
70 後冷泉
71 後三条
72 白河
73 堀河
74 鳥羽
実仁親王
輔仁親王
53 淳和
恒貞親王

代数	諡号・追号	名	父	母	在位期間
108	後水尾(ごみずのお)	政仁	後陽成	藤原前子	慶長16(1611) 3.27～寛永6(1629) 11.8
109	明正＊(めいしょう)	興子	後水尾	源和子	寛永6(1629) 11.8～寛永20(1643) 10.3
110	後光明(ごこうみょう)	紹仁	後水尾	藤原光子	寛永20(1643) 10.3～承応3(1654) 9.20
111	後西(ごさい)	良仁	後水尾	藤原隆子	承応3(1654) 11.28～寛文3(1663) 1.26
112	霊元(れいげん)	識仁	後水尾	藤原国子	寛文3(1663) 1.26～貞享4(1687) 3.21
113	東山(ひがしやま)	朝仁	霊元	藤原宗子	貞享4(1687) 3.21～宝永6(1709) 6.21
114	中御門(なかみかど)	慶仁	東山	藤原賀子	宝永6(1709) 6.21～享保20(1735) 3.21
115	桜町(さくらまち)	昭仁	中御門	藤原尚子	享保20(1735) 3.21～延享4(1747) 5.2
116	桃園(ももぞの)	遐仁	桜町	藤原定子	延享4(1747) 5.2～宝暦12(1762) 7.12
117	後桜町＊(ごさくらまち)	智子	桜町	藤原舎子	宝暦12(1762) 7.27～明和7(1770) 11.24
118	後桃園(ごももぞの)	英仁	桃園	藤原富子	明和7(1770) 11.24～安永8(1779) 10.29
119	光格(こうかく)	師仁・兼仁	典仁親王	大江磐代	安永8(1779) 11.25～文化14(1817) 3.22
120	仁孝(にんこう)	恵仁	光格	藤原婧子	文化14(1817) 3.22～弘化3(1846) 1.26
121	孝明(こうめい)	統仁	仁孝	藤原雅子	弘化3(1846) 2.13～慶応2(1866) 12.25
122	明治(めいじ)	睦仁	孝明	中山慶子	慶応3(1867) 1.9～明治45(1912) 7.30
123	大正(たいしょう)	嘉仁	明治	柳原愛子	大正1(1912) 7.30～大正15(1926) 12.25
124	昭和(しょうわ)	裕仁	大正	九条節子	昭和1(1926) 12.25～昭和64(1989) 1.7
125	(今上)	明仁	昭和	良子女王	平成1(1989)1.7～

代数	諡号・追号	名	父	母	在位期間
85	仲恭（ちゅうきょう）	懐成	順徳	藤原立子	承久3(1221) 4.20～承久3(1221) 7.9
86	後堀河（ごほりかわ）	茂仁	守貞親王	藤原陳子	承久3(1221) 7.9～貞永1(1232) 10.4
87	四条（しじょう）	秀仁	後堀河	藤原竴子	貞永1(1232) 10.4～仁治3(1242) 1.9
88	後嵯峨（ごさが）	邦仁	土御門	源通子	仁治3(1242) 1.20～寛元4(1246) 1.29
89	後深草（ごふかくさ）	久仁	後嵯峨	藤原姞子	寛元4(1246) 1.29～正元1(1259) 11.26
90	亀山（かめやま）	恒仁	後嵯峨	藤原姞子	正元1(1259) 11.26～文永11(1274) 1.26
91	後宇多（ごうだ）	世仁	亀山	藤原佶子	文永11(1274) 1.26～弘安10(1287) 10.21
92	伏見（ふしみ）	熙仁	後深草	藤原愔子	弘安10(1287) 10.21～永仁6(1298) 7.22
93	後伏見（ごふしみ）	胤仁	伏見	藤原経子	永仁6(1298) 7.22～正安3(1301) 1.21
94	後二条（ごにじょう）	邦治	後宇多	源基子	正安3(1301) 1.21～徳治3(1308) 8.25
95	花園（はなぞの）	富仁	伏見	藤原季子	徳治3(1308) 8.26～文保2(1318) 2.26
96	後醍醐（ごだいご）	尊治	後宇多	藤原忠子	文保2(1318) 2.26～延元4(1339) 8.15
97	後村上（ごむらかみ）	憲良・義良	後醍醐	藤原廉子	延元4(1339) 8.15～正平23(1368) 3.11
98	長慶（ちょうけい）	寛成	後村上	藤原氏	正平23(1368) 3～弘和3(1383) 10以後
99	後亀山（ごかめやま）	熙成	後村上	藤原氏	弘和3(1383) 10.27以後～元中9(1392) 閏10.5
北朝	光厳（こうごん）	量仁	後伏見	藤原寧子	元徳3(1331) 9.20～正慶2(1333) 5.25
北朝	光明（こうみょう）	豊仁	後伏見	藤原寧子	建武3(1336) 8.15～貞和4(1348) 10.27
北朝	崇光（すこう）	益仁・興仁	光厳	藤原秀子	貞和4(1348) 10.27～観応2(1351) 11.7
北朝	後光厳（ごこうごん）	弥仁	光厳	藤原秀子	観応3(1352) 8.17～応安4(1371) 3.23
北朝	後円融（ごえんゆう）	緒仁	後光厳	紀仲子	応安4(1371) 3.23～永徳2(1382) 4.11
100	後小松（ごこまつ）	幹仁	後円融	藤原厳子	永徳2(1382) 4.11～応永19(1412) 8.29
101	称光（しょうこう）	躬仁・実仁	後小松	藤原資子	応永19(1412) 8.29～正長1(1428) 7.20
102	後花園（ごはなぞの）	彦仁	貞成親王	源幸子	正長1(1428) 7.28～寛正5(1464) 7.19
103	後土御門（ごつちみかど）	成仁	後花園	藤原信子	寛正5(1464) 7.19～明応9(1500) 9.28
104	後柏原（ごかしわばら）	勝仁	後土御門	源朝子	明応9(1500) 10.25～大永6(1526) 4.7
105	後奈良（ごなら）	知仁	後柏原	藤原藤子	大永6(1526) 4.29～弘治3(1557) 9.5
106	正親町（おおぎまち）	方仁	後奈良	藤原栄子	弘治3(1557) 10.27～天正14(1586) 11.7
107	後陽成（ごようぜい）	和仁・周仁	誠仁親王	藤原晴子	天正14(1586) 11.7～慶長16(1611) 3.27

代数	諡号・追号	名	父	母	在位期間
57	陽成(ようぜい)	貞明	清和	藤原高子	貞観18(876) 11.29〜元慶8(884) 2.4
58	光孝(こうこう)	時康	仁明	藤原沢子	元慶8(884) 2.4〜仁和3(887) 8.26
59	宇多(うだ)	定省	光孝	班子女王	仁和3(887) 8.26〜寛平9(897) 7.3
60	醍醐(だいご)	維城・敦仁	宇多	藤原胤子	寛平9(897) 7.3〜延長8(930) 9.22
61	朱雀(すざく)	寛明	醍醐	藤原穏子	延長8(930) 9.22〜天慶9(946) 4.20
62	村上(むらかみ)	成明	醍醐	藤原穏子	天慶9(946) 4.20〜康保4(967) 5.25
63	冷泉(れいぜい)	憲平	村上	藤原安子	康保4(967) 5.25〜安和2(969) 8.13
64	円融(えんゆう)	守平	村上	藤原安子	安和2(969) 8.13〜永観2(984) 8.27
65	花山(かざん)	師貞	冷泉	藤原懐子	永観2(984) 8.27〜寛和2(986) 6.23
66	一条(いちじょう)	懐仁	円融	藤原詮子	寛和2(986) 6.23〜寛弘8(1011) 6.13
67	三条(さんじょう)	居貞	冷泉	藤原超子	寛弘8(1011) 6.13〜長和5(1016) 1.29
68	後一条(ごいちじょう)	敦成	一条	藤原彰子	長和5(1016) 1.29〜長元9(1036) 4.17
69	後朱雀(ごすざく)	敦良	一条	藤原彰子	長元9(1036) 4.17〜寛徳2(1045) 1.16
70	後冷泉(ごれいぜい)	親仁	後朱雀	藤原嬉子	寛徳2(1045) 1.16〜治暦4(1068) 4.19
71	後三条(ごさんじょう)	尊仁	後朱雀	禎子内親王	治暦4(1068) 4.19〜延久4(1072) 12.8
72	白河(しらかわ)	貞仁	後三条	藤原茂子	延久4(1072) 12.8〜応徳3(1086) 11.26
73	堀河(ほりかわ)	善仁	白河	藤原賢子	応徳3(1086) 11.26〜嘉承2(1107) 7.19
74	鳥羽(とば)	宗仁	堀河	藤原苡子	嘉承2(1107) 7.19〜保安4(1123) 1.28
75	崇徳(すとく)	顕仁	鳥羽	藤原璋子	保安4(1123) 1.28〜永治1(1141) 12.7
76	近衛(このえ)	体仁	鳥羽	藤原得子	永治1(1141) 12.7〜久寿2(1155) 7.23
77	後白河(ごしらかわ)	雅仁	鳥羽	藤原璋子	久寿2(1155) 7.24〜保元3(1158) 8.11
78	二条(にじょう)	守仁	後白河	藤原懿子	保元3(1158) 8.11〜永万1(1165) 6.25
79	六条(ろくじょう)	順仁	二条	伊岐氏	永万1(1165) 6.25〜仁安3(1168) 2.19
80	高倉(たかくら)	憲仁	後白河	平滋子	仁安3(1168) 2.19〜治承4(1180) 2.21
81	安徳(あんとく)	言仁	高倉	平徳子	治承4(1180) 2.21〜寿永4(1185) 3.24
82	後鳥羽(ごとば)	尊成	高倉	藤原殖子	寿永2(1183) 8.20〜建久9(1198) 1.11
83	土御門(つちみかど)	為仁	後鳥羽	源在子	建久9(1198) 1.11〜承元4(1210) 11.25
84	順徳(じゅんとく)	守成	後鳥羽	藤原重子	承元4(1210) 11.25〜承久3(1221) 4.20

歴代天皇表② 在位欄は文武、桓武〜昭和は践祚の年月日を起点とする ＊=女帝

代数	諡号・追号	名	父	母	在位期間
29	欽明(きんめい)	(天国排開広庭)	継体	手白香皇女	宣化4(539) 12.5〜欽明32(571) 4.15
30	敏達(びだつ)	(渟中倉太珠敷)	欽明	石姫皇女	敏達1(572) 4.3〜敏達14(585) 8.15
31	用明(ようめい)	(橘豊日)	欽明	蘇我堅塩媛	敏達14(585) 9.5〜用明2(587) 4.9
32	崇峻(すしゅん)	泊瀬部	欽明	蘇我小姉君	用明2(587) 8.2〜崇峻5(592) 11.3
33	推古＊(すいこ)	額田部	欽明	蘇我堅塩媛	崇峻5(592) 12.8〜推古36(628) 3.7
34	舒明(じょめい)	田村	押坂彦人大兄皇子	糠手姫皇女	舒明1(629) 1.4〜舒明13(641) 10.9
35	皇極＊(こうぎょく)	宝	茅渟王	吉備姫王	皇極1(642) 1.15〜皇極4(645) 6.14
36	孝徳(こうとく)	軽	茅渟王	吉備姫王	皇極4(645) 6.14〜白雉5(654) 10.10
37	斉明＊(さいめい)	(皇極重祚)			斉明1(655) 1.3〜斉明7(661) 7.24
38	天智(てんじ)	葛城・中大兄	舒明	宝皇女(皇極)	天智7(668) 1.3〜天智10(671) 12.3
39	弘文(こうぶん)	伊賀・大友	天智	伊賀采女宅子娘	天智10(671) 12.5〜天武1(672) 7.23
40	天武(てんむ)	大海人	舒明	宝皇女(皇極)	天武2(673) 2.27〜朱鳥1(686) 9.9
41	持統＊(じとう)	鸕野讃良	天智	蘇我遠智娘	持統4(690) 1.1〜持統11(697) 8.1
42	文武(もんむ)	珂瑠	草壁皇子	阿閇皇女(元明)	文武1(697) 8.1〜慶雲4(707) 6.15
43	元明＊(げんめい)	阿閇	天智	蘇我姪娘	慶雲4(707) 7.17〜和銅8(715) 9.2
44	元正＊(げんしょう)	氷高・新家	草壁皇子	阿閇皇女(元明)	霊亀1(715) 9.2〜養老8(724) 2.4
45	聖武(しょうむ)	首	文武	藤原宮子	神亀1(724) 2.4〜天平勝宝1(749) 7.2
46	孝謙＊(こうけん)	阿倍	聖武	藤原安宿媛	天平勝宝1(749) 7.2〜天平宝字2(758) 8.1
47	淳仁(じゅんにん)	大炊	舎人親王	当麻山背	天平宝字2(758) 8.1〜天平宝字8(764) 10.9
48	称徳＊(しょうとく)	(孝謙重祚)			天平宝字8(764) 10.9〜神護景雲4(770) 8.4
49	光仁(こうにん)	白壁	施基親王	紀橡姫	宝亀1(770) 10.1〜天応1(781) 4.3
50	桓武(かんむ)	山部	光仁	高野新笠	天応1(781) 4.3〜延暦25(806) 3.17
51	平城(へいぜい)	小殿・安殿	桓武	藤原乙牟漏	延暦25(806) 3.17〜大同4(809) 4.1
52	嵯峨(さが)	神野	桓武	藤原乙牟漏	大同4(809) 4.1〜弘仁14(823) 4.16
53	淳和(じゅんな)	大伴	桓武	藤原旅子	弘仁14(823) 4.16〜天長10(833) 2.28
54	仁明(にんみょう)	正良	嵯峨	橘嘉智子	天長10(833) 2.28〜嘉祥3(850) 3.21
55	文徳(もんとく)	道康	仁明	藤原順子	嘉祥3(850) 3.21〜天安2(858) 8.27
56	清和(せいわ)	惟仁	文徳	藤原明子	天安2(858) 8.27〜貞観18(876) 11.29

歴代天皇表①

代数	漢風諡号	日本書紀	古事記	父	母
1	神武（じんむ）	神日本磐余彦（カムヤマトイハレヒコ）	神倭伊波礼毗古	鸕鷀草葺不合尊	玉依姫命
2	綏靖（すいぜい）	神渟名川耳（カムヌナカハミミ）	神沼河耳	神武	媛蹈鞴五十鈴媛命
3	安寧（あんねい）	磯城津彦玉手看（シキツヒコタマテミ）	師木津日子玉手見	綏靖	五十鈴依媛命
4	懿徳（いとく）	大日本彦耜友（オホヤマトヒコスキトモ）	大倭日子鉏友	安寧	渟名底仲媛命
5	孝昭（こうしょう）	観松彦香殖稲（ミマツヒコカエシネ）	御真津日子訶恵志泥	懿徳	天豊津媛命
6	孝安（こうあん）	日本足彦国押人（ヤマトタラシヒコクニオシヒト）	大倭帯日子国押人	孝昭	世襲足媛
7	孝霊（こうれい）	大日本根子彦太瓊（オホヤマトネコヒコフトニ）	大倭根子日子賦斗邇	孝安	押媛
8	孝元（こうげん）	大日本根子彦国牽（オホヤマトネコヒコクニクル）	大倭根子日子国玖琉	孝霊	細媛命
9	開化（かいか）	稚日本根子彦大日日（ワカヤマトネコヒコオホヒヒ）	若倭根子日子大毗毗	孝元	鬱色謎命
10	崇神（すじん）	御間城入彦五十瓊殖（ミマキイリヒコイニヱ）	御真木入日子印恵	開化	伊香色謎命
11	垂仁（すいにん）	活目入彦五十狭茅（イクメイリヒコイサチ）	伊久米伊理毗古伊佐知	崇神	御間城姫
12	景行（けいこう）	大足彦忍代別（オホタラシヒコオシロワケ）	大帯日子淤斯呂和気	垂仁	日葉洲媛命
13	成務（せいむ）	稚足彦（ワカタラシヒコ）	若帯日子	景行	八坂入姫命
14	仲哀（ちゅうあい）	足仲彦（タラシナカツヒコ）	帯中日子	日本武尊	両道入姫命
15	応神（おうじん）	誉田（ホムタ）	品陀和気	仲哀	気長足姫尊
16	仁徳（にんとく）	大鷦鷯（オホサザキ）	大雀	応神	仲姫命
17	履中（りちゅう）	去来穂別（イザホワケ）	伊耶本和気	仁徳	磐之媛命
18	反正（はんぜい）	瑞歯別（ミツハワケ）	水歯別	仁徳	磐之媛命
19	允恭（いんぎょう）	雄朝津間稚子宿禰（ヲアサヅマワクゴノスクネ）	男浅津間若子宿禰	仁徳	磐之媛命
20	安康（あんこう）	穴穂（アナホ）	穴穂	允恭	忍坂大中姫命
21	雄略（ゆうりゃく）	大泊瀬幼武（オホハツセノワカタケル）	大長谷若建	允恭	忍坂大中姫命
22	清寧（せいねい）	白髪武広国押稚日本根子（シラカノタケヒロクニオシワカヤマトネコ）	白髪大倭根子	雄略	葛城韓媛
23	顕宗（けんぞう）	弘計（ヲケ）	袁祁之石巣別	市辺押磐皇子	荑媛
24	仁賢（にんけん）	億計（オケ）	意祁	市辺押磐皇子	荑媛
25	武烈（ぶれつ）	小泊瀬稚鷦鷯（ヲハツセノワカサザキ）	小長谷若雀	仁賢	春日大娘皇女
26	継体（けいたい）	男大迹（ヲホド）	袁本杼	彦主人王	振媛
27	安閑（あんかん）	広国押武金日（ヒロクニオシタケカナヒ）	広国押建金日	継体	目子媛
28	宣化（せんか）	武小広国押盾（タケヲヒロクニオシタテ）	建小広国押楯	継体	目子媛

ら行

わ行

ま行

や行

な行

は行

た行

さ行

か行

索引

あ行

本書の原本は、二〇一〇年一一月、小社より刊行されました。

大津　透（おおつ　とおる）

1960年，東京都生まれ。東京大学大学院修士課程修了。現在，東京大学教授。専攻は日本古代史，唐代史。主な著書に『古代の天皇制』『日本古代史を学ぶ』『日本の歴史06巻　道長と宮廷社会』『律令制とはなにか』など。編著に『日本の歴史08巻　古代天皇制を考える』『岩波講座　日本歴史』全22巻などがある。

講談社学術文庫

定価はカバーに表示してあります。

天皇の歴史１

神話《しんわ》から歴史《れきし》へ

大津《おおつ》 透《とおる》

2017年12月11日　第１刷発行

発行者　鈴木　哲
発行所　株式会社講談社
東京都文京区音羽 2-12-21 〒112-8001
電話　編集（03）5395-3512
販売（03）5395-4415
業務（03）5395-3615
装　幀　蟹江征治
印　刷　慶昌堂印刷株式会社
製　本　株式会社国宝社

ISBN978-4-06-292481-8

「講談社学術文庫」の刊行に当たって

これは、学術をポケットに入れることをモットーとして生まれた文庫である。学術は少年の心を養い、成年の心を満たす。その学術がポケットにはいる形で、万人のものになることは、生涯教育をうたう現代の理想である。

こうした考え方は、学術を巨大な城のように見る世間の常識に反するかもしれない。また、一部の人たちからは、学術の権威をおとすものと非難されるかもしれない。しかし、それはいずれも学術の新しい在り方を解しないものといわざるをえない。

学術は、まず魔術への挑戦から始まった。やがて、いわゆる常識をつぎつぎに改めていった。学術の権威は、幾百年、幾千年にわたる、苦しい戦いの成果である。こうしてきずきあげられた城が、一見して近づきがたいものにうつるのは、そのためである。しかし、学術の権威を、その形の上だけで判断してはならない。その生成のあとをかえりみれば、その根は常に人々の生活の中にあった。学術が大きな力たりうるのはそのためであって、生活をはなれた学術は、どこにもない。

開かれた社会といわれる現代にとって、これはまったく自明である。生活と学術との間に、もし距離があるとすれば、何をおいてもこれを埋めねばならない。もしこの距離が形の上の迷信からきているとすれば、その迷信をうち破らねばならぬ。

学術文庫は、内外の迷信を打破し、学術のために新しい天地をひらく意図をもって生まれた。文庫という小さい形と、学術という壮大な城とが、完全に両立するためには、なおいくらかの時を必要とするであろう。しかし、学術をポケットにした社会が、人間の生活にとってより豊かな社会であることは、たしかである。そうした社会の実現のために、文庫の世界に新しいジャンルを加えることができれば幸いである。

一九七六年六月

野間省一

関　幸彦著
「国史」の誕生　ミカドの国の歴史学
武家政権を否定した明治国家は、なぜ再び武家を称揚したか。江戸期の知的伝統と洋学が結合し、「新しい日本の自画像」を描くべく成立した近代歴史学。国家との軋轢の中で挫折し、鍛えられた明治の歴史家群像。

2247

大岡昇平著
証言その時々
「私はひとりになった。静かに涙が溢れて来た……祖国は敗けてしまったのだ」——収容所での敗戦から、六〇年安保、チェルノブイリ原発事故まで、昭和を代表する作家が、戦争そして戦後日本の姿を描き出す。

2252

古川　薫著
松下村塾
わずか一年で高杉晋作、伊藤博文らの英傑を育てた幕末の奇跡、松下村塾。粗末な塾舎では何があり、塾生は何を教わったのか。塾の成立から閉鎖までを徹底検証、松陰の感化力と謎の私塾の全貌を明らかにする。

2263

浅見雅男著（解説・刑部芳則）
華族誕生　名誉と体面の明治
誰が華族となり、「公侯伯子男」の爵位はどのように決められたか。そこではどんな人間模様が展開したか。爵位をめぐり名誉と体面の保持に拘泥した特権階級の姿から明らかになる、知られざる近代日本の相貌。

2275

長谷川　伸著（解説・野口武彦）
相楽総三とその同志
歴史は多くの血と涙、怨みによって成り立っている。薩長に「偽官軍」の汚名を着せられて刑死した相楽総三率いる赤報隊。彼ら「草莽の志士」の生死を丹念に追うことで、大衆文学の父は「筆の香華」を手向けた。

2280

藤田尚徳著（解説・保阪正康）
侍従長の回想
敗戦必至の状況に懊悩する昭和天皇。終戦の決断に至るまでに何があったのか。玉音放送、マッカーサーとの会見、そして退位論をめぐって示した君主としての姿勢とは。激動期に側近に侍した著者の稀有の証言。

2284

伊藤之雄著
伊藤博文 近代日本を創った男

討幕運動、条約改正、憲法制定、そして韓国統治と暗殺。近代国家を創設した最大の功労者の波乱の生涯と、「剛凌強直《ごうりょうきょうちょく》」たる真の姿を描き切る。従来の「悪役イメージ」を覆し、その人物像を一新させた話題の書。

2286

小林英夫著
満鉄調査部

戦時経済調査、満蒙・ソ連研究、華北分離政策などの活動実態から、関東憲兵隊との衝突、戦後日本の経済成長やアジア研究への貢献まで。満洲から国策を先導した、「元祖シンクタンク」満鉄調査部の全貌に迫る。

2290

酒井直樹著
死産される日本語・日本人 「日本」の歴史―地政的配置

「日本語」や「日本人」は、近代に生まれたときには、古代に仮設した共同体と共にすでに死んでいた……。斬新かつ挑発的な問題提起で、刊行当初から幾多の議論を巻き起こした話題の書に新稿を加えた決定版。

2297

今村啓爾著
日本古代貨幣の創出 無文銀銭・富本銭・和同銭

日本最古の貨幣とはなにか？　無文銀銭→富本銭→和同銀銭→和同銅銭……。謎が謎を呼ぶ古代日本貨幣史に考古学と文献学の知見を総動員して挑む。律令国家による銅銭導入の意図と背景を解明する画期的著作！

2298

徳富蘇峰著（解説・御厨　貴）
徳富蘇峰　終戦後日記 『頑蘇夢物語』

占領下にあっても近代日本最大の言論人は書き続ける。封印された第一級史料には、無条件降伏への憤り、昭和天皇への苦言、東條・近衛ら元首相への批判と大戦の行方を見誤った悔悟の念が赤裸々に綴られていた！

2300

大濱徹也著
天皇の軍隊

兵士たちは「皇軍」に何を期待し、いかに傷ついたか。そして日本人にとって「軍隊」とはなんだったのか。入営から内務教育、戦場体験までの彼らの心情と生活実感を探り、近代日本の「軍隊の本質」を描き出す。

2302

日本の歴史・地理

ルートヴィッヒ・リース著／原 潔・永岡 敦訳（解説・関 幸彦）

ドイツ歴史学者の天皇国家観

近代日本の「歴史学の父」は、静かに暮らす人々を観察し、俗悪な新聞に憤り、濃尾地震に衝撃を受ける。大津事件、日英同盟、日露戦争……。明治という時代と武士道、「大和魂」はどう見え、分析されたのか。

2305

藤田 覚著

遠山金四郎の時代

その改革に異議あり！ 天保の改革で奢侈一掃のため寄席撤廃、歌舞伎三座移転を目論んだ老中水野忠邦に対し、真正面から抵抗した町奉行。「いれずみの金さん」の虚実を現存する史料から丹念に明らかにする。

2317

伊藤 隆著

大政翼賛会への道 近衛新体制

太平洋戦争前夜、無血革命に奔った群像！ 憲法の改正や弾力的運用で政治・経済・社会体制の変革と一党支配を目指した新体制運動。これを推進した左右の革新派の思惑と、彼らが担いだ近衛文麿の行動を追跡。

2340

落合弘樹著

秩禄処分《ちつろくしょぶん》 明治維新と武家の解体

明治九年（一八七六）、ついに〈武士〉という身分が消滅した！ 支配身分の特権はいかにして解消され、没落した士族たちは、この苦境にどう立ち向かっていったのか。維新期最大の改革はなぜ成功したかを問う。

2341

山川三千子著（解説・原 武史）

女官 明治宮中出仕の記

明治四十二年、十八歳で宮中に出仕した華族・久世家の長女の回想記。「雀」と呼ばれた著者は、明治天皇夫妻の睦まじい様子に触れ、皇太子嘉仁の意外な振舞いに戸惑う。明治宮中の闇をあぶりだす一級資料。

2376

尾崎行雄著（解説・奈良岡聰智）

民権闘争七十年 咢堂回想録

代議士生活六十三年、連続当選二十五回。「憲政の神様」の語る戦前の政党の離合集散のさまは面白くも哀しい。回想を彩る鋭い人物評、苦い教訓と反省は、立憲主義、議会政治の本質が問われている今なお新しい。

2377

天皇と日本史を問い直す、新視点の画期的シリーズ

学術文庫版

天皇の歴史 全10巻

【編集委員】大津透　河内祥輔　藤井讓治　藤田覚

① 神話から歴史へ
大津 透

② 聖武天皇と仏都平城京
吉川真司

③ 天皇と摂政・関白
佐々木恵介

④ 天皇と中世の武家
河内祥輔・新田一郎

⑤ 天皇と天下人
藤井讓治

⑥ 江戸時代の天皇
藤田 覚

⑦ 明治天皇の大日本帝国
西川 誠

⑧ 昭和天皇と戦争の世紀
加藤陽子

⑨ 天皇と宗教
小倉慈司・山口輝臣

⑩ 天皇と芸能
渡部泰明・阿部泰郎・鈴木健一・松澤克行